Martin Hahmann, Werner Halver, Jörg-Rafael Heim, Jutta Lommatzsch,
Manuel Teschke, Michael Vorfeld
Wirtschaft und Recht

Lehr- und Klausurenbücher der angewandten Ökonomik

Herausgegeben von
Prof. Dr. Michael Vorfeld und
Prof. Dr. Werner A. Halver

Band 6

Martin Hahmann, Werner Halver,
Jörg-Rafael Heim, Jutta Lommatzsch,
Manuel Teschke, Michael Vorfeld

Wirtschaft und Recht

Klausuren, Übungen und Lösungen

DE GRUYTER
OLDENBOURG

ISBN 978-3-11-042596-3
e-ISBN (PDF) 978-3-11-043960-1
e-ISBN (EPUB) 978-3-11-043963-2
ISSN 2364-2920

Library of Congress Cataloging-in-Publication Data
A CIP catalog record for this book has been applied for at the Library of Congress.

Bibliografische Information der Deutschen Nationalbibliothek
Die Deutsche Nationalbibliothek verzeichnet diese Publikation in der Deutschen National-
bibliografie; detaillierte bibliografische Daten sind im Internet über
http://dnb.dnb.de abrufbar.

© 2018 Walter de Gruyter GmbH, Berlin/Boston
Satz: fidus Publikations-Service GmbH, Nördlingen
Druck und Bindung: CPI books GmbH, Leck
♾ Gedruckt auf säurefreiem Papier
Printed in Germany

www.degruyter.com

Vorwort

Die anwendungsorientierte Kompetenzvermittlung wirtschaftlicher und juristischer Strukturen und Prozesse ist ein zentrales Anliegen der Hochschullehre in den Bereichen Betriebswirtschaftslehre, Volkswirtschaftslehre und Recht. Seit Umsetzung der Bologna Beschlüsse, die zum modularen Aufbau des Studiums geführt haben, ist der Bedarf an praxisnahen und theoriefundierten Übungsaufgaben zur Prüfungsvorbereitung und zur Vertiefung des Verständnisses von Ökonomie und Rechtsthemen größer geworden.

Mit diesem Übungs- und Klausurenbuch legen die Autoren ein entsprechendes Angebot vor. Das Buch besteht aus Aufgaben, die in der Vergangenheit im Rahmen von Prüfungen zum Einsatz kamen, sowie den zugehörigen Lösungen. Ergänzt wird dieses Angebot um Hinweise, die bei der Lösung der jeweiligen Aufgabe unterstützend wirken. Aufgabenbezogene Literaturempfehlung geben konkrete Empfehlungen zum selbständigen vertiefenden Weiterlesen im Sinne einer Wiederholung oder einer Vertiefung. Jede Aufgabe ist eingangs mit einer Einschätzung des angestrebten Niveaus der Lernerfolgskontrolle und des Arbeitsumfanges versehen, mit der Studierende eine Information über das zur Lösung der jeweiligen Aufgabe notwendige Kompetenzniveau sowie den damit verbundenen Zeitaufwand erhalten. Ein Literaturverzeichnis und ein Index runden das Buch ab. Wir wünschen besten Erfolg bei der Auseinandersetzung mit diesen Aufgaben!

Bedanken möchten wir uns bei Dipl.-Vw. Sven Schröder und dem Wirtschaftsjuristen Patrick Prüfer, die mitgeholfen haben, die Aufgaben in eine ansprechende und druckreife Form zu bringen. Ebenso gilt unser Dank den Studierenden des aktuellen Semesters, mit denen wir einen Teil der Aufgaben bereits testen konnten.

Mülheim (Ruhr), im Juli 2017

Die Herausgeber

https://doi.org/10.1515/9783110439601-202

Inhaltsverzeichnis

1 Grundlagen der BWL

1.1 Unternehmen als System

Aufgabe 1: Grundverständnis des Unternehmens als System

Wissen, Verstehen
10 Minuten

1. Aufgabenstellung

Definieren Sie den Begriff des Systems! Welche Austauschprozesse finden innerhalb des Systems sowie zwischen dem System und seiner Umwelt statt? Geben Sie Beispiele für diese Austauschprozesse.

2. Lösung

Ein Unternehmen wird betrachtet als ein System, das mit seiner Umwelt im Austausch von Gütern, Geld und Informationen steht. Dementsprechend können sowohl innerhalb des Systems als auch in seiner Beziehung zur Umwelt die folgenden Austauschprozesse unterschieden werden:

– Güterwirtschaftliche Prozesse: z.B. Beschaffung von Roh-, Hilfs- und Betriebsstoffen, Herstellung und Absatz von Fertigerzeugnissen,
– finanzwirtschaftliche Prozesse: z.B. Bereitstellung finanzieller Mittel durch Einlagen von Kapitalgebern oder aus dem Umsatzprozess, Verwendung der finanziellen Mitteln für Investitionen in Sachanlagen, Vorräte an Rohstoffen oder Finanzanlagen,
– informationswirtschaftliche Prozesse: Beschaffung, Verarbeitung und Weitergabe von Informationen, z.B. Aufzeichnung und Kontrolle von Geld- und Güterströmen durch das betriebliche Rechnungswesen (Betriebsstatistik, Kostenrechnung und Bilanzierung), Durchführung von Marktanalysen zur Kundensegmentierung und Positionierung durch die Marketingabteilung oder Inanspruchnahme von Beratungsleistungen von externen Unternehmensberatungsunternehmen.

https://doi.org/10.1515/9783110439601-001

3. Hinweise zur Lösung

Die Klärung des Systembegriffs ist wichtig für das Grundverständnis der Funktionsweise eines Unternehmens. Unter einem System kann man das Zusammenstehen von Elementen begreifen, die zueinander in Beziehung stehen. Es geht um Beziehungen, die über den Austausch von Gütern, Finanz- und Informationsflüssen zu beobachten sind, die man auch als Prozesse verstehen kann. Da sich ein System auch durch seine Grenze zur Umwelt hin definiert, zugleich aber auch offen sein muss, bestehen die Austauschprozesse nicht nur im Inneren, sondern auch zur Außenwelt, z. B. zu den Beschaffungs- und zu den Absatzmärkten sowie zu den Finanzmärkten.

4. Literaturempfehlung

Schanz, Günther; Wissenschaftsprogramme der Betriebswirtschaftslehre, in: Bea, Franz Xaver/
Schweitzer, Marcell (Herausgeber): Allgemeine Betriebswirtschaftslehre, Band 1: Grundfragen,
Stuttgart 2009, S. 81–159, insbes. S. 116–125.
Simon, Fritz B.; Einführung in Systemtheorie und Konstruktivismus, 7. Auflage, Heidelberg 2015,
S. 85–93.

Aufgabe 2: Eigenschaften und Aktivitäten des Systems Unternehmen

---

Wissen, Verstehen
10 Minuten

---

1. Aufgabenstellung

Welche Eigenschaften und Aktivitäten kennzeichnen das System Unternehmen?

2. Lösung

Ein Unternehmen ist ein offenes System, da es permanent Austauschbeziehungen zu seiner Umwelt unterhält.

Es ist ein von Menschen geschaffenes, von daher ein künstliches und ein soziales System, das zweckgerichtet ausgestaltet wird.

Es ist ein zielgerichtetes System denn es verfolgt bestimmte Ziele, wie z. B. Existenzsicherung, Sicherstellung von Liquidität, Gewinnmaximierung, Kostenminimierung, Erhöhung des Bekanntheitsgrades.

Es ist ein produktives System, denn es stellt Güter und/oder Dienstleistungen her. Es beschafft sich Güter, Informationen und Kapital, verarbeitet das Beschaffte weiter und erstellt Werte. Es ist von daher wertschöpfend.

Es ist ein soziotechnisches System, bei dem sowohl Menschen als auch Maschinen bzw. Informations- und Kommunikationstechnologien als Träger bestimmter Aufgaben in Erscheinung treten.

Es ist ein dynamisches System, das ständigen Veränderungen und Weiterentwicklungen (insbesondere durch die Umwelt bedingt) unterworfen ist und diese Umwelt unter bestimmten Umständen auch beeinflussen kann.

Es ist ein komplexes und adaptives System, da in ihm mehrere Elemente und Beziehungen in Wechselwirkung miteinander treten. Es ist lernfähig und kann sich an seine Umwelt anpassen.

3. Hinweise zur Lösung

Die Klärung der Eigenschaften und die Beschreibung der Aktivitäten des sozialen Systems Unternehmen tragen zu einem realistischen Verständnis vom Wesenskern von Unternehmen und deren Handlungsmöglichkeiten bei. Merkmalsausprägungen wie Offenheit, Künstlichkeit, Zielorientierung, Dynamik, Komplexität, Anpassungs- und Lernfähigkeit legen nahe, dass Unternehmen als Systeme alles andere als statisch oder als passiv erscheinen: Unternehmen sind wertschöpfende Systeme.

4. Literaturempfehlung

Bleicher, Knut; Das Konzept Integriertes Management, 8. Auflage, Frankfurt/New York 2011, S. 45–58.

Aufgabe 3: Die Mikro- und Makroumwelt eines Unternehmens

Wissen, Verstehen
10 Minuten

1. Aufgabenstellung

Das System Unternehmen ist über seine Austauschprozesse in eine Mikro- und in eine Makroumwelt eingebettet. Welche Personen und Institutionen bzw. welche Akteure gehören zur Mikroumwelt? Was verstehen Sie unter der Makroumwelt? Geben Sie Beispiele für die Makroumwelt!

2. Lösung

Zur Mikroumwelt gehören
- die vorhandenen und potenziellen Abnehmer der Unternehmensleistungen,
- die Lieferanten der benötigten Ressourcen sowie
- die vorhandenen und potenziellen Wettbewerber.

Zur Makroumwelt gehören
- die gesamtwirtschaftliche (ökonomische) Umwelt, z. B. Konjunkturlage, Arbeitslosigkeit, Inflation, Außenwert der Währung,
- die wissenschaftlich-technische Umwelt, z. B. Schlüsseltechnologien, Produktionsverfahren, Entwicklungen in der Informations- und Kommunikationstechnologie,
- die politisch-rechtliche Umwelt, z. B. Staatsform, Wirtschafts- und Sozialordnung, Rechtspolitik,
- die gesellschaftliche Umwelt, z. B. Gesellschafts- und Bevölkerungsstruktur, Normen- und Wertesystem und
- die natürliche Umwelt, z. B. geografische und klimatische Bedingungen.

3. Hinweise zur Lösung

Die Existenz respektive der Erfolg des Systems Unternehmen ist nur gewährleistet, wenn es seine vielfältigen Beziehungen zur Mikro- und zur Makroumwelt versteht und gestaltet. Dabei hat das Unternehmen auf seine Mikroumwelt einen größeren Einfluss als auf die Makroumwelt. So kann es beispielsweise durch eine verbesserte Segmentierung der vorhandenen und potenziellen Kunden, seine Produkte und Dienstleistungen effizienter positionieren und dadurch höhere Umsätze generieren oder es kann bei großer Verhandlungsstärke gegenüber seinen Zulieferern Vorteile bezüglich der Kosten und der Konditionen realisieren. Dabei hat das Unternehmen auf seine Mikroumwelt einen größeren Einfluss als auf die Makroumwelt. So kann es beispielsweise durch eine verbesserte Segmentierung der vorhandenen und potenziellen Kunden, seine Produkte und Dienstleistungen effizienter positionieren und dadurch höhere Umsätze generieren oder es kann bei großer Verhandlungsstärke gegenüber seinen Zulieferern Vorteile bezüglich der Kosten und der Konditionen realisieren.

Seine Makroumwelt kann das Unternehmen weitaus weniger gestalten. So hat es keinerlei Einfluss auf die konjunkturelle Entwicklung. Ist es exportorientiert und die heimische Währung wertet auf, muss es Umsatzeinbrüche hinnehmen. Finanzdienstleistungsunternehmen müssen verschärfte Regelungen im Aufsichtsrecht befolgen oder verarbeitende Unternehmen müssen mit Schwankungen bei den Bezugspreisen für Roh-, Hilfs und Betriebsstoffen rechnen. Einwirkungsversuche auf die Mak-

roumwelt gibt es dennoch; und zwar durch Interessenbündelung über Verbände und durch die Lobbyarbeit.

4. Literaturempfehlung

Büter, Clemens; Internationale Unternehmensführung. Entscheidungsorientierte Einführung, München 2010, S. 33–37.

Aufgabe 4: Anspruchsgruppen im System

Wissen, Verstehen, Anwenden
15Minuten

1. Aufgabenstellung

Unternehmen sind interessensgeleitete Systeme. Es gibt Anspruchsgruppen, soge-nannte „Stakeholder, und „Shareholder". Welche Interessen artikulieren sich durch welche Anspruchsgruppen im Unternehmen sowie in dessen Mikro- und in dessen Makroumwelten? Wenden Sie Beispiele an!

2. Lösung

Die Mitarbeiter des Unternehmens möchten gerechte und attraktive materielle und immaterielle Anreizsysteme, einen sicheren Arbeitsplatz und berufliche Entwick-lungsmöglichkeiten.

Das Management ist neben den Vergütungssystemen an Gestaltungs- und Ein-flussmöglichkeiten interessiert.

Die vorhandenen und potenziellen Abnehmer der Unternehmensleistungen haben ein Interesse an günstigen Preisen, hoher Qualität und Service.

Die Lieferanten der benötigten Ressourcen sind an stabilen Liefermöglichkeiten, an langfristigen Verträgen und an der Zahlungsfähigkeit des Unternehmens interes-siert.

Die vorhandenen und potenziellen Konkurrenten möchten als Mitbewerber einen fairen Wettbewerb und möglicherweise eine Kooperation auf Branchenebene, z. B. strategische Einkaufspartnerschaften in der Automobilindustrie.

Die Fremdkapitalgeber wünschen eine sichere Kapitalanlage, befriedigende Ver-zinsung und Vermögenszuwachs. Eine wachsende Anzahl von Unternehmen nutzt die Begebung von Unternehmensanleihen für die Refinanzierung.

Die „Shareholder", also die Eigenkapitalgeber bzw. Aktionäre und/oder Teilhaber eines Unternehmens sind an höheren Renditen, Gewinn, Dividende und Einkommen interessiert.

Seitens der politisch-rechtlichen Umwelt wird ein konformes Verhalten in Bezug auf die Einhaltung von Gesetzen und Regeln erwartet (z. B. Umweltschutz, Aufsichtsrecht, Steuerrecht) bzw. bei Nichteinhalten sanktioniert.

Seitens der gesellschaftlichen Umwelt kann erwartet werden, dass ein Unternehmen Arbeitsplätze für die Regionen bereitstellt und neue schafft, seine Region materiell und ideell fördert, sich in der Öffentlichkeit engagiert, aber auch kulturelle Normen akzeptiert und bestimmte kulturelle Werte sogar übernimmt.

3. Hinweise zur Lösung

Die reale Unternehmenswelt ist geprägt durch handelnde Menschen und durch Institutionen, die – je nach Interessenslage – Einfluss ausüben möchten, Zugriff auf materielle und immaterielle Ressourcen haben wollen aber auch Rechtsansprüche an das Unternehmen haben. Damit steigt die Komplexität im offenen, zweckgerichteten und sozialen System des Unternehmens. Dadurch, dass sich die Anspruchsgruppenkonstellationen sowie die Interessen ändern können, wird einmal mehr die Dynamik als eine typische Systemeigenschaft deutlich. Es wird auch deutlich, dass selbst durch Privateigentum und mit Autonomiefreiheit ausgestattete Unternehmen quasi öffentliche Einrichtungen sind, die sich an ihre Umwelten anpassen müssen. Ob sie sich nun nur passiv adaptiv verhalten oder aktiv verändernd auf ihre Umwelten einwirken, hängt von deren Stellung in der Branche und von deren Mächtigkeit insgesamt ab. Lernfähig müssen diese System allenthalben bleiben, sonst sind deren Lebensfähigkeit und damit deren Existenz gefährdet.

4. Literaturempfehlung

Wöhe, Günter; Döring, Ulrich; Einführung in die Allgemeine Betriebswirtschaftslehre, 23. Auflage, München 2008, S. 54–59.

Aufgabe 5: Kräfteverhältnisse durch Anspruchsgruppen im Unternehmen und deren Umwelt

Wissen, Verstehen, Anwenden, Transferieren, Bewerten
10 Minuten

1. Aufgabenstellung

Im System Unternehmen und in dessen Umwelt gibt es die Interessen der Sharehol-der und die der Stakeholder. Wie lassen sich diese jeweiligen Interessen begründen? Welche Interessen dominieren? Welche sollten Vorrang haben?

2. Lösung

Die einzel- und die gesamtwirtschaftlich orientierte Theorie geht davon aus, dass sich die Eigenkapitalgeber und die weiteren Anspruchsgruppen nutzenmaximierend verhalten. Dies ist – trotz unterschiedlicher Ziele – eine wesentliche Gemeinsamkeit des Shareholder- und der Stakeholder-Ansätze. Folgt die Unternehmensführung dem Shareholder-Ansatz, so sind alle betriebswirtschaftlichen Entscheidungen so zu treffen, dass der Nutzen der Eigenkapitalgeber maximiert wird. In der Tradition des Stakeholder-Ansatzes geht es darum, dass die Unternehmensführung die hete-rogenen Interessen der Anspruchsgruppen über Verhandlungswege aufeinander abstimmt.

Begründen lassen sich beide Ansätze dahingehend, dass beide die Teilhabe der Akteure im System Unternehmen beabsichtigen. Während der Shareholder-Ansatz die Entscheidungen der Unternehmensführung im Hinblick auf den Unternehmens-erfolg (Gewinn oder Verlust) hin ausrichtet, zielt der Stakeholder-Ansatz auf einen Abgleich der unterschiedlichen Ziele (Zielharmonie) sowie auf kollektives Handeln und kollektive Verteilung des Unternehmensergebnisses ab.

Die Begründung beider Ansätze wird jedoch nicht nur aus den jeweiligen Partial-interessen der Anspruchsgruppen abgeleitet, sondern lässt sich aus den ordnungspo-litischen Prämissen der Sozialen Marktwirtschaft einerseits und den systemabhängi-gen Prämissen unserer freiheitlichen Rechtsordnung ableiten.

3. Hinweise zur Lösung

Die reale Unternehmenspraxis ist durch die Dominanz des Shareholder-Ansatzes geprägt. Hier spielt der Aspekt des unternehmerischen Risikos eine bedeutende Rolle. Dieses Risiko ist davon geprägt, dass die geleisteten Aufwendungen/Auszahlungen in Entscheidungssituationen unter Unsicherheit getätigt werden. Die Zukunft stellt nicht sicher, dass die Aufwendungen/Auszahlungen durch Erträge/Einzahlungen gedeckt werden. Dieses unternehmerische Risiko rechtfertigt den Vorrang der Interessen der Eigenkapitalgeber, denn diese gehen ja ein Risiko ein. Die Shareholder fordern einen Preis für die Übernahme des unternehmerischen Risikos, also eine Risikoprämie in Form von erwarteten Gewinnen, Renditen und/oder Dividenden. Einschränkend ist zu erwähnen, dass die Shareholder ihre Unternehmensgewinne nicht alleine realisieren können. Dazu benötigen sie die partnerschaftliche Mitwirkung von Stakeholdern, wie insbesondere die der Arbeitnehmer, aber auch die der Kunden, welche ja die Produkte- und Dienstleistungen erwerben.

4. Literaturempfehlung

Wöhe, Günter; Döring, Ulrich; Einführung in die Allgemeine Betriebswirtschaftslehre, 23. Auflage, München 2008, S. 57–59.

Aufgabe 6: Praxisfall zum Konflikt zwischen Shareholder- und Stakeholder-Interessen im System Unternehmen

Transferieren, Bewerten
20 Minuten

1. Aufgabenstellung

Fall: Im ersten Jahrzehnt dieses Jahrtausends verlor die Firma Telekom sehr viele Kunden. Im Jahr 2006 waren es allein eine Million Festnetzkunden. Die Gründe für den Kundenrückgang lagen an dem schlechten Dienstleistungsangebot, insbesondere an der mangelnden Qualität im Service-Bereich. Zudem verlor die Telekomaktie erheblich an Wert. Damit die Eigentümer von T-Aktien stärker von der Dividende profitieren sollten, dachte der Telekom-Vorstand über weitere Stellenstreichungen nach.

Identifizieren Sie die relevanten Shareholder und Stakeholder! Welche Interessen haben diese? Analysieren Sie das Interessengeflecht! Zeigen Sie die Folgen auf, die auftreten können, wenn sich bestimmte Interessensgruppen einseitig durchsetzen!

2. Lösung

Die relevanten Shareholder sind die Eigentümer der T-Aktien.

Die relevanten Stakeholder sind die Mitarbeiter und Kunden der Telekom sowie die Öffentlichkeit.

Schließlich stellt das Management auch eine Anspruchsgruppe dar, dessen Vergütungssysteme und Gestaltungsspielräume an der Ertragskraft des Unternehmens bemessen werden.

Die Interessen der Aktieneigentümer liegen in der Auszahlung einer hohen Dividende und langfristig bei einer Wertsteigerung der Aktie.

Die Mitarbeiter wünschen sich sichere Arbeitsplätze, Wertschätzung ihrer Arbeit und langfristige Einkommenssicherung.

Die Kunden wünschen prompte und funktionierende Festnetzverbindungen sowie DSL-Zugänge mit entsprechend guter DSL-Leistung und Qualität.

Die Öffentlichkeit wünscht sich eine qualitativ gute Festnetz- und Internetinfrastruktur.

Das Interessensgeflecht zeichnet sich folgendermaßen ab: Zur Ausschüttung einer hohen Dividende ist eine Erhöhung der Rentabilität notwendig, die unter anderem auf Kostenreduzierungen im Betriebsbereich (Technik, Personal) basiert. Die geplanten Stellenstreichungen können dieses Ziel – zumindest kurzfristig – unterstützen. Die Ausdünnung der Personaldecke hat aber nur dann Sinn bzw. sichert die Unternehmensexistenz nur dann, wenn die Produktivität erhöht wird, ohne dass dabei die Kompetenz des Telekommunikationsanbieters verringert wird. Die Kompetenz beruht auf den Fähigkeiten und auf dem Erfahrungswissen der Mitarbeiter. Der weitere Stellenabbau führt zu einem Verlust der Wissensbasis, damit einer Beeinträchtigung der Kernkompetenz des Unternehmens und damit zu einem Rückgang der Wettbewerbsfähigkeit, was wiederrum zu Umsatz- und Gewinneinbußen führt.

Insgesamt zeichnete sich eine Negativspirale von Interessensgruppenerwartungen ab, die einseitig von den Shareholderinteressen getrieben wurden. Die Folgen zeichnen sich dahingehend ab, dass sich die Akteure von einer Win-Win-Konstellation abkehren, was sich als existenzgefährdend für das Unternehmen erweist.

3. Hinweise zur Lösung

Mit der Deregulierung der Telekommunikationsbranche und dem Börsengang der Telekom in den 1990er Jahren sind traditionelle Sparer in den Aktienerwerb eingestiegen und wurden somit zu Shareholdern. Entsprechend hohe Erwartungen in die Ertragskraft artikulierten sich dabei. Die Erwartungen wurden im Lauf des Jahrzehnts und auch nach der Jahrtausendwende enttäuscht und das Vertrauen in die Telekomaktie schwand. Dies erhöhte den Druck auf das Management. Der Druck wurde auch auf die Mitarbeiter ausgeübt, was nicht nur Arbeitsplatzverlust, sondern auch ein angstbesetztes Betriebsklima zur Folge hatte.

Die in der Lösung aufgezeigte Negativspirale zeigt den typisch systemischen Zusammenhang eines Unternehmens. Es sind negative Feedbackschleifen in Bezug auf die Zielabweichungen und in Bezug auf die Beziehungen der Akteure zu beobachten, welche die Existenz des Systems Unternehmen gefährden.

4. Literaturempfehlung

Salomon, Claudia: Unternehmenstransformation: eine deskriptive Analyse am Beispiel der
Deutschen Telekom zwischen 1995 und 2005, Berlin 2013.

1.2 Zielbildungs- und Entscheidungsprozesse in Unternehmen

Aufgabe 7: Grundverständnis von Zielen in Unternehmen

Wissen, Verstehen
10 Minuten

---

1. Aufgabenstellung

Definieren Sie den Begriff des Ziels! Definieren Sie Sachziele und Formalziele und
nennen Sie jeweils einige Beispiele!

2. Lösung

Ziele stellen Aussagen über erwünschte Zustände dar, die als Ergebnisse von Entscheidungen eintreten sollen. Die für die Unternehmen geltenden Ziele lassen sich in
Sach- und in Formalziele gliedern.

Formalziele bestimmen die Grundlinien unternehmerischen Handelns. Diese
werden von der Unternehmensführung vorgegeben bzw. werden im Unternehmen
ausgehandelt. Sie sind in der Regel quantitativ zu bestimmen. Beispiele: Gewinnmaximierung, Kostenminimierung, Erhöhung der Umsatzrentabilität, Erhöhung der
Eigenkapitalrentabilität.

Sachziele lassen sich gliedern in ökonomische Ziele (z. B. Erhaltung der Liquidität, Steigerung des Marktanteils), soziale Ziele (z. B. gerechte Entlohnung der Mitarbeiter, gute Arbeitsbedingungen, Betriebsklima) und ökologische Ziele (z. B. Umwelt-
verträglichkeit der Produkte, nachhaltiges Wirtschaften). Sachziele sind in der Regel
nur qualitativ zu bestimmen. Sie stehen im Dienst der Erreichung von Formalzielen.

3. Hinweise zur Lösung

Wie im vorherigen Kapitel gelernt, gibt es im System Unternehmen verschiedene
Shareholder- und Stakeholder-Interessen, die mit unterschiedlichen Zielvorstellungen agieren. Ohne Kenntnis der vorliegenden Ziele sind Entscheidungen nicht
möglich. Gemessen an der Dominanz der Interessen der Eigentümer, stehen die For-

malziele im Vordergrund. Dabei ist das Management der Kreis, der für die Umsetzung der Formalziele verantwortlich ist. Vor einigen Jahren gab der Vorstandsvorsitzende des größten deutschen Bankhauses eine Eigenkapitalrendite von 25 % vor Steuern vor. An diesem Ziel mussten sich die weiteren Sachziele orientieren. Sie stehen von daher im Dienst der Erreichung der Formalziele.

4. Literaturempfehlung

Bea, Franz Xaver; Entscheidungen des Unternehmens, in: Bea, Franz Xaver/Schweitzer, Marcell (Herausgeber): Allgemeine Betriebswirtschaftslehre, Band 1: Grundfragen, Stuttgart 2009, S. 332–437, insbes. S. 338–342.

Aufgabe 8: Verhältnis von Formalzielen zu Sachzielen

Wissen, Verstehen, Anwenden
10 Minuten

1. Aufgabenstellung

In welchem Verhältnis stehen Sach- und Formalziele zueinander? Welche Ziele sind für ein Unternehmen von mehr Bedeutung? Argumentieren Sie anhand von Beispielen!

2. Lösung

Grundsätzlich werden die Sachziele zur Erreichung der Formalziele instrumentalisiert. Von daher haben die Formalziele Vorrang. Die erfolgreiche Umsetzung von Formalzielen gelingt jedoch nur mit der Realisierung der Sachziele. Ambitionierte Rendite- oder Kostensenkungsvorgaben sind nur durch das Zusammenwirken von ökonomischen, sozialen und – je nach Branche – auch von ökologischen Zielumsetzungen möglich.

Beispielhaft lässt sich anführen, dass es eine positive Korrelation von Mitarbeiter- und Kundenzufriedenheit gibt. So trägt insbesondere in vertriebsorientierten oder allgemein im Bereich „People Work", die gelungene Balance aus Beziehungs- und Aufgabenorientierung im Verhältnis von Vorgesetztem zu Personal positiv auf die Beziehung zum Kundenkreis bei. Dies erhöht die Umsätze und die Gewinne, was wiederrum formale Zielvorgaben unterstützt. Es gibt daher eine Zielkohärenz zwischen Sachzielen (Mitarbeiterorientierung, Kundenorientierung) und Formalzielen (z. B. quantifizierbaren Gewinngrößen).

3. Hinweise zur Lösung

Für die Unternehmensführung gilt es, die Sach- und Formalziele aufeinander abzu-
stimmen. Dabei spielt die Realisierbarkeit der geplanten Resultate und die Akzeptanz
durch die umsetzenden Personen eine zentrale Rolle. Bei einem Auseinandertriften
von Sach- und Formalzielen ist die Unternehmensexistenz bedroht. Die Zielanpas-
sung oder auch die Kontrolle der festgelegten Prämissen ist von daher geboten und
permanent vorzunehmen. So hat beispielsweise die Bankenbranche ihre ambitionier-
ten Eigenkapitalrenditeziele weit nach unten angepasst, nicht zuletzt aufgrund der
Branchenveränderungen.

4. Literaturempfehlung

Schierenbeck, Henner; Wöhle, Claudia B.; Grundzüge der Betriebswirtschaftslehre, 19. Auflage,
    München 2016, S. 104–109.

Aufgabe 9: Managementphilosophie und maximales Gewinnstreben

Transferieren, Bewerten
20 Minuten

1. Aufgabenstellung

Hintergrund: Unmittelbar nach dem Zusammenbruch der Lehman Brothers Bank am
15. September 2008 forderte der Gründer und Executive Chairman des World Econo-
mic Forum, Klaus Schwab, einen „hippokratischen Eid für Manager". Schwab votierte
dafür, dass nicht nur die Regulierung des Bankensektors die Reaktion auf die Finanz-
krise sein sollte, sondern forderte eine „neue Managementphilosophie" jenseits des
„maximalen Gewinnstrebens". Für den Wirtschaftsprofessor und Unternehmer Klaus
Schwab sind „(...) Wirtschaft und Gesellschaft eng miteinander verwoben (...)". Der
Manager, sollte sich – analog zum früheren hippokratischen Eid, welchen Ärzte leis-
teten – darauf verpflichten, ihr berufliches Selbstverständnis am Wohl für die Gesellschaft auszurichten. Schwab forderte: „Wir brauchen also in Zukunft wieder eine Philosophie des Managements, die sich auf professionelle Ethik und nicht auf maximales
Gewinnstreben stützt."

    Aufgabe: Lassen sich Normen für wirtschaftliches Handeln aus allgemein ethi-
schen Grundsätzen ableiten?

2. Lösung

Es gibt per se keine allgemein ethischen Grundsätze als Vorgabe für das Handeln von Managern. Manager sind an arbeitsrechtliche Vorgaben und an die Zielvorgaben der Anteilseigner gebunden. Ihr Handeln orientiert sich von daher an Partialzielen im ausdifferenzierten Funktionssystem Wirtschaft und der darin operierenden Unternehmen. Die von Managern erzeugten Handlungsfolgen müssen aber gesetzeskonform bleiben. Darüber hinaus haben sich Unternehmen Regeln gegeben, manifestiert in der Corporate-Governance und in Unternehmensleitbildern, die Handlungsvorgaben für ethisches Verhalten vorsehen. Demnach verstehen sich Top-Manager als Treuhänder, die nicht nur extrinsisch, sondern auch intrinsisch motiviert sind, mit dem Ziel den Fortbestand des Unternehmens im Interesse der Shareholder und der Stakeholder zu führen.

3. Hinweise zur Lösung

Grundsätzlich geht es um die Diskussion, ob Manager im Sinne einer Nutzenethik oder im Sinne einer Pflichtenethik handeln. Nur die Pflichtenethik würde sich aus allgemein ethischen Grundsätzen ableiten. Exemplarisch für eine Pflichtenethik wäre der kategorische Imperativ von Immanuel Kant. Der Praxisrelevanz wurde empirisch mehrfach wiederlegt, kann aber immerhin als regulative Idee gelten, der man sich annähert, die aber nie erreicht wird. Die Nutzenethik hingegen orientiert sich an den Partialinteressen der handelnden Akteure in der Wirtschaft. Damit ist jedoch Ethik nicht ausgeklammert. Im Gegenteil: Im Rahmen des Stakeholder-Ansatzes kann es auch für das Unternehmen von Vorteil sein, seine Ziele an die von z. B. Kunden, Zulieferern, Öffentlichkeit und Mitarbeiter anzupassen bzw. diese mit dem eigenen Zielsystem abzugleichen.

4. Literaturempfehlung

Schwab, Klaus; Hippokratischer Eid für Manager, in: Financial Times Deutschland, 31. Oktober 2008.
Welge, Martin K.; Eulerich, Marc; Corporate-Governance-Management. Theorie und Praxis der guten Unternehmensführung, Wiesbaden 2012, S. 17–20.

Aufgabe 10: Operationalisierbare Ziele

Wissen, Verstehen, Anwenden
10 Minuten

1. Aufgabenstellung

Durch welche Merkmale sind operationale Ziele gekennzeichnet? Geben Sie jeweils ein Beispiel für operationale und für nicht operationale Ziele!

2. Lösung

Ziele sind allgemein gekennzeichnet durch den
- Zielinhalt, d. h. inhaltliche Definition des Ziels, den
- Zeitbezug; legt fest, bis wann das Ziel erreicht werden soll und durch den
- Geltungsbereich; legt fest, bei wem oder wo das Ziel erreicht werden soll.

Ziele, die diese Angaben enthalten, nennt man operationale Ziele.

Ein Beispiel für eine operationale Zielformulierung: Steigerung der Bekanntheit für die Schokoladenmarke XY (= Zielinhalt) innerhalb des nächsten Jahres (= Zeitbezug) bei den Konsumenten in der Bundesrepublik Deutschland (= Geltungsbereich) um 10 % (= Zielausmaß).

Ein Beispiel für eine nicht operationale Zielformulierung: Die Schokoladenmarke XY soll besser vom Markt aufgenommen werden.

3. Hinweise zur Lösung

Die Erfolgschancen hinsichtlich der Umsetzung der Ziele hängen stark von deren Operationalisierbarkeit ab. Fehlt diese Operationalisierung, so bleiben die Ziele unverbindlich und sind schwer überprüfbar. An dieser Stelle kann auch auf die bekannte „SMART"-Formel verwiesen werden. Ziele sollen spezifisch (S), messbar (M), angemessen (A), realistisch (R) und terminierbar (T) sein.

4. Literaturempfehlung

Schierenbeck, Henner; Wöhle, Claudia B.; Grundzüge der Betriebswirtschaftslehre, 19. Auflage, München 2016, S. 107.

Aufgabe 11: Zielbeziehungen

Wissen, Verstehen, Anwenden
15 Minuten

---

1. Aufgabenstellung

Was sind Zielbeziehungen in Unternehmen? Welche Zielbeziehungen können in Unternehmen existieren? Finden Sie Beispiele für Zielbeziehungen in Unternehmen?

2. Lösung

Es existieren im Unternehmen unterschiedliche Ziele seitens der Stakeholder, aber auch – außerhalb – seitens der Shareholder. Diese Ziele bilden in ihrer Gesamtheit ein Zielsystem. Innerhalb dieses Systems kann es Zielharmonie, Zielkonkurrenz und Zielneutralität geben, womit drei wesentliche Zielbeziehungen genannt sind.

Zielharmonie bedeutet, dass zwei (ggf. mehrere) Ziele sich zu einander komplementär verhalten: Eine Steigerung des Zielerreichungsgrades von Z 1 erhöht auch den Zielerreichungsgrad von Z 2. Beispiel: Z 1 = Gewinnmaximierung und Z 2 = Kostenminimierung bei gegebenen Erlösen. Z 1 und Z 2 ergänzen sich, d. h. die Erreichung des einen Zieles stärkt auch die des anderen Zieles bzw. der anderen Ziele.

Zielkonkurrenz bedeutet, dass zwei (ggf. mehrere) Ziele im Konflikt zueinander stehen: Eine Steigerung des Zielerreichungsgrades von Z 1 senkt den Zielerreichungsgrad von Z 2. Beispiel: Z 1 = Kostenminimierung des Werbebudgets und Z 2 = Umsatzmaximierung. Z 1 und Z 2 stehen sich im Wege, d. h. die Erreichung des einen Zieles ist nur durch die Schwächung bzw. Vernachlässigung des anderen Ziels bzw. der anderen Ziele möglich.

Zielneutralität bedeutet, dass zwei (ggf. mehrere) Ziele in keinem mittelbaren oder unmittelbaren Bezug zueinander stehen: Eine Steigerung des Zielerreichungsgrades von Z 1 beeinflusst den Zielerreichungsgrad von Z 2 nicht. Beispiel: Z 1 = Sicherstellung der Zahlungsfähigkeit durch das Forderungsmanagement und Z 2 = Betriebsklima in der Motorenfertigung. Z 1 und Z 2 stehen sich weder im Wege, noch ergänzen diese sich sichtbar. Die beiden Ziele verhalten sich indifferent zueinander.

3. Hinweise zur Lösung

Nach der Anzahl der verfolgten Ziele kann zwischen einem eindimensionalen Zielsystem (es wird nur ein einziges Ziel verfolgt) und einem mehrdimensionalen Zielsystem (mehrere Ziele werden gleichzeitig verfolgt) unterschieden werden. Das eindimensionale Zielsystem ist unrealistisch und wird auch empirisch wiederlegt. Realistisch sind mehrdimensionale Zielsystemen mit mannigfaltigen Zielbeziehungen, welche die Unternehmensführung identifizieren, analysieren und gestalten muss.

4. Literaturempfehlung

Wöhe, Günter; Döring, Ulrich: Einführung in die Allgemeine Betriebswirtschaftslehre, 23. Auflage, München 2008, S. 77–81.

Aufgabe 12: Gestaltung von Zielkonkurrenz

Wissen, Verstehen, Anwenden, Transfer
15 Minuten

1. Aufgabenstellung

Es liegt ein Zielkonflikt im Unternehmen vor. Wie würden Sie diese Zielkonkurrenz lösen?

2. Lösung

Es gibt folgende Ansatzpunkte zum Konfliktmanagement bei Zielkonkurrenz:
- Zielgewichtung (z. B. Unterscheidung in Haupt und Nebenziele),
- Sequentielle Zielverfolgung (z. B. Festlegung von zeitpunktbezogenen Zielprioritäten),
- Umformulierung von Zielen (z. B. Veränderung der Nebenbedingungen) und
- Anspruchsanpassung (z. B. „Satisficing" statt „Maximizing").

Bei der Zielgewichtung wird eine Zielhierarchie aufgebaut. Das setzt voraus, dass Instrumentalbeziehungen, d. h. Zweck-Mittel-Relationen zwischen den Zielen identifiziert werden können. Dies geschieht über die Bestimmung von Ober-, Zwischen- und Unterzielen. Es gibt zwei Methoden: Die logische Zielbeziehungsanalyse und die empirische Zielbeziehungsanalyse.

Bei der logischen Zielbeziehungsanalyse kann das sog. RoI-Schema, verstanden als ein Rechenschema, das auf Formalzielen beruht, herangezogen werden. Die Gesamtkapitalrentabilität (Return on Investment) wird als Oberziel bestimmt. Zur Erreichung dieser Rendite muss die Umsatzrentabiliät (Gewinn/Umsatz) mit dem Kapitalumschlag (Gesamtkapital/Umsatz) multipliziert werden. Die vier zuletzt genannten Terme bilden im rechnerischen Verständnis Zwischenziele, die zur Erreichung des Oberziels RoI beitragen. Die genannten Zwischenziele werden (auch hier wieder rein mathematisch) durch die Unterziele Kosten – Umsatz = Gewinn sowie durch Anlagevermögen + Umlaufvermögen = Gesamtkapital (Vermögen) errechnet. Dieses Formel bzw. dieses Rechenschema legt eine logische Beziehungsanalyse fest, ausgehend vom Oberziel RoI, das vorgegeben wird, woran sich die abgeleiteten Zwischen- und Unterziele zu richten haben.

Die empirische Zielbeziehungsanalyse hingegen basiert auf sachlogischen Zusammenhängen. Auch hierzu ein Beispiel, welches teils auf Sachzielen, teils auf Formalzielen aufbaut: Das Oberziel der Wettbewerbsfähigkeit ist durch die Zwischenziele Marktanteil, Umsatz und Gewinn zu realisieren. Diese können aber nur durch die Angebotsqualität, durch Reputation, geschulte Mitarbeiter u. ä. – also explizit qualitative Erfolgsfaktoren – realisiert werden.

3. Hinweise zur Lösung

Die Erkenntnis über die sachlogischen Zusammenhänge kann durch die Befragung von Managern oder von anderen Akteuren empirisch gewonnen werden. Hierzu bedient man sich ausgewählter Methoden der multivariaten Statistik.

In der Lösung wurde ausschließlich das Konfliktmanagement der Zielgewichtung näher aufgezeigt. Die zweite Variante (sequentielle Zielverfolgung) baut auf der zeitlichen Priorisierung von Zielen auf. Die beiden zuletzt genannten Ansätze (Umformulierung und Anspruchsanpassung) verweisen auf den verhandlungsorientierten Umgang der gestellten Ziele seitens der Anspruchsgruppen. Der Erfolg hängt u. a. auch von der Verhandlungsstärke der betreffenden Akteure ab.

4. Literaturempfehlung

Bea, Franz Xaver: Entscheidungen des Unternehmens, in: Bea, Franz Xaver; Schweitzer, Marcell (Herausgeber): Allgemeine Betriebswirtschaftslehre, Band 1: Grundfragen, Stuttgart 2009, S. 332–437, insbes. S. 338–342.

Aufgabe 13: Probleme der menschlichen Entscheidungsrationalität in Unternehmen

Wissen, Verstehen
10 Minuten

1. Aufgabenstellung

Definieren Sie die Begriffe formale Rationalität und materielle Rationalität und bringen Sie diese mit ökonomischen Prinzipien und Erfolgsgrößen zusammen!

2. Lösung

Die formale Rationalität bezieht sich lediglich auf die Zweckmäßigkeit des Mitteleinsatzes im Hinblick auf die Erreichung nicht reflektierter Ziele („Der Zweck heiligt die Mittel."). Hier besteht ein starker Bezug zum ökonomischen Prinzip: Entweder ein gegebenes Ziel mit minimalen Mitteln zu erreichen (Minimumprinzip) oder mit gegebenen Mitteleinsatz das Ziel zu maximieren (Maximalprinzip). Im Fokus stehen Erfolgsgrößen, wie Produktivität, Wirtschaftlichkeit, Effizienz und weitere betriebswirtschaftliche Kennziffern. Formal rational ist, was den Zweck-Mittel-Einsatz optimiert.

Die materielle Rationalität bezieht sich auf die Gesamtqualität der Entscheidung, insbesondere die zugrunde gelegten Ziele, die unter dem Aspekt der Vernünftigkeit bewertet werden. Die Erfolgsgröße ist hier vielmehr eine Beurteilungs- oder Bewertungsgröße, und zwar in dem Verständnis, ob die getroffene oder die zu treffende betriebswirtschaftliche Entscheidung überhaupt richtig war oder richtig ist. Hier könnte zum Beispiel gefragt werden, ob das gewählte Geschäftsmodell noch tragbar und damit überhaupt noch sinnvoll ist? Materiell rational ist, was erlaubt, die Zweckmäßigkeit des Entscheidungsprozesses zu hinterfragen und unter Umständen zu verändern.

3. Hinweise zur Lösung

Betriebswirtschaftliche Entscheidungen sollten auf zwei Füßen stehen: Auf Basis der formalen und auf der der materiellen Rationalität. Nicht alles was effizient ist, ist effektiv. Nahezu jede Entscheidung im Unternehmen zieht Folgen mit sich, die – möglicherweise mit zeitlicher Verzögerung – Konsequenzen erzeugt, welche die Bewertung der Zweckmäßigkeit eben dieser Entscheidung mit sich bringt. Dabei spielen auch „ethische" Überlegungen eine Rolle: Nicht immer „heiligt der Zweck die Mittel". Die im nächsten Aufgabenbereich geschilderten Fälle sollen dies untermauern.

4. Literaturempfehlung

Bardmann, Manfred; Grundlagen der Allgemeinen Betriebswirtschaftslehre, 2. Auflage, Wiesbaden 2014, S. 147–151.

Aufgabe 14: Bewertung von Entscheidungsfällen

Transfer, Bewertung
20 Minuten

1. Aufgabenstellung

Drei ausgewählte Unternehmensbeispiele aus den letzten Jahren, die im Zusammenhang mit Datenskandalen stehen, sollen das Spannungsverhältnis zwischen formaler und materieller Rationalität dokumentieren:

- Der Lebensmitteleinzelhändler Lidl beobachtete Mitarbeiter und Kunden mit versteckten Kameras.
- Der Telekommunikationsanbieter Telekom hörte systematisch Gespräche von Führungskräften und Mitarbeitern ab.
- Die Deutsche Bahn verdächtigte fast alle der 240.000 Betriebszugehörigen pauschal der Korruption, sodass diese mittels Rasterfandung überprüft wurden.

Beurteilen Sie die drei Entscheidungsfälle jeweils aus Sicht der formalen und aus Sicht der materiellen Rationalität! Beziehen Sie bei Ihren Überlegungen auch ethische Aspekte mit ein!

2. Lösung

Unter dem Gesichtspunkt der formalen Rationalität erschienen die obigen Maßnahmen – im Sinne des Mitteleinsatzes und unter Vernachlässigung der Ethik – „zweckmäßig": Lidl wollte Leistungszurückhaltung und Diebstähle aufspüren, die Telekom und die Deutsche Bahn wollten gegen die Korruption angehen. Im Sinne der materiellen Rationalität – und damit im Verständnis einer Gesamtbewertung der geschilderten Überwachungsmaßnahmen – erscheint das gesamte Vorgehen jedoch als höchst fragwürdig.

3. Hinweise zur Lösung

Die Beispiele wurden bewusst gewählt, da es von der Intention der jeweiligen Unternehmensführungen her in allen drei Fällen um die Verminderung bzw. Verhinderung operationeller Risiken ging, die man im Sinne der formalen Rationalität zu bewerkstelligen glaubte. Die Vernachlässigung ethischer Gesichtspunkte, die über die materielle Rationalität (im Sinne einer Nutzenethik) zu adressieren gewesen wäre, führte in allen drei Fällen dazu, dass erstens die „Grauzone" des Entscheidens und Handelns in Richtung Illegalität übertreten wurde (konkret: Verletzung des Datenschutzrechts) und dass sich zweitens ein erheblicher Reputationsschaden eingestellt hat, der zumindest im ersten Fall mit einem Kunden- und Umsatzrückrang sowie mit der Fluktuation von Mitarbeitern verbunden war.

4. Literaturempfehlung

Oelsnitz, Dietrich von der; Management: Geschichte, Aufgaben, Beruf, München 2009, S. 106–112.

Aufgabe 15: Beschränkte Rationalität

Wissen, Verstehen
10 Minuten

1. Aufgabenstellung

Entscheidungen in Unternehmen bzw. in Organisationen sind begrenzt rational. Nennen Sie die Gründe für diese beschränkte Rationalität („Bounded Rationality") und erläutern Sie diese kurz!

2. Lösung

- Intellektuelle Beschränkungen: Es gibt begrenzte Problemlösungskapazitäten und ein unauflösbares Ungewissheitsproblem.
- Politische Beschränkungen: Es gibt Interessenskonflikte, Konflikte zwischen Individual- Bereichs- und Organisationszielen sowie mikropolitische Aktivitäten.
- Kontextuale Beschränkungen: Es gibt Akzeptanzprobleme und Beschränkungen auf das politisch Machbare (Kompromisse).
- Historische Beschränkungen: Es ist die Dominanz historisch gewachsener Denkmuster.

3. Hinweise zur Lösung

Herbert A. Simon (1916 bis 2001) erhielt im Jahre 1978 den Nobelpreis für Wirtschaftswissenschaften für seine bahnbrechenden Forschungen von Entscheidungsprozessen in Wirtschaftsorganisationen. Die Kernaussage seiner Forschungen: Entscheidungen sind begrenzt rational („Bounded Rationality")! Er (und andere Wissenschaftler) haben die Ökonomie und die Managementlehre gegenüber verhaltenswissenschaftlichen Disziplinen geöffnet. Damit vollzog sich die empirische Abkehr von „Rational

Actor Modell" und damit die berechtigte Infragestellung „objektiver" Entscheidungs-findung in Organisationen. Die oben angeführten Beschränkungen spiegeln die faktisch beschränkte Rationalität auf individueller und auf kollektiver Ebene angemessen wider.

4. Literaturempfehlung

Neumer, Judith; Entscheiden unter Ungewissheit – Von der bounded rationality zum situativen
   Handeln, in: Böhle, Fritz/Busch, Sigrid (Hrsg.): Management von Ungewissheit, Bielefeld 2012,
   S. 37–67.

Aufgabe 16: Das Mülleimer-Modell

Wissen, Verstehen, Anwenden, Transfer
18 Minuten

1. Aufgabenstellung

Gehen Sie auf die Kernaussage, auf die Grundidee, auf die empirische Evidenz, auf das Ergebnis und auf die Hintergründe des sogenannten Mülleimer-Modells im Rahmen der betriebswirtschaftlichen Entscheidungspraxis ein! Welche vier Ströme von Entscheidungen wirken hierbei zusammen? Wie kann die Unternehmensführung einer solchen Entscheidungspraxis entgegen wirken?

2. Lösung

Kernaussage
– Organisationen sind „organisierte Anarchien".

Grundidee
– Der Ablauf und das Ergebnis eines Entscheidungsprozesses sind eher zufällig bestimmt.

Empirische Evidenz
– Bei komplexen Entscheidungen im Unternehmen spielen persönliche und soziale Werte eine unterschiedlich starke Rolle.
– Entscheidungen hängen auch vom „richtigen" Zeitpunkt ab.

Ergebnis
- Das Nachvollziehen mancher Entscheidungen lässt daran zweifeln, ob diese auch rational getroffen wurden.

Hintergründe
- In den meisten Betrieben sind die Präferenzen inkonsistent und/oder schlecht definiert.
- Dort fehlt oft das Wissen über Umweltbedingungen und grundlegende Ursache-Wirkungs-Zusammenhänge.
- Dort wechseln die Entscheidungsteilnehmer in Präsenz und Energie (sog. fluid participation).

Vier Ströme
- Ströme von Problemen
- Ströme von Entscheidungsarenen
- Ströme von Teilnehmern
- Ströme von Lösungen

Gegenmaßnahmen
- Verfahren bzw. Bürokratien
- Eliten mit klaren Ideen
- Agenda-Setting

3. Hinweise zur Lösung

Das Phänomen des Mülleimer-Modells wurde erstmals 1972 von einer Gruppe von Organisationsforschern um Cohen, March und Olsen beschrieben und 1995 von John Kingdon aufgenommen. Entgegen der idealtypischen Annahme, das betriebliche Entscheidungen in klar abgrenzbaren Phasen, wie Zielvorgabe, Planung, Entscheidung, Realisierung und Kontrolle stattzufinden haben, konnte die Erfahrung gewonnen werden, dass die Entscheidungsrealität nicht solch geordneten Verlaufsmustern folgt. Auch wenn es formale Organisationen mit Weisungsbefugnissen gibt, scheint es mikropolitische Aktivitäten zu geben, welche sich informell einstellen. Das untermauert auch die Grundidee von der Zufälligkeit von Entscheidungen, wobei persönliche und soziale Werte ausschlaggebend sind. Empirisch wurde ebenso die stark zeitpunktbezogene Relevanz von Entscheidungen beobachtet. Im Ergebnis und bezüglich der Hintergründe knüpft das Mülleimermodell an die Erkenntnisse aus der Beschränkten Rationalität, die von Herbert Simon beschrieben wurde, an. Das Zusammentreffen von vier Strömen untermauert die stark ereignisorientiere Qualität von betriebswirtschaftlichen Entscheidungen jenseits von Routinen und geordneten Strukturen und Prozessen.

Dieses Modell soll nicht affirmiert werden. Betriebswirtschaftliche Entscheidungen müssen kanalisiert werden, wozu es ausgewählte Gegenmaßnahmen gibt, um die beschriebenen quasianarchistischen Zustände zu verhindern. Dazu gehören Führungspersönlichkeiten mit klaren Zielerwartungen und Zielvorgaben, bürokratische Regeln, z. B. Verfahrensanweisungen bzw. das Corporate Governance-Management oder die Setzung von verbindlichen Themenschwerpunkten bei Gremienentscheidungen.

4. Literaturempfehlung

Macharzina, Klaus; Wolf, Joachim: Unternehmensführunganagementwissen: Konzept – Methoden – Praxis, 9. Auflage, Wiesbaden 2015, S. 632–639.

1.3 Formale Entscheidungstheorie

Aufgabe 17: Entscheidungstheorie

Verstehen, Anwenden
20 Minuten

1. Aufgabenstellung

a)   Für eine Entscheidungssituation kann ein Investor auf folgende Nutzenmatrix zurückgreifen:

Tabelle 1: Nutzenmatrix eines Investors

Wahrscheinlichkeit	0,4	0,5	0,1
Aktion 1	150	110	140
Aktion 2	110	115	150
Aktion 3	120	120	160

Wie sollte sich Investor nach der (μ,σ)-Regel entscheiden, falls er als risikoscheu einzustufen ist? Hinweis: Wählen Sie für Ihre Berechnungen einen Risikopräferenzfaktor von q = – 0,70.

b) Bei einer Entscheidungssituation konnte für einen Investoren folgende Nutzenmatrix ermittelt werden:

Tabelle 2: Nutzenmatrix eines Investors

Aktion 1	110	20	140
Aktion 2	50	110	80
Aktion 3	170	10	80

Für welche der Aktionen sollte sich ein risikoscheuer Investor entscheiden? Setzen
Sie bei dieser Aufgabe die folgenden Methoden ein:
1. Minimax-Regel:
2. Maximax-Regel:
3. Regel von Hurwicz
4. Savage-Niehans-Regel

c) Welche Methoden der Entscheidungstheorie würde für einen risikofreudigen Entscheider herangezogen werden?

2. Lösung

a) Zunächst werden die Erwartungswerte berechnet:

Tabelle 3: Berechnung der Erwartungswerte

Wahrscheinlichkeit	0,4	0,5	0,1	μ
Aktion 1	150	110	140	129
Aktion 2	110	115	150	116,5
Aktion 3	120	120	160	124

Anschließend erfolgt die Berechnung der Standardabweichung sowie des Risikoprä-
ferenzwertes P:

Tabelle 4: Berechnung der Standardabweichungen und der Risikopräferenzwerte

	$e_i - \mu_i$	$(e_i - \mu_i)^2$	xw_i	σ	$\Sigma * q$	P
A 1	$150-129 = 21;$ $110-129 = -19;$ $140-129 = 11$	$=441;$ $=361;$ $=121;$	369 $=441 \cdot 0{,}4$ $+361 \cdot 0{,}5$ $+121 \cdot 0{,}1$	$19{,}21= \sqrt{369}$	$-15{,}37$	113,63
A 2	$110-116{,}5=-14{,}5$ $115-116{,}5=-9{,}5$ $150-116{,}5=-25{,}5$	$=42{,}25;$ $=2{,}25;$ $=1.122{,}25$	130,25	11,41	$-9{,}13$	**107,37**
A 3	$120-124=-4;$ $120-124=-4;$ $160-124= 36$	$=16;$ $=16; =1.296;$	144	12,00	$-9{,}60$	114,40

Nach dieser Regel ist die Aktion 2 zu wählen. Diese weist den größten Präferenzwert P=107,37 auf.

b)

1. Ein risikoscheuer Entscheider wählt nach der Minimax-Regel die Aktion 2 (50), da hier der minimale Wert über alle Aktionen maximal ist.

2. Ein risikoscheuer Entscheider wählt nach der Maximax-Regel die Aktion 3 (170), da hier über alle Aktionen der maximale Wert erreicht werden kann.

3. Die folgenden Übersichten zeigen die Ergebnisse für variierende Optimismusparameter:

Tabelle 5: Die Regel von Hurwicz mit einem Optimismusparameter von $\lambda=0$

$\lambda = 0$				Max * 0 + Min * 1		Σ
Aktion 1	110	20	140	110 * 0 + 20 * 1	$=0+20$	20
Aktion 2	50	110	80	110 * 0 + 50 * 1	$=0+50$	**50**
Aktion 3				170 * 0 + 10 * 1	$=0+80$	10

Für $\lambda=0$ sollte der Investor Aktion 2 wählen.

Tabelle 6: Die Regel von Hurwicz mit einem Optimismusparameter von λ=0,1

λ = 0,1				Max * 0,1 + Min * 0,9		∑
Aktion 1	110	20	140	140 * 0,1 + 20 * 0,9	=14+18	32
Aktion 2	50	110	80	110 * 0,1 + 50 * 0,9	=11+45	**56**
Aktion 3	170	10	80	170 * 0,1 + 10 * 0,9	=17+ 9	26

Für λ=0,1 sollte der Investor Aktion 2 wählen.

Tabelle 7: Die Regel von Hurwicz mit einem Optimismusparameter von λ=0,2

λ = 0,2				Max * 0,2 + Min * 0,8		∑
Aktion 1	110	20	140	140 * 0,2 + 20 * 0,8	28+16	44
Aktion 2	50	110	80	110 * 0,2 + 50 * 0,8	22+40	**62**
Aktion 3	170	10	80	170 * 0,2 + 10 * 0,8	34+ 8	42

Für λ=0,2 sollte der Investor Aktion 2 wählen.

Tabelle 8: Die Regel von Hurwicz mit einem Optimismusparameter von λ=0,3

λ = 0,3				Max * 0,3 + Min * 0,7		∑
Aktion 1	110	20	140	140 * 0,3 + 20 * 0,7	42+14	56
Aktion 2	50	110	80	110 * 0,3 + 50 * 0,7	33+35	**68**
Aktion 3	170	10	80	170 * 0,3 + 10 * 0,7	51+7	58

Für λ=0,3 sollte der Investor Aktion 2 wählen.

Tabelle 9: Die Regel von Hurwicz mit einem Optimismusparameter von λ=0,4

λ = 0,4				Max * 0,4 + Min * 0,6		∑
Aktion 1	110	20	140	140 * 0,4 + 20 * 0,6	56+12	68
Aktion 2	50	110	80	110 * 0,4 + 50 * 0,6	44+30	**74**
Aktion 3	170	10	80	170 * 0,4 + 10 * 0,6	68+ 6	**74**

Für λ=0,4 besteht Indifferenz zwischen den Aktionen 2 und 3.

3. Savage-Niehans-Regel
Zunächst muss das Spaltenmaximum ermittelt werden.

Tabelle 10: Ermittlung des Spaltenmaximums

Aktion 1	110	20	**140**
Aktion 2	50	**110**	80
Aktion 3	**170**	10	80

Auf Grundlage dieser Informationen wird die Matrix des geringsten Bedauerns erstellt und errechnet, welche maximalen Abweichungen sich über die Alternativen ergeben.

Tabelle 11: Matrix des geringsten Bedauerns

				Max.
Aktion 1	60	90	0	**90**
Aktion 2	120	0	60	120
Aktion 3	0	100	60	100

Aktion 1 führt zu einer Minimierung des Bedauerns, d. h., hier ist die maximale Abweichung über die Alternativen minimal. Nach der Savage Niehans Regel sollte sich der Investor demnach für Alternative 1 entscheiden.

c) Für einen risikofreudigen Investor sollte die Maximax-Regel oder die Regel von Hurwicz von $\lambda > 0{,}5$ zur Anwendung kommen. Bei einem Wert nahe $\lambda = 0{,}5$ wäre die Risikofreude schwach ausgeprägt, bei einem Wert von $\lambda = 1$ würde ein stark risikofreudiger Investor betrachtet werden. Die Maximax-Regel ist ein Sonderfall der Regel von Hurwicz, hier nimmt der Optimismusparameter den Wert $\lambda = 1$ ein.

3. Hinweise zur Lösung

Bei der Präferenzwertes P bei der (μ,σ)-Regel berechnet sich über:
$$P(A_i) = \mu(A_i) + q \times \sigma(A_i) \text{ mit}$$

$q \quad = \quad 0 \quad$ für risikoneutrale Investoren,
$q \quad < \quad 0 \quad$ für risikoscheue Investoren,
$q \quad > \quad 0 \quad$ für risikofreudige Investoren.

Bei der Anwendung der Hurwicz-Regel haben die Studenten das λ selbst zu wählen. Um für einen risikoscheuen Entscheider diese Regel nutzen zu können, sollte das λ zwischen 0,4 (leicht risikoscheu) und 0 (extrem risikoscheu) liegen ($\lambda<0,5$). In der Aufgabe werden ausgehend von einem $\lambda<0$ die Werte für λ in Zehntelschritten erhöht.

Die Berechnung des Entscheidungswertes erfolgt durch:

$$Hi = mini\,(1 - \lambda) + maxi\,(\lambda)$$

Es sollte die Aktion A mit dem höchsten H realisiert werden.

4. Literaturempfehlung

Wöhe, Günter und Ulrich Döring (2013): Einführung in die Allgemeine Betriebswirtschaftslehre, 25. Auflage, München 2013, S. 88–95.

1.4 Betriebliche Wertschöpfung (Beschaffung, Produktion, Absatz)

Aufgabe 18: Materialbeschaffung und Lagerwirtschaft

Verstehen, Anwenden
15 Minuten

---

1. Aufgabenstellung

a) Viele Unternehmen haben die „Just-in-Time- Produktion" eingeführt.
a1) Erläutern Sie kurz, was unter der „Just-in-Time- Produktion" zu verstehen ist.
a2) Erläutern Sie je zwei Vor- und zwei Nachteile der „Just-in-Time- Produktion".
b1) Optimale Bestellmenge: Zeigen Sie auf, inwiefern die Bestimmung der optimalen Bestellmenge der Materialien von den Bestell- bzw. Rüstkosten sowie den Lagerhaltungskosten abhängig ist. Zeigen Sie diesen Zusammenhang durch das Befüllen der folgenden Abbildung auf:

Abbildung 1: Zu füllende Abbildung zur Bestimmung der optimalen Bestellmenge

b2) Die Fleißig GmbH fertigt Zulieferteile in Serienfertigung. Sie hat für ein fremdbe-
zogenes Einzelteil folgende Informationen ermittelt:

- Es besteht ein Jahresbedarf über 20.000 Stück.
- Der Einstandspreis beträgt 20 €/Stück.
- Die Bestellkosten belaufen sich auf 800 € pro Bestellung.
- Der Lagerhaltungskostensatz wird mit 10 % des durchschnittlichen Lagerbestan-
  des angesetzt.

Ermitteln Sie die optimale Bestellmenge anhand des Harris/Andler-Modells.

c) Welche Funktionen haben Läger? Beschreiben Sie <u>kurz</u> vier Funktionen der
Lagerhaltung.

2. Lösung

a1) Bei der „Just-in-Time-Produktion" werden die Materialien, die für den Fertigungsprozess vorgesehen sind, dann angeliefert, wenn sie für den Fertigungsprozess
vorgesehen sind. Im Idealfall treffen die Materialien gerade rechtzeitig „just-in-
time" ein.

a2) Die Vorteile der „Just-in-Time-Produktion" sind verbunden mit der Verminderung
der Lagerkosten sowie der Kapitalbindung. Außerdem werden die Durchlaufzei-
ten verkürzt und „Lagerleichen" vermieden.

In Bezug auf Nachteile bei der „Just-in-Time-Produktion" werden Risiken in einem
Ausfall bzw. in der Verspätung der Lieferung gesehen. Außerdem können ungüns-
tige Marktpreisschwankungen zu einer Verteuerung des Einkaufs führen. Ggf. führen
höhere Logistikaktivitäten zu höheren Kosten sowie zu einer Umweltbelastung.

b2)

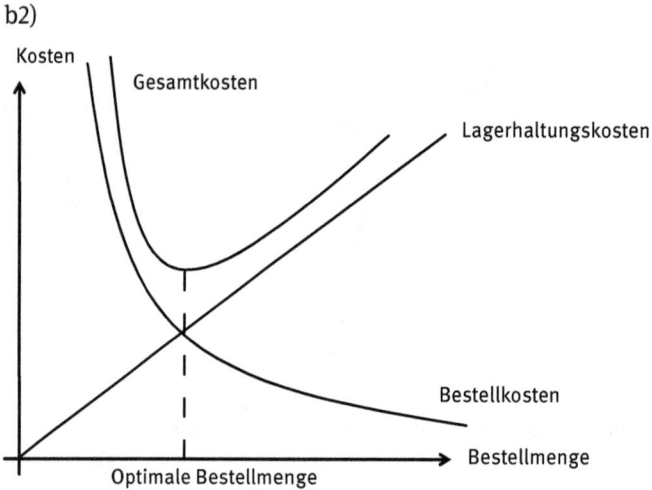

Abbildung 2: Befüllte Abbildung zur Bestimmung der optimalen Bestellmenge

b2)

$$m_{opt} = \sqrt{\frac{2 \cdot 20.000\ Stück \cdot 800\ \text{€}}{20\ \text{€}/Stück \cdot 0,1}} = 4.000\ Stück$$

c)

– Ausgleichsfunktion: Hier wird der zeitliche sowie der mengenmäßige Bedarf von Produktion und Absatzorganen ausgeglichen.
– Sicherungsfunktion. Diese Funktion verfolgt das Ziel der Absicherung gegen unvorhersehbare Schwankungen im Lagerzu- und -abgang
– Veredelungsfunktion: Durch die Veredlung ergibt sich eine Steigerung des Wertes der Produkte durch Lagerung.
– Spekulationsfunktion: Durch die Spekulation sollen Marktchancen genutzt werden, um von künftigen Preisänderungen zu profitieren.

3. Hinweise zur Lösung

Bei der Berechnung der optimalen Bestellmenge lässt sich das Ergebnis einfach plausibilisieren.

Die optimale Bestellmenge m_{opt} errechnet sich durch:

$$m_{opt} = \sqrt{\frac{2 \cdot J \cdot B_f}{P \cdot q}}$$

mit J als Jahresbedarf des Produktes, B_f sind die Bestellfixen Kosten, und der Preis je Mengeneinheit ist P. Der Lagerhaltungs- und Zinskostensatz ist q.

4. Literaturempfehlung

Wöhe, Günter und Ulrich Döring (2013): Einführung in die Allgemeine Betriebswirtschaftslehre, 25. Auflage, München 2013, S. 330–335.

Aufgabe 19: ABC-Analyse

Verstehen, Anwenden
15 Minuten

1. Aufgabenstellung

Gegeben ist folgende Tabelle zur Lagerbestandsanalyse.

Artikel-Nr.	Verbrauch pro Jahr in Stück	Einstandspreis in € pro Stück	Verbrauchswert im Jahr (in €)	Anteil in % am Gesamt-verbrauchswert	ABC-Bewertung
1	14.780	24,00	354.720,00	7,84 %	
2	4.521	20,00	90.420,00	2,00 %	
3	360	895,50	322.380,00	7,12 %	
4	6.840	3,90	26.676,00	0,59 %	
5	6.870	1,10	7.557,00	0,17 %	
6	590	27,00	15.930,00	0,35 %	
7	9.905	5,00	49.525,00	1,09 %	
8	7.940	2,50	19.850,00	0,44 %	
9	990	38,90	38.511,00	0,85 %	
10	24.000	150,00	3.600.000,00	79,55 %	
Summe			4.525.569,00	100,00 %	

a) Vervollständigen Sie bitte die ABC-Analyse.
b) Erläutern Sie die Zielsetzung der ABC-Analyse.

2. Lösung

a) vgl. nachfolgende Tabelle
b) vgl. Hinweise zur Lösung

Artikel-Nr.	Verbrauch pro Jahr in Stück	Einstandspreis in € pro Stück	Verbrauchswert im Jahr (in €)	Anteil in % am Gesamtver-brauchswert	ABC-Bewertung
1	14.780	24,00	354.720,00	7,84 %	B
2	4.521	20,00	90.420,00	2,00 %	C
3	360	895,50	322.380,00	7,12 %	B
4	6.840	3,90	26.676,00	0,59 %	C
5	6.870	1,10	7.557,00	0,17 %	C
6	590	27,00	15.930,00	0,35 %	C
7	9.905	5,00	49.525,00	1,09 %	C
8	7.940	2,50	19.850,00	0,44 %	C
9	990	38,90	38.511,00	0,85 %	C
10	24.000	150,00	3.600.000,00	79,55 %	A
Summe			4.525.569,00	100,00 %	

3. Hinweise zur Lösung

Die Einteilungskonvention in der Materialwirtschaft besagt, dass Artikel in drei Gruppen klassifiziert werden können:

A-Artikel: Hier entfällt auf ca. 10 % der Artikel etwa 80 % des Jahresverbrauchs. Dieses erfordert eine sorgfältige Disposition dieser Artikel.

B-Artikel: Auf die nächsten 20 % der Artikel entfallen ca. weitere 15 % des Jahresverbrauchs. Eine Disposition ist hier oftmals noch sinnvoll.

C-Artikel: Die verbliebenen 70 % der Artikel umfassen nur noch ca. 5 % des Jahresverbrauchs. Eine sorgfältige Disposition erscheint hier nicht mehr sinnvoll.

Diese Klassifizierung ist als eine Empfehlung anzusehen. Die in dem jeweiligen Betrieb zu treffende Unterteilung ist von den spezifischen Gegebenheiten abhängig.

4. Literaturempfehlung

Olfert, Klaus und Rahn, Horst-Joachim (2013): Einführung in die Betriebswirtschaftslehre, 11. Auflage, Herne 2013, S. 218.
Wöhe, Günter und Ulrich Döring (2013): Einführung in die Allgemeine Betriebswirtschaftslehre, 25. Auflage, München 2013, S. 326–327.

Aufgabe 20: Systematisierung der Produktionsfaktoren nach Gutenberg

Anwenden und Verstehen
10 Minuten

1. Aufgabenstellung

a) Zur Systematisierung der Produktionsfaktoren nach Gutenberg soll das folgende Schaubild befüllt werden:

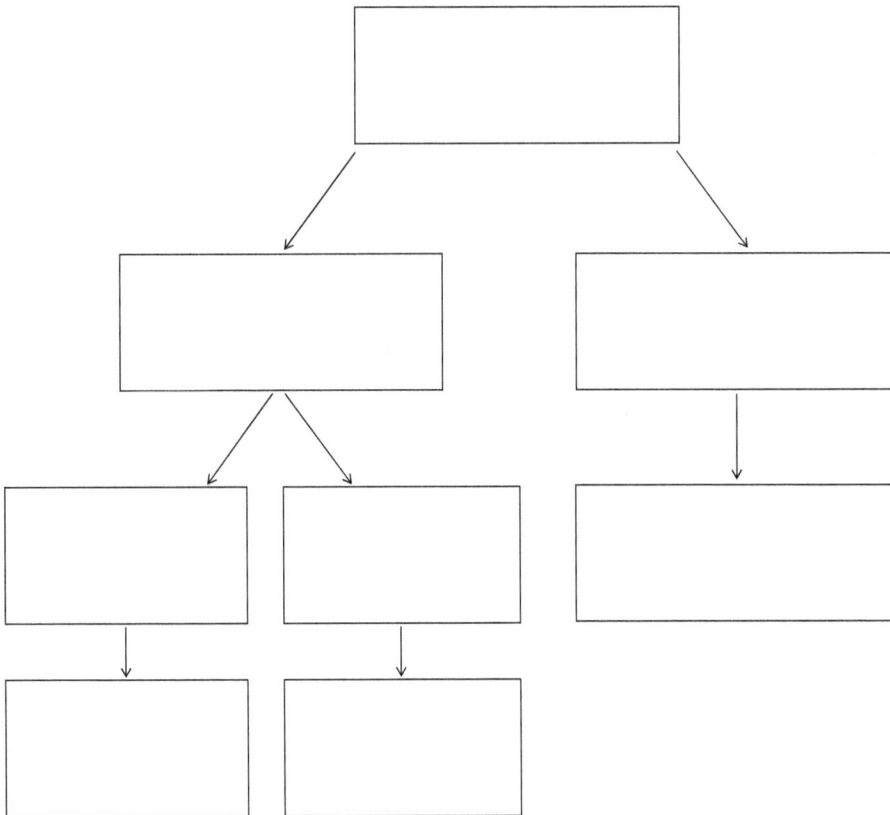

Abbildung 3: Zu füllende Abbildung zur Systematisierung der Produktionsfaktoren

b) Erläutern Sie kurz die Begrifflichkeiten.

2. Lösung

```
                    ┌─────────────────────────┐
                    │   Produktionsfaktoren   │
                    └─────────────────────────┘
```

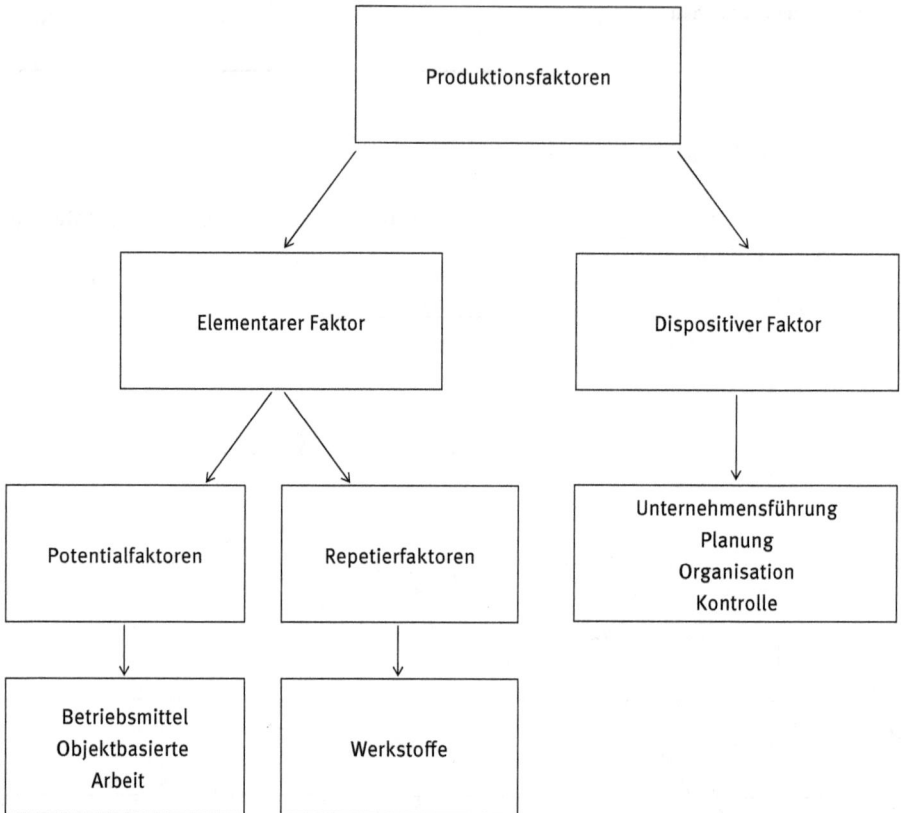

Abbildung 4: Systematisierung der Produktionsfaktoren

```
┌─────────────────────┐          ┌─────────────────────┐
│  Elementarer Faktor │          │  Dispositiver Faktor│
└─────────────────────┘          └─────────────────────┘

┌─────────────────┐  ┌─────────────────┐    ┌──────────────────────┐
│ Potentialfaktoren│ │ Repetierfaktoren │    │ Unternehmensführung  │
└─────────────────┘  └─────────────────┘    │      Planung         │
                                             │    Organisation      │
                                             │     Kontrolle        │
                                             └──────────────────────┘

┌─────────────────┐  ┌─────────────────┐
│  Betriebsmittel │  │    Werkstoffe   │
│  Objektbasierte │  └─────────────────┘
│      Arbeit     │
└─────────────────┘
```

Abbildung 4: Systematisierung der Produktionsfaktoren

b) vgl. Hinweise zur Lösung

3. Hinweise zur Lösung

Die in die Produktion eingesetzten Güter werden als Produktionsfaktoren bezeichnet. Dazu zählen die folgenden Produktionsfaktoren:

Elementarer Faktor:

– Werkstoffe (Roh-, Hilfs- und Betriebsstoffe); auch Repetier- oder Verbrauchsfaktoren; Rohstoffe (z. B. Holz, Stahl, Erdöl)
– Hilfsstoffe (z. B. Farben, Schrauben)
– Betriebsstoffe (z. B. Energie, Schmiermittel)

- Betriebsmittel (z. B. maschinelle Anlagen, Grundstücke); auch Potential- oder Gebrauchsfaktoren
- Menschliche Arbeitskraft (objektbezogene Arbeit und dispositive Arbeit)

Dispositive Produktionsfaktoren:
Unter dem dispositiven Faktor wird u. a. der Einsatz und das Zusammenfügen von Wissen auf der Ebene des Managements verstanden.

4. Literaturempfehlung

Olfert, Klaus und Rahn, Horst-Joachim (2013): Einführung in die Betriebswirtschaftslehre, 11. Auflage, Herne 2013, S. 28–29.
Wöhe, Günter und Ulrich Döring (2013): Einführung in die Allgemeine Betriebswirtschaftslehre, 24. Auflage, München 2013, S. 27–33.

Aufgabe 21: Der Marketing-Mix – Optimierung der absatzpolitischen Instrumente

Anwenden und Verstehen
10 Minuten

1. Aufgabenstellung

Erläutern Sie, was unter den Marketing-Mix zu verstehen ist. Skizzieren Sie kurz die dazugehörigen absatzpolitischen Instrumente.

2. Lösung

Unter dem Marketing-Mix werden die 4 P's des Marketings subsumiert:

„Product": Produktpolitik: Die Ausgestaltung des Produktes ist Gegenstand der Produktpolitik.

„Place": Distributionspolitik: Die Wahl des Vertriebswegemixes erfolgt durch die Distributionspolitik.

„Promotion": Kommunikationspolitik: Die Aufgabe der Auswahl der kommunikationspolitischen Instrumente mit den Kunden wird durch die Kommunikationspolitik realisiert.

„Price": Preispolitik. Die Preispolitik soll z. B. die Frage beantworten, ob das Unternehmen eher die Kostenführerschaft übernehmen sollte oder als Qualitätsanbieter auftreten sollte.

3. Hinweise zur Lösung

Das Unternehmen realisiert dann das langfristige Gewinnmaximum, falls es in einem sukzessiven Entscheidungsprozess zunächst die Produktpolitik, darauf folgend die Preispolitik, darauf aufbauend die Kommunikationspolitik und schließlich seine Distributionspolitik optimiert hat.

Das langfristige Gewinnmaximum ist nur dann realisierbar, wenn über einen simultanen Ansatz alle absatzpolitischen Handlungsmöglichkeiten bewertet werden.

4. Literaturempfehlung

Meffert, Heribert/Burmann, Christoph und Kirchgeorg, Manfred (2015): Marketing – Grundlagen marktorientierter Unternehmensführung Konzepte – Instrumente – Praxisbeispiele, 12. Auflage, 2015 Wiesbaden, S. 357–566.

Wöhe, Günter und Ulrich Döring (2013): Einführung in die Allgemeine Betriebswirtschaftslehre, 25. Auflage, München 2013, S. 466–469.

1.5 Finanzierung und Investition

Aufgabe 22: Grundlagen der Finanzierung und Investition

Anwenden und Verstehen
10 Minuten

1. Aufgabenstellung

Charakterisieren Sie die Finanzierung und die Investition durch die Kriterien Zahlungsstrom, Kapital und Bilanz

2. Lösung

Die Finanzierung ist ein Zahlungsstrom. Dieser Zahlungsstrom beginnt mit einer kapitalzuführenden Einzahlung, z. B. durch eine Kreditaufnahme oder eine Eigenkapitalerhöhung. Das Adjektiv „kapitalzuführend" zeigt, dass mit der Finanzierung eine Kapitalzuführung verbunden ist. Bilanziell ergibt sich eine Bilanzverlängerung. Die Finanzmittel erhöhen die Passiva, z. B. über die Position Verbindlichkeiten durch die Kreditaufnahme. Mit der Kreditbereitstellung wird Geld auf einem Konto bereitgestellt, damit verbunden ist die Zunahme der entsprechenden Position im Umlaufvermögen (liquide Mittel).

Das bereitgestellte Geld wird dann für den vorgesehenen Zweck investiert, z. B. für den Kauf einer maschinellen Anlage. Es erfolgt ein Geldabfluss in Form einer kapitalbindenden Auszahlung. Das bezogene Kapital ist dadurch für den Investitionszweck eingesetzt worden. Die liquiden Mittel im Umlaufvermögen werden vermindert, die maschinellen Anlagen im Sachanlagevermögen steigen. Aus bilanzieller Sicht hiermit ist hiermit verbunden ein Aktivtausch. In die maschinelle Anlage ist mit der Zielsetzung der Produktion investiert worden. In dieser weiteren Phase der Investition werden die produzierten Güter an den Gütermärkten verkauft. Als Folge dessen steigen die liquiden Mittel wieder an. Aufgrund der Abnutzung werden die maschinellen Anlagen im Wert vermindert. Das gebundene Kapital wird wieder freigesetzt. Es ergibt sich ein Aktivtausch. Sind die erzielten Umsatzerlöse so hoch, dass ein Gewinn die Folge ist, stellt sich zusätzlich eine Bilanzverlängerung durch die Erhöhung der liquiden Mittel sowie durch die Erhöhung des Eigenkapital ein.

Die liquiden Mittel werden u. a. abschließend für die Zahlungsverpflichtungen aus der Kapitalbeschaffung eingesetzt. In dieser zweiten Phase der Finanzierung müssen z. B. Zahlungsverpflichtungen für die Kreditaufnahme oder Gewinnausschüttungen getätigt werden. Es erfolgt eine Kapitalrückführung verbunden mit einer Bilanzverkürzung.

3. Hinweise zur Lösung

Bedeutsam ist es, zu erkennen, dass der Finanzierung und der Investition jeweils zwei Schritte zuzuordnen sind. Außerdem wird deutlich, dass sowohl Finanzierung als auch die Investition eine stimmige Abfolge von Schritten ergeben.
1. Finanzierung: Kapitalzuführende Einzahlung, Bilanzverlängerung
2. Investition: Kapitalbindende Auszahlung, Aktivtausch
3. Investition: Kapitalrückfluss, Aktivtausch, wird ein Gewinn erzielt zusätzlich Bilanzverlängerung, im Verlustfall zusätzlich Bilanzverkürzung
4. Finanzierung: Kapitalrückführende Auszahlung, Bilanzverkürzung

4. Literaturempfehlung

Perridon, Louis; Manfred Steiner und Andreas Rathgeber (2012): Finanzwirtschaft der Unternehmung, 16. Auflage, München 2012, S. 389–391.
Wöhe, Günter und Ulrich Döring (2013): Einführung in die Allgemeine Betriebswirtschaftslehre, 24. Auflage, München 2013, S. 471–475.

Aufgabe 23: Systematisierung Finanzierung

Anwenden und Verstehen
15 Minuten

1. Aufgabenstellung

Die Finanzierung und Investition lässt sich anhand der Merkmale Innen- und Außen-
sowie Eigen- und Fremdfinanzierung unterscheiden.

a) Unterschieden werden die Außen- oder Innenfinanzierung und die Eigen- oder
   Fremdfinanzierung. Unterscheiden Sie diese Finanzierungsmöglichkeiten, Erläutern Sie, was Sie unter diesen Begriffen verstehen und führen Sie jeweils Beispiele
   an.
b) Befüllen Sie folgende Abbildung.

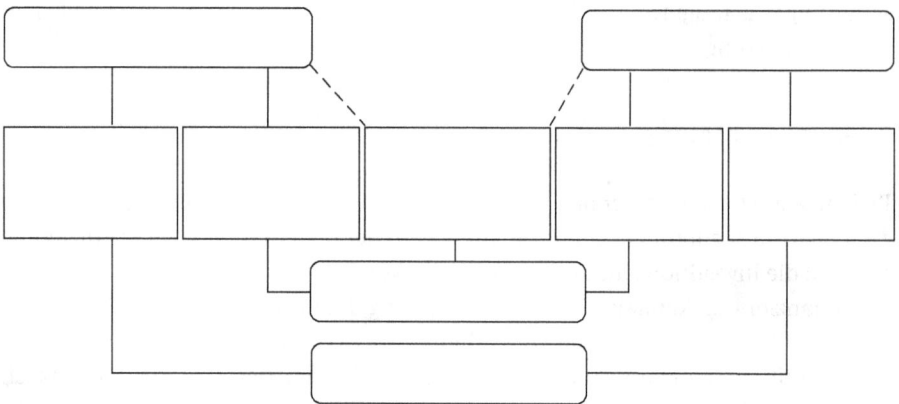

Abbildung 5: Zu füllende Abbildung Übersicht über die Finanzierungsformen

2. Lösung

a)
1. Innenfinanzierung: Bei der Innenfinanzierung muss zunächst ein Geldzufluss
   von außen über die Gütermärkte erfolgen. Dieser Geldzufluss erfolgt hauptsäch-
   lich durch den Verkauf von Produkten. Denkbar ist aber auch, dass ein Gegenstand des Anlagevermögens wie z. B. eine Maschine verkauft wird. Durch eine
   innerbetriebliche Dispositionsentscheidung verbleiben die finanziellen Mittel
   im Unternehmen. Eine innerbetriebliche Dispositionsentscheidung ist z. B. die
   Entscheidung zur Vermögensumschichtung oder die Entscheidung zur Thesau-

rierung des Gewinns. Beispiele hierzu sind die Finanzierung aus den Abschreibungs- oder Rückstellungsgegenwerten bzw. die Gewinnthesaurierung.

2. Außenfinanzierung: Dem Unternehmen fließen bei dieser Finanzierungsform Finanzmittel von außen zu. Hierzu zählen Finanzierungsformen wie die Kredit- oder Beteiligungsfinanzierung.
3. Eigenfinanzierung: Es erfolgt die Bereitstellung von zusätzlichem Eigenkapital.
4. Fremdfinanzierung: Dem Unternehmen wird Fremdkapital bereitgestellt z. B. in Form von Krediten oder Anleihen.

b)

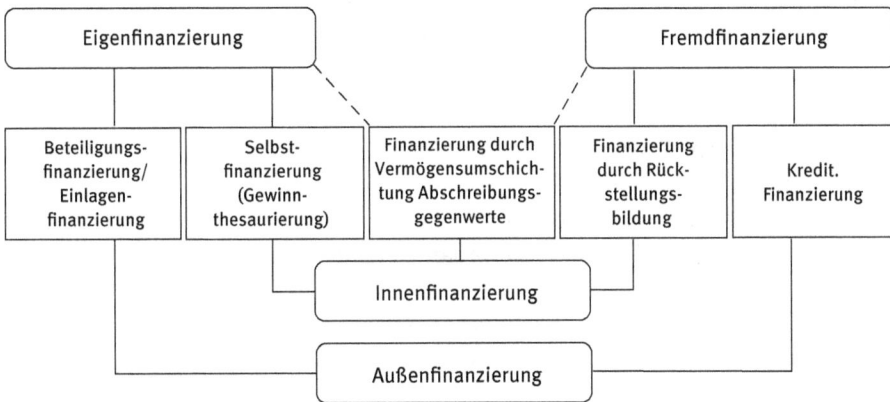

Abbildung 6: Befüllte Abbildung der Übersicht über die Finanzierungsformen

3. Hinweise zur Lösung

Die Finanzierungsformen lassen sich jeweils der Eigen- oder Fremdfinanzierung und der Innen- oder Außenfinanzierung zuordnen. Bei den Finanzierungsformen „Finanzierung durch die Vermögensumschichtung" und der „Finanzierung durch die Abschreibungsgegenwerte" erscheint die Zuordnung zur Eigen- oder Fremdfinanzierung nicht eindeutig zu sein. Hier ist die Zuordnung davon abhängig, durch welche Art von Kapital der Vermögensgegenstand angeschafft worden ist, der nun umgeschichtet oder abgeschrieben wird. Wurde dieser Gegenstand durch Eigenkapital angeschafft, ist nun auch die Zuordnung zur Eigenfinanzierung zu wählen. Erfolgte die Finanzierung durch das Fremdkapital, dann muss die Finanzierung der Fremdfinanzierung zugerechnet werden. Sehr häufig erfolgt die Finanzierung aus Eigen- und Fremdkapital.

4. Literaturempfehlung

Wöhe, Günter und Ulrich Döring (2013): Einführung in die Allgemeine Betriebswirtschaftslehre, 24. Auflage, München 2013, S. 592–594.

Aufgabe 24: Statische Verfahren der Investitionsrechnung

Anwenden und Verstehen
20 Minuten

1. Aufgabenstellung

Es soll eine Maschine beschafft werden. Es ist eine Nutzungsdauer von 4 Jahren vorgesehen, angesetzt werden soll die lineare Abschreibung. Die Abschreibungen werden verdient. Der Zinssatz beträgt 4 %. Es sollen 1.000 Stück je Periode produziert werden. Verglichen werden sollen die Varianten Kauf und Leasing.

Berücksichtigen Sie dabei folgende Informationen:

	Kauf	Leasing
Anschaffungskosten	100.000 €	30.000 €
Restwert	10.000 €	10.000 €
sonstige fixe Kosten	200 €	15.000 € (Leasingrate)
variable Kosten je Stück	15 €	15 €
Erlöse je Stück	40 €	40 €

a) Bewerten Sie die Investition mit Hilfe der
1. Kostenvergleichsrechnung
2. Gewinnvergleichsrechnung
3. Rentabilitätsrechnung
4. Amortisationsrechnung

b) Was sind die Kritikpunkte an den statischen Verfahren der Investitionsrechnung?

2. Lösung

a)

1. Kostenvergleichsrechnung

   Bei der Kostenvergleichsrechnung sind folgende Kosten zu ermitteln:

Kosten	Variante Kauf	Variante Leasing
Kalkulatorische Abschreibungen	$\frac{(100.000\ € - 10.000\ €)}{4} = 22.500\ €$	$\frac{(30.000\ € - 10.000\ €)}{4} = 5.000\ €$
Kalkulatorische Zinsen	$\frac{(100.000\ € - 10.000\ €)}{4} = 22.500\ €$	$\frac{(30.000\ € - 10.000\ €)}{2} \cdot 4\% = 800\ €$
Sonstige fixe Kosten	200 €	15.000 €
Variable Kosten	15.000 €	15.000 €
Gesamt	39.900	35.800

Nach der Kostenvergleichsrechnung sollte die Maschine über die Variante Leasing beschafft werden.

2. Gewinnvergleichsrechnung

Die Erlöse ergeben mit den aus der Kostenvergleichsrechnung gewonnen Kosten den Gewinn.

	Kauf	Leasing
Erlöse	40.000 €	40.000 €
Kosten	39.900 €	35.800 €
Gewinn	100 €	4.200 €

Nach der Gewinnvergleichsrechnung sollte die Maschine über die Variante Leasing beschafft werden.

3. Rentabilitätsrechnung

Zur Berechnung der Liquidität wird der Gewinn und das durchschnittlich gebundene Kapital herangezogen:

	Kauf	Leasing
Gewinn	100 €	4.200 €
Durchschnittlich gebundenes Kapital	55.000 €	20.000 €
Rentabilität	0,18 %	21,00 %

Nach der Rentabilitätsvergleichsrechnung sollte die Maschine über die Variante Leasing beschafft werden.

4. Amortisationsrechnung

Zunächst können die Zahlungen berechnet werden:

Zahlungen	Kauf	Leasing
Einzahlung t	40.000 €	40.000 €
Auszahlung t	15.200 €	30.000 €
Cashflow t	24.800 €	10.000 €
Veräußerung (Restwert)	10.000 €	10.000 €

Bei der statischen Amortisationszeit ist die Anschaffungsauszahlung abzüglich des Restwertes zu amortisieren.

Für die Variante Kauf ergibt sich:

$$\text{Amortisationszeit} = \frac{100.000 - 10.000}{24.000} = 3,63 \, \text{Jahre}$$

Für die Variante Leasing ergibt sich:

$$\text{Amortisationszeit} = \frac{30.000 - 10.000}{10.000} = 2 \, \text{Jahre}$$

Es sollte die Variante Leasing umgesetzt werden, da sich hier eine kürzere Amortisationszeit ergibt.

Die dynamische Betrachtung ergibt für die Variante Kauf:

Jahr	Cashflow	Kumulierter Cashflow	Cashflow – Anschaffungsauszahlung
1	24.800 €	24.800 €	−75.200 €
2	24.800 €	49.600 €	−50.400 €
3	24.800 €	74.400 €	−25.600 €
4	24.800 € + 10.000 €	109.200 €	+ 9.200 €

Die Amortisation findet im vierten Investitionsjahr statt. Dieses kann einer genaueren Betrachtung unterzogen werden:

Rückfluss im dritten Investitionsjahr: 34.800 €
benötigter Rückfluss bis Amortisation: 25.600 €

$$\frac{25.600}{34.800} = 0,74 \text{ Jahre}$$

Die Amortisationsdauer beträgt 3,74 Jahre bei der Annahme kontinuierlicher Rückflüsse.

Die dynamische Betrachtung ergibt für die Variante Leasing:

Jahr	Cashflow	Kumulierter Cashflow	Cashflow – Anschaffungsauszahlung
1	10.000 €	10.000 €	−20.000 €
2	10.000 €	20.000 €	−10.000 €
3	10.000 €	30.000 €	0 €
4	10.000 € + 10.000 €	50.000 €	+20.000 €

Die Amortisationsdauer beträgt exakt 3 Jahre bei der Annahme kontinuierlicher Rückflüsse.

b) Bei den statischen Verfahren wird insbesondere die Einperiodigkeit bemängelt, die insbesondere vor dem Hintergrund meist mehrjähriger Investitionsvorhaben zu hinterfragen ist.

3. Hinweise zur Lösung

a)
1. Kostenvergleichsrechnung
Es sind die Gesamtkosten zu errechnen. Es ist die Investition auszuwählen, die die minimalen Kosten aufweist. Zu den Kosten zählen die variablen und die fixen Kosten. Bei den fixen Kosten existieren neben den sonstigen fixen Kosten die kalkulatorischen Abschreibungen und kalkulatorischen Zinsen. Bei linearer Abschreibung ergibt sich für die kalkulatorischen Abschreibungen:

$$jährliche\ Abschreibung = \frac{Anschaffungskosten - Restwert}{Nutzungsdauer}$$

Für die kalkulatorischen Zinsen ergibt sich:

$$jährliche\ kalkulatorischen\ Zinsen = \frac{Anschaffungskosten + Restwert}{2} \cdot kalk.\ Zins$$

Das durchschnittlich gebundene Kapital ist hierbei:

$$durchschnittlich\ gebundenes\ Kapital = \frac{Anschaffungskosten + Restwert}{2}$$

Studierende stellen hier oftmals die Frage, weshalb die Summe aus Anschaffungskosten und Restwert durch die Zahl Zwei dividiert wird. Bei der angenommenen linearen Abschreibung ergibt sich das durchschnittlich gebundene Kapital als Mittelwert aus den beiden Werten Anschaffungskosten und Restwert.

2. Gewinnvergleichsrechnung
Bei der Gewinnvergleichsrechnung wird der Gewinn der Investitionen errechnet. Es wird die Investition mit dem höchsten Gewinn realisiert. Im Verlustfall sollte von der Realisierung der Investitionen abgesehen werden. Der Gewinn errechnet sich über:

Gewinn = Erlöse – Kosten

Zur Berechnung der Kosten kann auf die in der Kostenvergleichsrechnung zurückgegriffen werden.

3. Rentabilitätsrechnung
Bei der Rentabilitätsrechnung wird die Rentabilität der Investitionen errechnet. Es wird die Investition mit der höchsten Rentabilität realisiert. Im Fall von negativen Rentabilitäten oder bei Rentabilitäten, die unter einer erwarteten Mindestrentabilität liegen, sollte von der Realisierung der Investitionen abgesehen werden. Die Rentabilität errechnet sich über:

$$Rentabilität \ = \ \frac{Gewinn}{durchschnittlich\ gebundenes\ Kapital}$$

4. Amortisationsrechnung
Die Amortisationsrechnung gibt die Zeit an, die benötigt wird, die Anschaffungsauszahlung wieder zu verdienen. Es werden hierbei nur Zahlungen betrachtet:

$$Amortisation \ = \ \frac{E_t - A_t}{Anschaffungsauszahlung} \ = \ \frac{Cashflow}{Anschaffungsauszahlung}$$

mit E_t als Einzahlung und A_t als Auszahlung der Periode t. In der Aufgabe setzen sich die Auszahlungen der Periode t aus den variablen Kosten sowie aus den sonstigen fixen Kosten zusammen.

Die Berechnung der Amortisationszeit kann statisch oder dynamisch erfolgen.

4. Literaturempfehlung

Perridon, Louis; Manfred Steiner und Andreas Rathgeber (2012): Finanzwirtschaft der Unternehmung, 16. Auflage, München 2012, S. 33–47.
Wöhe, Günter und Ulrich Döring (2013): Einführung in die Allgemeine Betriebswirtschaftslehre, 25. Auflage, München 2013, S. 482–486.

Aufgabe 25: Dynamische Verfahren der Investitionsrechnung

Anwenden und Verstehen
15 Minuten

1. Aufgabenstellung

a) Eine Investition zeichnet sich durch folgende Zahlungen aus:

t=0	t=1	t=2
−2.000,00	+ 1.000,00	+3.000,00

Der Kalkulationszinssatz beträgt 5 %.

Bewerten Sie die Investition mit Hilfe der
1. Kapitalwertmethode sowie der
2. Annuitätenmethode.

b) Eine weitere Investition zeichnet sich durch folgende Zahlungen aus

t=0	t=1	t=2
−100,00	+ 3,00	+104,00

1. Welche Rendite ist aufgrund der Zahlungsreihe zu erwarten.
2. Bewerten Sie die Investition mit Hilfe der Internen Zinsfußmethode.

a)

1. Es ist der Kapitalwert $C_0 = \sum_{t=0}^{n} \frac{(E_t - A_t)}{(1+i)^t}$ mit E_t als Einzahlung und A_t als Auszahlung der Periode t zu errechnen, der Kalkulationszinssatz ist i = 5 %.

$$C_0 = -2.000\ \text{€} + \frac{1.000\ \text{€}}{(1+0,05)^1} + \frac{3.000\ \text{€}}{(1+0,05)^2} = 1.673,47\ \text{€}$$

Durch die zu bewertende Investition wird ein Vermögenszuwachs in Höhe des Kapitalwertes von 1.673,47 € realisiert. Die Investition sollte realisiert werden.

2. Die Annuität wird berechnet, indem der Kapitalwert mit dem Annuitätenfaktor multipliziert wird:

$$Annuität = Kapitalwert \cdot Annuitätenfaktor$$

$$Annuität = C_0 \cdot \frac{(1+i)^n \cdot i}{(1+i)^n - 1} = 1.673,47 \text{ €} \cdot \frac{(1+0,05)^2 \cdot 0,05}{(1+0,05)^2 - 1}$$

$$= 1.673,47 \text{ €} \cdot 0,537805 = 900,00 \text{ €}$$

Es ergibt sich eine Annuität in Höhe von 900,00 €. Der Investor kann demnach entscheiden, ob er einmalig 1.673,47 € vereinnahmen möchte oder in zwei Raten 900,00 € am Ende der beiden folgenden Jahre. Die Investition wird aufgrund der Vermögensmehrung weiterhin befürwortet, die Annuitätenmethode „verteilt" ja schließlich nur den Kapitalwert auf die Perioden.

b)

1. Die Interne Rendite lässt sich auch als Durchschnittsrendite bezeichnen. Neben der Rückzahlung des Anlagebetrags in Höhe von 100 € erzielt der Investor 3 € nach dem ersten Jahr und 4 € nach dem zweiten Jahr, durchschnittlich 3,50 €. Die Interne Rendite wird demnach nahe bei 3,5 % liegen. Da die Rückzahlung des höheren Betrags in Höhe von 4 € zeitlich später erfolgt als die des niedrigeren Betrags über 3 €, ist davon auszugehen, dass die Rendite leicht unterhalb von 3,5 % liegt.

    2. Die interne Rendite führt zu einem Kapitalwert C_0 von null:

$$C_0 = 0 = \sum_{t=0}^{n} \frac{(E_t - A_t)}{(1+i)^t}$$ mit E_t als Einzahlung und A_t als Auszahlung der Periode t. Die gesuchte interne Rendite ist i.

$$\mathbf{0 = -100 + \frac{3}{(1+i)^1} + \frac{104}{(1+i)^2}}$$

$$-100 + \frac{3}{(1+i)} + \frac{104}{(1+i)^2} = 0 \qquad | \text{ mit } (1+i) = x \text{ und } \cdot x^2 \text{ ergibt sich:}$$

$$-100x^2 + 3x + 104 = 0 \qquad | : (-100)$$

$$x^2 - 0,03x - 1,04 = 0$$

$$x_{1/2} = +0,015 +/- \sqrt{0,015^2 + 1,04}$$

$$x_1 = 1,0349 \rightarrow i_1 = x - 1 = 3,49 \%$$

$$x_2 = -1,0049 \rightarrow i_2 = x - 1 = -200,49 \%$$

Die Lösung i2 ist mathematisch korrekt, ökonomisch macht diese jedoch keinen Sinn.

3. Hinweise zur Lösung

Bei der Anwendung der Kapitalwertmethode ist zu beachten, dass sich Zahlungen, die an dem gleichen Zeitpunkt t anfallen, addieren lassen. Positive Kapitalwerte sind als Beitrag zur Vermögensmehrung interpretierbar.

Bei der internen Zinsfußmethode ergibt sich der interne Zinssatz für einen Kapitalwert gleich null. Es können Ergebnisse errechnet werden, die ökonomisch nicht plausibel sind.

4. Literaturempfehlung

Perridon, Louis; Manfred Steiner und Andreas Rathgeber (2012): Finanzwirtschaft der Unternehmung, 16. Auflage, München 2012, S. 49–57.
Wöhe, Günter und Ulrich Döring (2013): Einführung in die Allgemeine Betriebswirtschaftslehre, 25. Auflage, München 2013, S. 488–498.

1.6 Unternehmensführung

Aufgabe 26: Aufgaben und Phasen der Unternehmensführung

Wissen
5 Minuten

1. Aufgabenstellung

Welche Aufgabe hat die Unternehmensführung? In welche vier Phasen lässt sich der Prozess der Unternehmensführung unterteilen?

2. Lösung

Die Unternehmensführung befasst sich mit der Gestaltung des Prozesses der betrieblichen Leistungserstellung und Leistungsverwertung, mit der Absicht, die vorgegebenen Unternehmensziele umzusetzen.

In der ersten Phase erfolgt die Planung, inklusive der Zielbildung.

In der zweiten Phase erfolgt die Entscheidung.

In der dritten Phase erfolgt die Umsetzung.

In der vierten Phase erfolgt die Kontrolle.

3. Hinweise zur Lösung

Planung (inklusive Zielbildung), Entscheidung, Umsetzung und Kontrolle sind die elementaren Aufgaben der Unternehmensführung. Sie sollen in einem sachlichen bzw. zweckorientierten Zusammenhang stehen und bilden einen Managementregelkreis: So führen die Ergebnisse der Kontrollphase womöglich zur Veränderung der Planungsvorgaben bzw. zu einer Modifizierung von Zielen, was wiederrum Einfluss auf die Entscheidungsphase hat, insbesondere dann, wenn es um die Bewertung von Entscheidungsalternativen geht. Daraus ergeben sich neue Anforderungen an die Umsetzung, deren Ergebnisse erneut einer Kontrollphase unterzogen werden.

4. Literaturempfehlung

Wöhe, Günter/Döring, Ulrich; Einführung in die Allgemeine Betriebswirtschaftslehre, 23. Auflage, München 2008, S. 52–54.

Aufgabe 27: Von der Unternehmensphilosophie zu Unternehmenszielen

Wissen, Verstehen
12 Minuten

1. Aufgabenstellung

Auf was basiert eine Unternehmensphilosophie? Wo und wie sind in einem Unternehmen die Unternehmensziele konkretisiert?

2. Lösung

– Die Unternehmensphilosophie basiert auf einer Vision, die über eine Mission in zu lebende Werte und Ziele transportiert werden.
– Werte und Ziele sind auf der normativen Ebene der Unternehmensführung konkretisiert. Hierbei geht es um die inhaltliche Prägung des unternehmerischen Zielrahmens. Leitideen und Grundwerte, wie z. B. Kunden- oder Umweltorientierung und Unternehmensziele, wie z. B. Kundenzufriedenheit, Mitarbeiterzufriedenheit oder Ressourcenschonung können hierbei zum Ausdruck kommen.
– Diese Werte und Ziele können geprägt werden von der Unternehmensverfassung, Unternehmenspolitik und/oder von der Unternehmenskultur.
– Die Unternehmenspolitik und die Unternehmenskultur können stark von den Unternehmensgründern beeinflusst sein. Beispiel: Der Gründer von Microsoft,

Bill Gates, hatte Anfang der 1980er Jahre die Vision, dass in Zukunft jeder Haushalt über einen PC verfügen soll.

3. Hinweise zur Lösung

Prägend für die Unternehmensphilosophie, der damit verbundenen Werte und Ziele ist die normative Ebene der Unternehmensführung. Dabei kommt es nicht darauf an, dass ein Unternehmen eine explizite Philosophie besitzen muss. Die Werte können auch implizit sein. Jedoch lässt sich konstatieren, dass auf dieser Ebene artikuliert ist, was von den Gründungs- und/oder Führungspersonen bzw. der Management- und Kontrollgremien gewollt wird. Es geht im Kern um die Herausbildung von Willensbildungsprozessen, die durch Unternehmensverfassung, durch die Unternehmenspolitik und durch die Unternehmenskultur beeinflusst sind. Die normative Ebene der Unternehmensführung ist somit der Ort, an dem aus verbindliche Sach- und Formalziele konkretisiert werden. Diese Ziele bilden wiederum die Grundlage für die strategische Unternehmensführung.

4. Literaturempfehlung

Bleicher, Knut; Das Konzept Integriertes Management, 8. Auflage, Frankfurt/New York 2011, S. 45–58.

Aufgabe 28: Abgrenzung der Managementebenen: Normatives, strategisches und operatives Management

Wissen, Verstehen, Anwenden, Transfer
20 Minuten

1. Aufgabenstellung

Grenzen Sie normatives, strategisches und operatives Management voneinander ab! Beschreiben Sie ein durchgängiges Beispiel aus der Unternehmenspraxis, das sich auf alle drei Ebenen bezieht!

2. Lösung

– Das normative Management umfasst Unternehmensverfassung, Unternehmenspolitik und Unternehmenskultur. Hierbei geht es um die inhaltliche Prägung des

unternehmerischen Zielrahmens. Leitideen und Grundwerte, wie z. B. Kunden-
oder Umweltorientierung und Unternehmensziele, Kundenzufriedenheit, Mitarbeiterzufriedenheit oder Ressourcenschonung, die hierbei zum Ausdruck
kommen können, Unternehmenspolitik und Unternehmenskultur. Hierbei geht
es um die inhaltliche Prägung des unternehmerischen Zielrahmens. Leitideen
und Grundwerte, wie z. B. Kunden- oder Umweltorientierung und Unternehmensziele, Kundenzufriedenheit, Mitarbeiterzufriedenheit oder Ressourcenschonung, die hierbei zum Ausdruck kommen können.

– Das strategische Management umfasst strukturelle Konzepte/Managementsys-
teme, Unternehmensplanung/Programme und Problemverhalten/personelle
Konzepte. Hierbei geht es um die am normativen Management ausgerichtete
Anwendung der funktionsübergreifenden Steuerungsinstrumente zur Planung,
Entscheidung und Kontrolle. Im Mittelpunkt steht die Schaffung, Ausbeutung
und Aufrechterhaltung gewinnträchtiger Erfolgspotenziale. So können auf der
Ebene des strategischen Managements Basisstrategien wie Differenzierung, Kostenführerschaft oder Konzentration auf Schwerpunkte (Nischenstrategien) fest-
gelegt werden.

– Das operative Management umfasst die organisatorischen Prozesse, die Ausfüh-
rungsprogramme sowie das Leistungs- und Kooperationsverhalten. Hierbei geht
es um die maßnahmenbezogene Um- und Durchsetzung der normativen und
strategischen Vorgaben in konkretes praktisches Handeln. Beispiele für die operative Ebene sind das kurzfristige Personalleasing, die Verkaufsförderung oder
die Einführung eines neuen Abrechnungssystems für Außenstände.

– Beispiel: Ein mittelständisches Lebensmittelproduktionsunternehmen möchte
möglichst gesundheitsbewusste Produkte herstellen. Diese Grundwerte sind vom
Unternehmensgründer geprägt worden und werden auch in der Unternehmens-
kultur gelebt. Im Fokus stehen Kunden, die sich bewusst ernähren möchten oder
aus gesundheitlichen Gründen dazu gezwungen sind. Damit ist die normative
Ebene umrissen. Das Unternehmen sucht sich gezielt nur solche Lieferanten
heraus, die entsprechend hoch qualitative Rohstoffe dauerhaft anbieten können.
Es wählt Produktionsprogramme und -systeme, die eine besonders hochwertige
Verarbeitung der bezogenen Rohstoffe garantieren. Ein besonders ausgefeiltes
Qualitätsmanagementsystem wurde hierzu entwickelt. In den letzten Jahren
hat das Unternehmen den Markt für glutenfreie Lebensmittel für sich entdeckt,
entsprechende Zielgruppen ausgemacht, und erkannt, dass die Kundenwün-
sche durch die vorhanden Produktionsprogramme gut abgedeckt werden. Eine
entsprechende Produktpolitik mit preispolitischen Instrumenten wurde festgelegt: Man möchte ökologiebewusste aber auch an Lebensmittelallergien leidende
Kunden ansprechen, die bereit sind, einen höheren Preis für die glutenfreien
Lebensmittel zu zahlen. Dazu wird eine Differenzierungsstrategie gewählt. Damit
ist die strategische Ebene umrissen. Innerhalb des Geschäftsjahres ist die Nachfrage nach den glutenfreien Lebensmitteln nochmals stark angestiegen. Deshalb

wurden kurzfristig noch zwei zusätzliche Backmaschinen angemietet und fünf Produktionsmitarbeiter von einem Personaldienstleistungsunternehmen vermittelt. Damit ist die operative Ebene umrissen.

3. Hinweise zur Lösung

Erfolgreichen Unternehmen gelingt es, alle drei Ebenen der Unternehmensführung aufeinander zu beziehen, d. h. diese „in einem Guss" zu bringen. Somit entsteht ein konsistentes und kohärentes Konzept bzw. eine solche Praxis, innerhalb dessen Unternehmensziele und Unternehmensstrategien auf den operativen Bereich heruntergebrochen werden können. Auf der operativen Ebene werden die formulierten Sach- und Formalziele sowie die gewählte Strategie umgesetzt. Im Übrigen haben sich die Ergebnisse auf der operativen Ebene anhand der Vorgaben der normativen und der strategischen Ebene zu messen. Anhand der erstellten Produkte und Dienstleistungen oder anhand der vollzogenen Prozesse können die Anspruchsgruppen gut erkennen, ob artikulierte Orientierungen und Vorgaben (z. B. Kundenzufriedenheit, Qualität, günstige Preise) auch tatsächlich gelebt werden.

4. Literaturempfehlung

Bleicher, Knut: Das Konzept Integriertes Management, 8. Auflage, Frankfurt/New York 2011, S. 45–58.

Aufgabe 29: Grundverständnis des Personalmanagements

Wissen, Verstehen
12 Minuten

1. Aufgabenstellung

Nennen Sie die Themen und Aufgaben- bzw. Handlungsfelder des Personalmanagements. Erklären Sie, warum das moderne Personalmanagement in die normativen und strategischen Ebenen der Unternehmensführung eingebunden werden sollte!

2. Lösung

Das Personalmanagement lässt sich in einen administrativen Teil (Personalwesen) und in einen verhaltensbezogenen Teil (Personalführung) unterscheiden.

Zu den Aufgaben bzw. zu den Handlungsfeldern des Personalwesens gehören
- Personalplanung,
- Personalbeschaffung (inklusive Personalmarketing und Personalbindung),
- Personaleinsatz (inklusive Personalfreisetzung) und
- Personalentwicklung.

Diese Felder werden um das Personalcontrolling ergänzt.

Zu den Aufgaben bzw. zu den Handlungsfeldern der Personalführung gehören
- Erkennen von Menschenbildern,
- Führungsgrundlagen,
- Führungsfunktionen,
- Führungstheorien und
- Führungsmodelle.

Das moderne Personalmanagement überschreitet die durch Routinen geprägte Personal-Administration. Es muss die Planung und Führung vor dem Hintergrund der umgreifenden Unternehmenspolitik, Unternehmensphilosophie und Unternehmenskultur (alle drei beziehen sich auf die normative Ebene) verstehen.

3. Hinweise zur Lösung

Es gibt Übergänge zwischen Personalwesen und Personalführung: So sind beim Personaleinsatz für die Fachabteilungen und für die Vorgesetzten Kenntnisse über Führungsgrundlagen (z. B. Motive, Bedürfnisse, Erwartungen) von Bedeutung. Man erkennt, welcher Mitarbeiter an welchen Arbeitsplatz passt. Bei der Personalentwicklung gibt es Schnittstellen zu den Führungstheorien, z. B. ist es wichtig zu erkennen, welchen Reifegrad ein zu entwickelnder Mitarbeiter aufweist. Sind dessen Fähigkeiten und dessen Motivation bereits stark ausgeprägt, so kann er sich bis zu einem gewissen Grad selbst führen und ggf. selbst entwickeln, womit übergeordnete Führungs- und Entwicklungsaufgaben substituierbar wären. Beim Personalcontrolling ist zu beachten, dass bestimmte Führungsmodelle und Managementtechniken eingesetzt werden können, welche die Leistungskontrolle optimieren, z. B. Zielvereinbarungssysteme oder Regeln.

4. Literaturempfehlung

Scholz, Christian; Grundzüge des Personalmanagements, 2. Aufl., München 2014.

Aufgabe 30: Personalplanung

Wissen, Verstehen, Anwenden
14 Minuten

1. Aufgabenstellung

Was verstehen Sie unter Personalplanung? Finden Sie Tatsachen und Entwicklungen, die auf den Bedeutungszuwachs der Personalplanung hinweisen!

2. Lösung

Bei der Personalplanung geht es um die Vorstrukturierung des Personalbedarfs und seiner Deckung in quantitativer, qualitativer, zeitlicher und lokaler Hinsicht.
    Von hoher Bedeutung ist die Personalplanung aufgrund

- der Personalkostenintensivierung,
- des knappen Angebots an qualifizierten Arbeitskräften,
- der Tatsache, dass qualifizierte Mitarbeiter Anforderungen hinsichtlich ihrer beruflichen Entwicklung stellen,
- möglicher Einschränkungen des Handlungsrahmens durch gesetzliche und tarifliche sowie betriebliche Bestimmungen,
- der Veränderungen der Arbeitsplatzanforderungen und
- flexibler Arbeitszeitmodelle.

3. Hinweise zur Lösung

Im Folgenden einige Erläuterungen zu den Tatsachen und Entwicklungen:
    Je nach Branche und Betriebsgröße machen die Kosten für das Personal bis ca. 60 % der Gesamtkosten aus (Personalkostenintensivierung).
    Im sogenannten Krieg um die Talente („War for Talents") werden gut qualifizierte Fach- und Führungskräfte rar.
    Unternehmen, die Personal gewinnen und binden wollen, müssen entsprechende Personalentwicklungsangebote unterbreiten.
    Lernen am Arbeitsplatz und Anforderungen bzgl. der Ergonomie prägen das konkrete Arbeitsumfeld.
    Zwar sind zwei Drittel der Arbeitsplätze in Deutschland vollzeitausgerichtet, doch gibt es zunehmend Teilzeitarbeitsplätze, die angeboten und gewünscht werden.

4. Literaturempfehlung

Ridder, Hans-Gerd; Personalwirtschaftslehre, 3. Auflage, Stuttgart 2009.

Aufgabe 31: Mitbestimmung

Wissen, Verstehen
12 Minuten

1. Aufgabenstellung

Worin liegen die wesentlichen Unterschiede zwischen der gesetzlichen Mitbestimmung auf der Unternehmensebene und auf der Betriebsebene?

2. Lösung

Auf der Unternehmensebene findet die Mitbestimmung über das Organ des Aufsichtsrates statt. In dieses Gremium sind Arbeitgebervertreter (Kapitalseite) und Arbeitnehmervertreter gewählt worden. Auf dieser Ebene finden „echte" Unternehmensentscheidungen statt. Es handelt sich um unternehmenspolitische Kernentscheidungen und um Investitions- und Finanzentscheidungen, wie z. B. Standort, Strategiewahl, Produktionsprogramm.

   Auf der Betriebsebene findet die Mitbestimmung über das Organ des Betriebsrates statt (Betriebsratsmitbestimmung). Die Entscheidungstatbestände beziehen sich weniger auf wirtschaftliche Aspekte, sondern auf personale und soziale Angelegenheiten, z. B. auf den Kündigungsschutz, auf die Arbeitszeit oder auf die Mitbestimmung am Arbeitsplatz. Die Ausrichtung der Mitbestimmung auf Betriebsebene ist zweifach: Arbeitsrechtlicher Schutz (berührt die Individualrechte) und „betriebliche Demokratie" (berührt die Kollektivrechte).

3. Hinweise zur Lösung

Der Einfluss auf wirtschaftliche Angelegenheiten ist auf der Betriebsebene eher begrenzt. Der Betriebsrat hat Mitwirkungs- und Mitbestimmungsrechte. Während sich die Mitwirkungsrechte auf die Bereiche Informationsrechte (z. B. bzgl. der Personalplanung, wirtschaftliche Änderungen, Betriebsänderungen), Beratungsrechte (z. B. bzgl. Berufsbildung), Einsichtsrechte (z. B. Bewerbungsunterlagen) und auf Anhörungsrechte (z. B. Kündigungen) beziehen, erstrecken sich die Mitbestimmungsrechte auf eine direkte Entscheidungsbeteiligung: So gibt es das Initiativrecht (z. B.

bei der Erstellung von Sozialplänen im Kontext mit Betriebsveränderungen), das Zustimmungs- und Vetorecht (z. B. bei Personalbeurteilungsrichtlinien) und das Widerspruchsrecht (z. B. bei der Abberufung eines betrieblichen Ausbilders).

4. Literaturempfehlung

Drumm, Hans Jürgen; Personalwirtschaft, 6. Auflage, Berlin und Heidelberg 2008, S. 37–52.

Aufgabe 32: Organisationsbegriff

Wissen, Verstehen
12 Minuten

1. Aufgabenstellung

Was verstehen Sie unter einer Organisation? Unterscheiden Sie dabei zwischen dem instrumentellen und dem institutionellen Organisationsbegriff!

2. Lösung

Eine Organisation ist ein zweckgerichtetes System. Es ist offen, komplex, dynamisch und lernfähig. Es grenzt sich von seiner Umwelt ab. Es weist Strukturen, Prozesse und Kulturen auf und zeichnet sich dadurch aus, dass die Organisationsmitglieder in Beziehung zueinander stehen. Von daher existieren in einer Organisation Verhaltens-, Handlungs- und Kommunikationsräume.

Der instrumentelle Organisationsbegriff ist stark ökonomisch bzw. betriebswirtschaftlich geprägt. Ausgehend vom Diktum, „das Unternehmen hat eine Organisation" wird diese als Mittel zur Erreichung eines Zweckes verstanden, d. h. die Organisation soll dazu beitragen, bestimmte Formal- und Sachziele zu erreichen. Die Organisation ist somit das Ergebnis einer zielgerichteten Tätigkeit. Es werden Aufgaben im Hinblick auf ein Organisationsziel analysiert und zusammengefügt. Man spricht auch von einer funktionalen Auffassung des Organisationsbegriffs.

Der institutionelle Organisationsbegriff ist umfassender und tiefgehender als das rein instrumentelle Verständnis von Organisation. Das Diktum ist: „Das Unternehmen ist eine Organisation". Die Institution Organisation ist ein soziales Gebilde, das sich über einen langen Zeitraum entwickelt und verfestigt hat. Somit führt jede historisch gewachsene Organisation ein „Eigenleben". Organisationen sind von daher mehr als rein geplante Gebilde, sondern sie sind emergent. Zugleich ist dieses Gebilde stark von den Werten und den Normen seiner Mitglieder geprägt. Somit gibt es neben der formalen Organisation informelle Beziehungen, die nicht deckungsgleich mit den Organisationszielen sein müssen (Phänomen Mikropolitik).

3. Hinweise zur Lösung

Insbesondere dann, wenn Organisationen verändert werden sollen (vgl. Change Management), wird deutlich, dass der instrumentelle Organisationsbegriff zu kurz greift. Organisationen haben nicht nur funktionale-, sondern auch dysfunktionale Folgen. Es zeugt von einer gewissen Naivität, wenn Führungskräfte glauben, Organisationen rein mechanisch beeinflussen zu wollen. Es sind zum Beispiel Widerstände in der Organisation (z. B. Strukturen, Prozesse und Kulturen) als auch in der Person (z. B. Machtmotive, Frustration, Angst) zu identifizieren, die dem bloßen Machbarkeitsdenken entgegenwirken. Diese Überlegungen sind wichtig, um eine erfolgreiche Gestaltung von Organisationen zu gewährleisten.

4. Literaturempfehlung

Frost, Jetta/Hattke, Fabian; Theoretische Grundlagen und praktische Gestaltung der Organisation, in: Schweitzer, Marcell/Baumeister, Alexander (Hrsg.): Allgemeine Betriebswirtschaftslehre. Theorie und Politik des Wirtschaftens in Unternehmen, 11. Auflage, Berlin 2015, S. 373–378.

Aufgabe 33: Aufbauorganisation

Wissen, Verstehen, Anwenden
15 Minuten

1. Aufgabenstellung

Erklären Sie die Organisation nach dem Funktionalprinzip! Welche Vor- und Nachteile weist dieses Prinzip auf?

2. Lösung

Die funktional gegliederte Organisation fasst gleichartige Tätigkeiten nach dem Verrichtungsprinzip zusammen. Der Grundgedanke entspricht dem Ansatz der Spezialisierung. In einem Industrieunternehmen bietet sich die Gliederung nach den Funktionsbereichen Beschaffung, Produktion und Absatz an. In einem Dienstleistungsunternehmen ist z. B. die Gliederung nach den Funktionsbereichen Kundenakquise, Auftragsbearbeitung und Kundenbeziehungsmanagement sinnvoll.

Die Vorteile des Funktionalprinzips sind:
- Aufbau und Nutzung von Spezialwissen,
- leichtere Koordination zwischen den Teilgebieten,
- klare Zuständigkeiten und
- begrenzter Bedarf an Führungskräften.

Die Nachteile des Funktionalprinzips sind:
- Vernachlässigung des betrieblichen Gesamtzusammenhangs,
- fehlende Marktnähe,
- Probleme bei der Verantwortungszuschreibung,
- zeitraubende Gesamtabstimmung und
- eingeschränkte Tätigkeitsräume.

3. Hinweise zur Lösung

Die Arbeitsteilung auf der Ebene Organisation, die über Aufgabenanalyse, Aufgabensynthese und Stellenbildung zur Herausbildung von Abteilungen beiträgt, bringt Vorteile in Bezug auf die Effektivität und auf die Effizienz von Leistungen. Umgekehrt steckt im Wort „Abteilung" auch die Bedeutung des „Ab-Teilens", was zu den oben angeführten Nachteilen führt.

4. Literaturempfehlung

Oelsnitz, Dietrich von der: Die innovative Organisation. Eine gestaltungsorientierte Einführung, 2. Auflage, Stuttgart 2009, S. 64–67.

Aufgabe 34: Ablauforganisation

Wissen, Verstehen
10 Minuten

1. Aufgabenstellung

Grenzen Sie die Ablauforganisation von der Aufbauorganisation ab!

2. Lösung

Aufbauorganisation	Ablauforganisation
Verteilung von Ressourcen und Potenzialen	Nutzung der verteilten Ressourcen und Potenziale
Aufgaben und Kompetenzen	Vollzug und Ausübung
Strukturen	Prozesse
Statische Sicht	Dynamische Sicht
Hierarchieorientiert	Vorgangsorientiert

3. Hinweise zur Lösung

Während im Rahmen der Aufbauorganisation personelle und organisatorische Ressourcen verteilt werden, werden diese bei der Aufbauorganisation genutzt. Die Aufbauorganisation ist sichtbar anhand des Organigramms, welches die Funktionen, Objekte und Weisungsbefugnisse festlegt. Das Organigramm bildet die Struktur einer Organisation ab und ist von daher zeitstabiler als die Abläufe bzw. Vorgänge, die u. U. auch stark ereignisgeprägt sein können. Letztlich kommt es auf die angemessene Abstimmung zwischen dem organisatorischen Rahmen und den organisatorischen Abläufen an.

4. Literaturempfehlung

Oelsnitz, Dietrich von der; Die innovative Organisation. Eine gestaltungsorientierte Einführung, 2. Auflage, Stuttgart 2009, S. 108–111.

1.7 Controlling

Aufgabe 35: Funktion des Controlling

Wissen, Verstehen
20 Minuten

1. Aufgabenstellung

a) Wie lässt sich Controlling definieren?
b) Welche Funktionen erfüllt das Controlling in einem Unternehmen?
c) Welche Aufgabenstellung kommt dabei dem einzelnen Controller zu?

2. Lösung

a) Weder in der Literatur noch im Praxisalltag existieren einheitliche Definitionen des Begriffs Controlling. Die aus der wörtlichen Übersetzung des Wortes verbreitet abgeleitete Definition von Controlling als „Kontrolle" oder „Revision" erfasst nur einen kleinen Teil der zum modernen Controlling gehörenden Tätigkeiten. Deckungsgleich sind alle in der Literatur vertretenen Ansätze bezüglich folgender Aspekte, die einen gemeinsamen Arbeitsbegriff bilden:

– Controlling ist ein funktionsübergreifendes Steuerungsinstrument, das den unternehmerischen Entscheidungs- und Steuerungsprozess durch zielgerichtete Informationenerarbeitung und -verarbeitung unterstützt.

– Der Controller sorgt für ein wirtschaftliches Instrumentarium, das vor allem durch systematische Planung und die damit notwendige Kontrolle hilft, die aufgestellten Unternehmensziele zu erreichen.

b) Ausgehend von diesem Arbeitsbegriff können folgende zentrale Funktionen abgeleitet werden:

– Unterstützung der Unternehmensführung bei der Festlegung der Strategie, der Ziele, der Organisation und bei der Überwachung ihrer praktischen Umsetzung;

– Planung und Kontrolle des effizienten Einsatzes der verfügbaren Ressourcen zur Erreichung der Kurz- sowie Langfristziele;

– Bereitstellen von Methoden zur Unternehmenssteuerung und zur Entscheidungsfindung;

– Moderation zwischen der Unternehmensführung und den Führungskräften sowie den weiteren Mitarbeitern des Unternehmens.

c) Unabhängig von den vielseitigen Einsatzmöglichkeiten eines Controllers im Unternehmen übernimmt dieser stets 3 verschiedene, sich gegenseitig nicht ausschließende Rollen:

(1) Entscheider:

Diese Rolle beinhaltet den Auftrag, Entscheidungen über die Ressourcenallokation zwischen den Unternehmensbereichen zu treffen.

(2) Berater:

Diese Rolle beinhaltet die Aufgabe, stets die finanzielle Situation des Unternehmens (Vermögens-, Ertrags- und Liquiditätslage) zu beherrschen. Dadurch kann der Controller das Management auf Problemstellungen hinweisen und beratend bei der Entscheidungsfindung mitwirken.

(3) Informationsdienstleister:

In dieser Rolle agiert der Controller als Berichterstatter, Datensammler, Konsolidierer und als Budgettechniker. Aus der systematischen Überwachung des Geschäftsverlaufs anhand von Soll-Ist-Vergleichen vermag er Abweichungen und deren Ursache zu identifizieren, um Korrekturmaßnahmen der Geschäftsleitung zu initiieren.

3. Hinweise zur Lösung

Als noch relativ junge betriebswirtschaftliche Disziplin befinden sich die vom Begriff Controlling erfassten Tätigkeiten im Unternehmen einem steten Wandel. Insbesondere ist derzeit die trennscharfe Abgrenzung des Controlling von wesensähnlichen Disziplinen wie Compliance, Risikomanagement, Qualitätsmanagement, Revision und Unternehmensorganisation noch in vielen Fragestellungen unklar. Dies alles spiegelt sich zwangsläufig in der immer noch uneinheitlichen wissenschaftlichen Definition des „Controlling" wider. Für die Annäherung an das Fach Controlling bietet sich dem Studierenden daher an, mit einem Arbeitsbegriff zu arbeiten, der die Gemeinsamkeiten aller in der Literatur vertretenen Definitionen zusammenfasst und damit einen verständlichen Zugang zum Wesen und zur Funktion des Controlling schafft. Ein gutes Verständnis der unternehmensseitigen Sicht des Controllers vermittelt zudem das Controller-Leitbild des ICG:

Controller-Leitbild
Controller leisten als Partner des Managements einen wesentlichen Beitrag zum nachhaltigen Erfolg der Organisation.

Controller ...
- gestalten und begleiten den Management-Prozess der Zielfindung, Planung und Steuerung, so dass jeder Entscheidungsträger zielorientiert handelt.
- sorgen für die bewusste Beschäftigung mit der Zukunft und ermöglichen dadurch, Chancen wahrzunehmen und mit Risiken umzugehen.
- integrieren die Ziele und Pläne aller Beteiligten zu einem abgestimmten Ganzen.
- entwickeln und pflegen die Controlling-Systeme. Sie sichern die Datenqualität und sorgen für entscheidungsrelevante Informationen.
- sind als betriebswirtschaftliches Gewissen dem Wohl der Organisation als Ganzes verpflichtet.

Abbildung 7: Controllerleitbild

4. Literaturempfehlung

Horváth, Peter/Gleich, Ronald/Voggenreiter, Dietmar, Controlling umsetzen, 5. Auflage, Stuttgart 2012, Kap. 4.0 Basiswissen Controlling, S. 235–239.
IGC (2013), Das Controller-Leitbild der IGC, https://www.icv-controlling.com.
Straub, Thomas, Einführung in die Allgemeine Betriebswirtschaftslehre, 14. Auflage, München 2012, Kap. 9.2., S. 345–352.

Aufgabe 36: GAP-Analyse

Wissen, Verstehen, Anwenden: Beispiel erarbeiten
25 Minuten

1. Aufgabenstellung

a) Definieren Sie den Begriff „Unternehmensziel".

b) Welche Anforderungen muss ein Unternehmensziel erfüllen?

c) In einem Unternehmen ermittelt das Controlling folgende Funktionen für die Umsatzentwicklung:

- entsprechend der Unternehmenszielsetzung (Zielkurve)
- entsprechend der bei Beibehaltung der Unternehmensstrategie unter den genannten Marktbedingungen realisierbaren Umsatzkurve (Prognosekurve/ potentielles Basisgeschäft)
- entsprechend der unveränderten Fortsetzung der bisher verwirklichten Geschäftstätigkeit (entwickeltes Basisgeschäft).

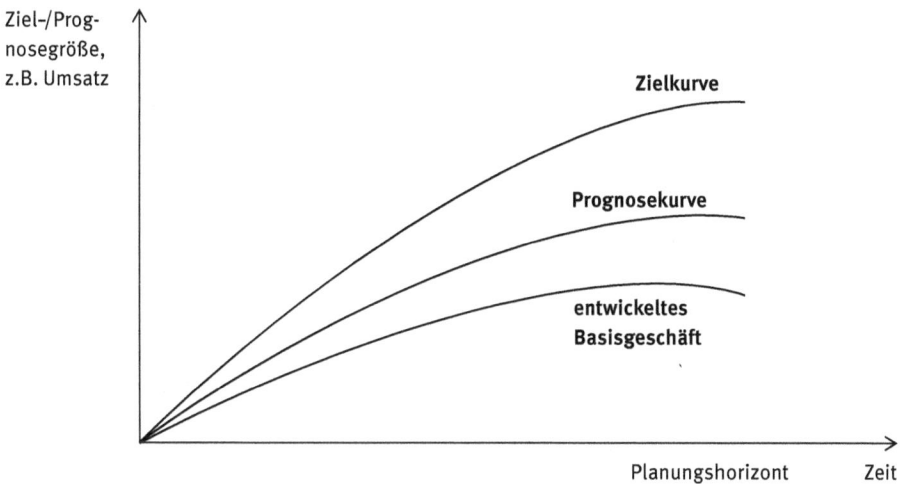

Abbildung 8: Zielkurve, Prognosekurve und entwickeltes Basisgeschäft in der GAP-Analyse

(1) Welches Controlling-Instrument analysiert systematisch die Lücken zwischen Zielkurve, Prognosekurve und entwickeltem Basisgeschäft?

(2) Benennen und erläutern Sie die Lücke zwischen der Funktion des entwickelten Basisgeschäfts und der Prognosekurve sowie die Lücke zwischen der Prognose- und der Zielkurve.

(3) Welche Maßnahmen muss das Unternehmen ergreifen, um die jeweilige Lücke zu schließen? Nennen Sie mindestens je ein Beispiel.

2. Lösung

a) Bei einem Unternehmensziel handelt es sich um einen zukünftigen, gegenüber dem gegenwärtigen im Allgemeinen veränderten angestrebten Sollzustand. Das Unternehmensziel unterscheidet sich von einem Ziel im allgemeinen Sprachgebrauch darin, dass es das Ergebnis von wirtschaftlichen Entscheidungen ist.

b) Ein Unternehmensziel muss die für Zielvorgaben/-vereinbarungen von Mitarbeitern entwickelte „SMART-Regel" erfüllen. Es muss daher
   - spezifisch   (eindeutig definiert),
   - messbar   (anhand geeigneter Messbarkeitskriterien),
   - anspruchsvoll   (alternative Definitionen: angemessen, attraktiv, abgestimmt ausführbar),
   - realistisch   (Ziele müssen möglich sein) und
   - terminiert   (wann, bis wann das Ziel erreicht sein muss) sein.

Erfüllt eine Vorgabe des Managements diese Voraussetzungen nicht, ist eine Einteilung dieser Vorgabe nach den 3 klassischen Zieldimensionen – Inhalt, Ausmaß und zeitlicher Bezug – nicht möglich. Es handelt es sich dann nicht um ein Unternehmensziel, sondern um eine Absichtserklärung oder einen Wunsch der Unternehmensleitung (z. B. „Wir müssen Kosten senken.").

c)

(1) Die Analyse identifizierter Abstände zwischen Zielkurve, Prognosekurve und entwickeltem Basisgeschäft wird als „GAP-Analyse" (Ziellücken-Analyse) bezeichnet.

(2) Der Gesamtabstand zwischen Zielkurve und entwickeltem Basisgeschäft ist aufzuteilen in die operative Lücke (Abstand Prognosekurve/entwickeltes Basisgeschäft) sowie die strategische Lücke (Abstand Zielkurve/Prognosekurve). Die operative Lücke kennzeichnet den Bereich, den das Unternehmen durch wirtschaftliche Anstrengungen unter Beibehaltung der vorgesehenen Strategie vollständig minimieren kann. Die strategische Lücke kann dagegen nur durch eine Strategieänderung geschlossen werden.

Ziel-/Prog-
nosegröße,
z.B. Umsatz

Zielkurve

strategische
Lücke

Prognosekurve

operative
Lücke

**entwickeltes
Basisgeschäft**

Planungshorizont   Zeit

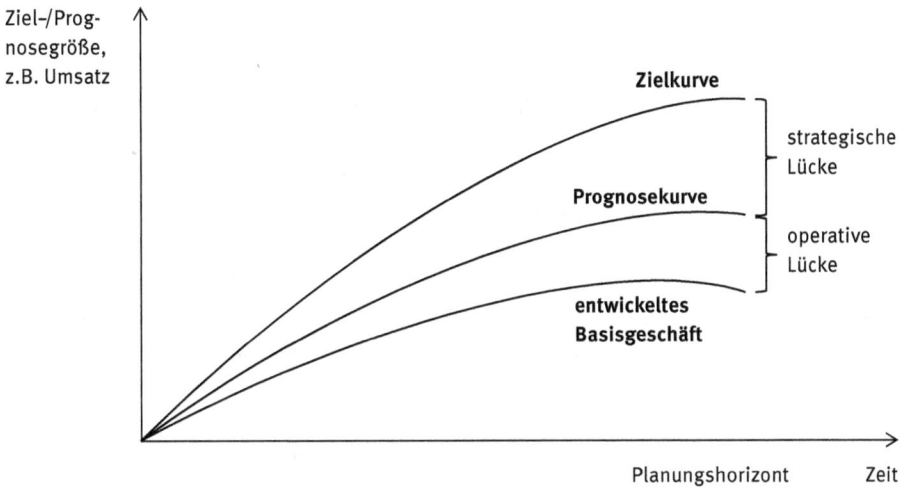

Abbildung 9: Strategische und operative Lücke in der GAP-Analyse

(3) Zum Schließen der operativen Lücke muss das Unternehmen z. B. das Basisgeschäft innerhalb der verfolgten Marktstrategie erweitern, die absatzpolitischen
Instrumente verbessern oder – bei Nutzung des Gewinns als Zielgröße – Kos-
teneinsparpotentiale ausschöpfen. Da die strategische Lücke nur durch eine
Strategieänderung zu schließen ist, ist hier eine vollständige strategische Neuorientierung erforderlich, wie z. B. das Angebot neuer Produkte und/oder die
Erschließung neuer Märkte. Zur Hilfestellung bei der Neuorientierung wird allgemein die Anwendung der Produkt-Markt-Matrix nach Ansoff empfohlen:

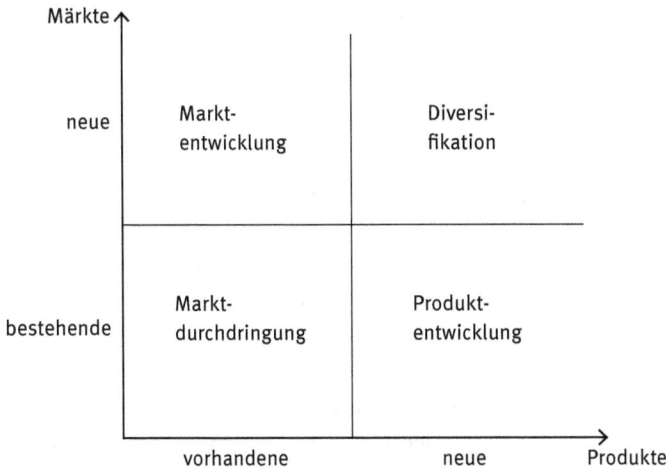

Märkte

neue | Markt-
entwicklung | Diversi-
fikation

bestehende | Markt-
durchdringung | Produkt-
entwicklung

vorhandene   neue   Produkte

Abbildung 10: Produkt-Markt-Matrix nach Ansoff

3. Hinweise zur Lösung

Die GAP-Analyse ist ein geeignetes strategisches Instrument, um aufzuzeigen, wie weit die definierten strategischen Ziele durch gegenwärtig eingesetzte Methoden tatsächlich erreichbar sind. Die GAP-Analyse gehört damit zu den Früherkennungsmethoden, mithilfe derer im Falle größer werdender Abstände zur Zielkurve rechtzeitig geeignete Maßnahmen zum Gegensteuern ergriffen werden können. Grundgedanke ist die Trendexploration der Vergangenheit durch Zielprojektion auf die Zukunft. Die GAP-Analyse zeigt den Bedarf an einer Erhöhung der wirtschaftlichen Anstrengungen innerhalb der verfolgten Strategie ebenso wie das Bedürfnis einer Strategieänderung. Allein aus der GAP-Analyse lassen sich die erforderlichen Maßnahmen zur Schließung der operativen und strategischen Lücke indes nicht ableiten. Die GAP-Analyse bildet somit nur einen Startpunkt für den Einsatz weiterer Instrumente der strategischen Planung.

4. Literaturempfehlung

Horváth, Peter/Gleich, Ronald/Voggenreiter, Dietmar, Controlling umsetzen, 5. Auflage, Stuttgart 2012, Kap. 3.10, S. 168–180.
Preißler, Peter, Controlling, 14. Aufl., München 2014, Kap. 7.4, S. 237.

Aufgabe 37: Planung und Budgetierung

Wissen, Verstehen, Anwenden: Beispiel erarbeiten
45 Minuten

1. Aufgabenstellung

a) Warum ist Unternehmensplanung notwendig?
b) Definieren Sie den Begriff „Planung" und grenzen Sie ihn von den Begriffen „Prognose" sowie „Vorschau" ab.
c) Welchen Einfluss hat die Unternehmenszielsetzung auf die Planung?
d) Welche Aufgaben übernimmt der Controller bei der Planung?
e) Definieren Sie den Begriff Budget und erläutern Sie dessen Funktion im Rahmen der Planung.
f) Welche wesentlichen Kritikpunkte an der traditionellen Budgetierung werden in der Literatur geäußert und welche wichtigen Alternativen werden diskutiert? Nennen Sie jeweils ein Beispiel.

2. Lösung

a) Tempo, Komplexität und Veränderungsdynamik der Unternehmenswelt haben sich insbesondere durch die Existenz vieler Anbieter am Markt für gleiche oder artverwandte Produkte wesentlich erhöht. Die Möglichkeiten, hohe Margen zu erzielen, sind dadurch in vielen Branchen deutlich reduziert. Aufgrund der damit verbundenen veränderten Nachfragemacht der Abnehmer ist es zu risikoreich, unternehmerische Entscheidungen spontan und ungeplant, quasi „aus dem Bauch heraus" zu treffen.

b) Planung ist ein systematisches, zukunftsbezogenes Durchdenken und Festlegen von Zielen, Maßnahmen, Mitteln und Wegen zur künftigen Zielerreichung. Prognose oder Vorschau ist der Versuch, künftige Ereignisse abzubilden. Sie beruht auf der Annahme, dass die Gesetzmäßigkeiten und Kausalzusammenhänge der Vergangenheit auch in der Zukunft gelten.

Zwar hat auch die Planung prognostische Elemente. Sie bildet jedoch die Zukunft nicht unter der Annahme einer bloßen (unveränderten) Fortsetzung der bisherigen Unternehmenstätigkeit ab, sondern unter der Prämisse der Verwirklichung der zur Zielerreichung vorgesehenen (geplanten) Maßnahmenbündel. Planung schließt dabei bereits Gegenmaßnahmen für den Fall des Eintritts vorhersehbarer Risiken ein.

c) Ausgangspunkt jeder Planung ist die konkrete Zielsetzung des jeweiligen Unternehmens. Das gesetzte Ziel beschreibt den erwünschten künftigen Soll-Zustand, die Planung umfasst sämtliche zur Zielerreichung notwendigen Maßnahmen.

Planungsschritte   Unternehmensebenen

Vision	Unternehmensleitung
Mission	Unternehmensleitung
Leitsätze	Unternehmensleitung
Zielsetzung	Unternehmensleitung/Controller
Strategie	Unternehmensleitung/Controller
Planung	Bereichsleitung/Controller
Umsetzung	Bereichsleitung

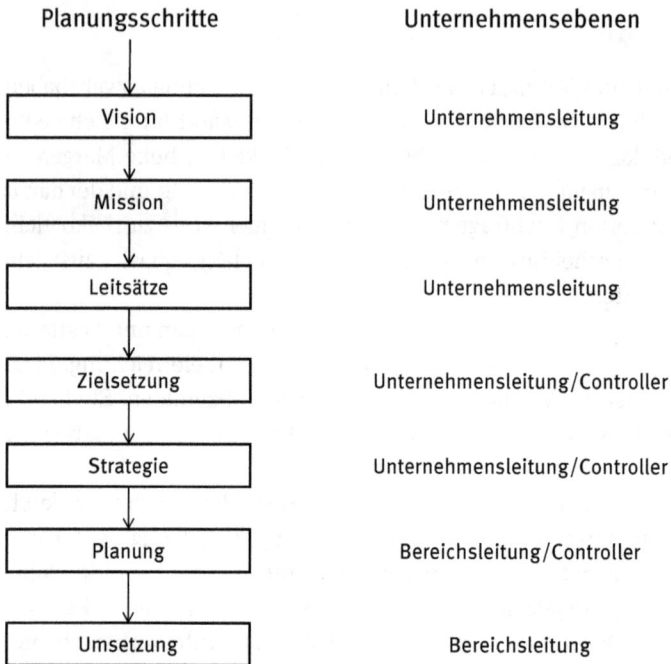

Abbildung 11: Zusammenhang Unternehmenszielsetzung und -planung

Zugleich bildet die Planung den zur Durchführung dieser Maßnahmen erforderlichen Ressourceneinsatz sowie die bei Zielerreichung erzielbaren Erlöse ab. Dies erfolgt bei der strategischen (langfristigen) Planung in der überschlägigen Form eines Businessplans, bei der operativen (kurzfristigen) Planung in der verfeinerten Form von präzise bestimmten Budgets.

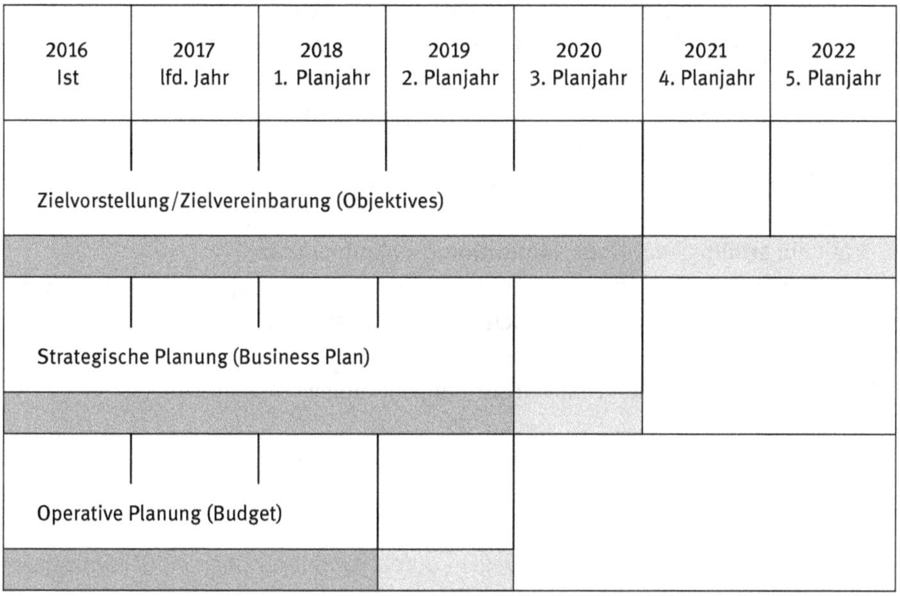

2016 Ist	2017 lfd. Jahr	2018 1. Planjahr	2019 2. Planjahr	2020 3. Planjahr	2021 4. Planjahr	2022 5. Planjahr
Zielvorstellung/Zielvereinbarung (Objektives)						
Strategische Planung (Business Plan)						
Operative Planung (Budget)						

Abbildung 12: Zeitliche Koordination von Zielvorstellung, strategischer und operativer Planung

d) Der Controller übernimmt im Rahmen des Planungsprozesses folgende Aufgaben:
- Beratung und Unterstützung des Managements bei der Aufstellung der Unternehmensziele,
- Aufstellen eines zielorientierten Gesamtplans,
- Koordination der Planungsarbeiten, Beratung der Bereichs-/Abteilungs-/Gruppen-/Teamleiter sowie der Kostenstellen bei der Erstellung der Teil- und Einzelpläne, Abstimmung und Koordination des Gesamtplans mit den Teil- und Einzelplänen, Aufstellen von Kostenplänen (Budgets) und Bestimmung der Kostenverantwortlichen.

e) Das Budget ist die konkrete Kostenvorgabe für den einzelnen Verantwortungsbereich. Diese Kostenvorgabe resultiert aus der Bestimmung der für das vorgegebene Leistungsziel des Verantwortungsbereichs notwendigen Kosten. Mit der Kostenvorgabe (Budget) erhält der einzelne Verantwortungsträger Steuerungs- und Zielgrößen, die grundsätzlich eingehalten werden müssen.
Einige Unternehmen legen auch die aus der Zielsetzung abgeleiteten Zielerlöse als (Erlös-)Budget fest. Anders als das Kostenbudget darf dieses Erlösbudget überschritten werden. Es beinhaltet somit keine Obergrenze, sondern stellt eine erwartete Richtgröße für den einzelnen Verantwortungsbereich dar.

f) Die traditionelle (Kosten-)Budgetierung wird im Wesentlichen unter folgenden Aspekten kritisiert:

- Inflexibilität, da eine zentrale Vorgabe von Kostenbudgets für das einzelne Plan-jahr nicht schnell genug auf Umfeldveränderungen reagieren kann,
- fehlende Eignung zur Leistungsmessung, da Budgets weder Markenwerte, Pro-zessqualität noch strategische Netzwerke im Unternehmen widerspiegeln,
- fehlende Anreize zur Prozessverbesserung und Budgetunterschreitung,
- Budgetvorgabe vermittelt Signalwirkung dahingehend, die Kostenbudgets in jedem Fall auszuschöpfen, auch wenn die jeweilige Leistungsvorgabe mit weniger Mitteln erfüllbar wäre (sog. Motivation zur Manipulation),
- Verhinderung einer Überprüfung der Prozesse auf ihre Effizienz, da die Bemes-sung der Budgets regelmäßig nach den Vorjahreswerten erfolgt.

Als wichtigste Planungsalternativen zur Budgetierung werden diskutiert:

(1) Beyond Budgeting = vollständiger Verzicht auf die zentrale traditionelle Budget-vorgabe durch „automatische" Anpassung der Ziele an die möglichen Chancen durch Beachtung folgender Prinzipien:
- self governance: Ersatz starrer Regeln durch Werte und Grenzen (Dezentralisie-rung der Planung)
- Leistungsverantwortung: Forderung steter Eigenverantwortung der Mitarbeiter
- Empowerment: vorrangige Berücksichtigung der Kundennähe bei jeder Entschei-dung
- Struktur: netzwerkbezogenes Handeln
- Koordination: Gestaltung der internen Prozesse mit dem Ziel des effizienten Inei-nandergreifens
- Führung: moderner Führungsstil durch Coaching
- Zieldefinitionen: konkrete Ziele auf der Grundlage von Benchmarking und Wett-bewerbsanalysen anstelle vager Zielvorstellungen
- Rolling Forecast: Aktualisierung des Forecast jedes Quartal, 5 Quartale Voraus-schau.

Beyond Budgetierung ist allerdings mehr als nur ein alternatives Planungskonzept zur Budgetierung, sondern enthält ein umfassendes integriertes Steuerungssystem für Unternehmen.

Beispiele: Volvo, Ikea, Borealis, Nokia, Svenska Handelsbanken, Toyota, Aldi, dm-Drogerie Markt, Schweizer Großbank UBS

(2) Zero Base Budgeting (ZBB) = Budgetierung auf „Null-Basis" (Zero-Base), also los-gelöst von Vergangenheitswerten, sondern nach einzeln bewerteten Leistungseinhei-ten (Decision-Packages) mit folgenden wesentlichen Merkmalen:
- Beschreibung von zielorientierten Entscheidungspaketen (Aktivitätsbündeln),
- Auswerten und Bewerten aller Pakete durch Kosten-Nutzen-Analyse,
- Bewertung der einzelnen alternativen Leistungsstufen (Soll-Leistungen).

Folgende Vorgehensweise wird empfohlen:

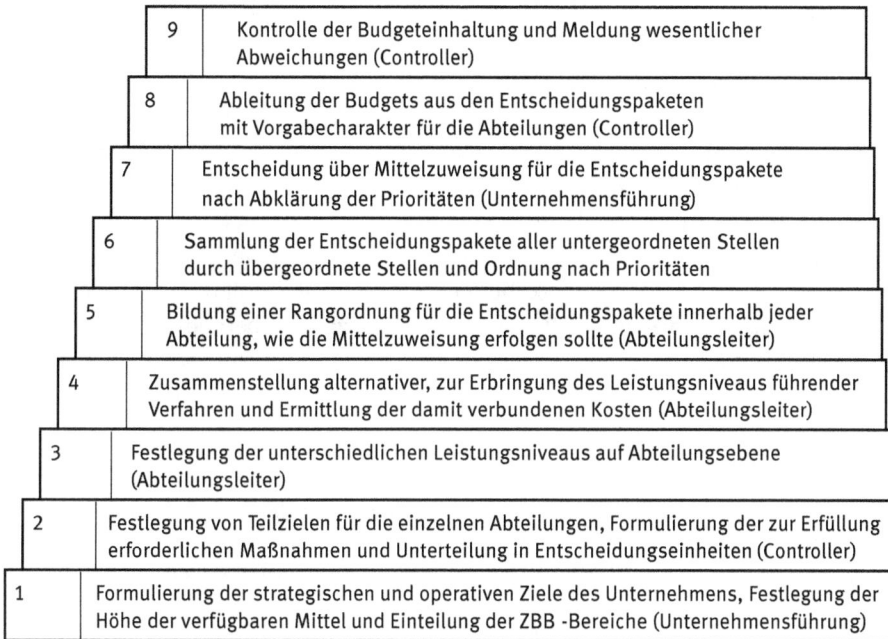

9	Kontrolle der Budgeteinhaltung und Meldung wesentlicher Abweichungen (Controller)
8	Ableitung der Budgets aus den Entscheidungspaketen mit Vorgabecharakter für die Abteilungen (Controller)
7	Entscheidung über Mittelzuweisung für die Entscheidungspakete nach Abklärung der Prioritäten (Unternehmensführung)
6	Sammlung der Entscheidungspakete aller untergeordneten Stellen durch übergeordnete Stellen und Ordnung nach Prioritäten
5	Bildung einer Rangordnung für die Entscheidungspakete innerhalb jeder Abteilung, wie die Mittelzuweisung erfolgen sollte (Abteilungsleiter)
4	Zusammenstellung alternativer, zur Erbringung des Leistungsniveaus führender Verfahren und Ermittlung der damit verbundenen Kosten (Abteilungsleiter)
3	Festlegung der unterschiedlichen Leistungsniveaus auf Abteilungsebene (Abteilungsleiter)
2	Festlegung von Teilzielen für die einzelnen Abteilungen, Formulierung der zur Erfüllung erforderlichen Maßnahmen und Unterteilung in Entscheidungseinheiten (Controller)
1	Formulierung der strategischen und operativen Ziele des Unternehmens, Festlegung der Höhe der verfügbaren Mittel und Einteilung der ZBB -Bereiche (Unternehmensführung)

Abbildung 13: Zero-Base-Budgeting – Vorgehensweisen

Das berühmteste Beispiel ist Texas Instruments, bei dem das ZBB bereits in den 1960er Jahren entwickelt worden ist.

(3) Better Budgeting und Advanced Budgeting sind keine Alternative zur traditionellen Planung mit Budgets, sie beinhalten lediglich Modifikationen der Budgetgestaltung.

Das Better Budgeting ist durch ein ständiges Bemühen um effizientere Systeme oder Methoden des Budgetierungsprozesses gekennzeichnet, z. B. verbesserte IT-Unterstützung zur Verschlankung des Budgetierungsverfahrens.

Das Advanced Budgeting greift grundlegender in den traditionellen Budgetierungsprozess ein mit dem Ziel einer Verbesserung der Planungsqualität bei gleichzeitiger Verringerung der für die Budgetierung erforderlichen Ressourcen, z. B. durch eine verstärkte Einbeziehung extern orientierter Benchmarkgrößen, die Einbeziehung nicht-monetärer Größen oder eine stete Verringerung der Planungsdetailtiefe.

3. Hinweise zur Lösung

Das richtige Verständnis vom Begriff der Unternehmensplanung als Ausfluss der Unternehmenszielsetzung ist elementar für die „richtige" Herangehensweise des

Controllers an seine Aufgaben. Insbesondere die Abgrenzung der Planung von der Prognose/Vorschaurechnung bildet die Grundlage für jegliche vom Controller zu initiierende Maßnahmen zur Zielerreichung. Denn erschöpft sich die Planung in einer bloßen Prognose der künftigen Unternehmenssituation bei unveränderter Fortführung des bisherigen Art und Weise der Unternehmenstätigkeit, so gilt damit als sicher, dass die Unternehmensziele nicht erreicht werden. Da sich in der Unternehmenspraxis die Planung gleichwohl vielfach in einer bloßen Prognose erschöpft, um „realistische" Planungsgrößen vorzugeben, ist die Kenntnis des richtigen Planungsbegriffs so wichtig für die Ausbildung künftiger Controller. Gleiches gilt für den untrennbaren Zusammenhang zwischen Unternehmenszielsetzung und -planung. Die Kenntnis der verschiedenen in der Literatur diskutierten Ansätze der Budgetierung sowie die Alternativen zu dieser traditionellen Planungsform gehören zum betriebswirtschaftlichen Grundlagenwissen.

4. Literaturempfehlung

Daum, J. H., Beyond Budgeting: Ein Management- und Controlling-Modell für nachhaltigen Unternehmenserfolg, Der Controlling Berater 2002, S. 397–430.
Gleich, R./Hofmann, S./Leyk, J. (Hrsg.), Planungs- und Budgetinstrumente, 1. Auflage, Freiburg i.Br. 2006.
Horváth, Peter, Controlling, 12. Auflage, München 2011, Kap. 3.7.2
Meyer-Piening, A./Schierz, J., Mut zur Radikalkur, Fallstudie Zero-Base-Budgeting, Manager Magazin 1978, H. 4, S. 51.

Aufgabe 38: Soll-Ist-Vergleich

Wissen, Verstehen, Anwenden: Beispiel lösen
50 Minuten

1. Aufgabenstellung

a) Erläutern Sie das Verhältnis des Soll-Ist-Vergleichs zur Planung/Budgetierung.
b) Welche Größen sind Gegenstand des Soll-Ist-Vergleichs? Erläutern Sie Ihr Ergebnis.
c) Bestimmen Sie die Sollkosten für folgende Größen einer Kostenstelle und ermitteln Sie die relevante Abweichung:
–   Kostenstelle Vertrieb, Kostenart Speditionskosten
–   Plankosten: 200.000 €, Istkosten: 220.000 €
–   Bezugsgröße Planansatz Speditionskosten: 100 Transporte zu je 2.000 €
–   tatsächliche Anzahl Bezugsgröße: 120 Transporte

d) Welche Arbeitsschritte enthält der Soll-Ist-Vergleich?

e) In welche Teilabweichungen lässt sich die Gesamtabweichung der Istkosten von den verrechneten Plankosten aufteilen und wie werden die einzelnen Teilabweichungen ermittelt? Berechnen Sie diese Teilabweichungen für folgendes Beispiel[1]:

	Planwerte	Istwerte
Produktionsmenge	2.000 Stück	2.600 Stück
Betriebsstoffe (variabel)	4.000 l zu 13,00 €/l	5.000 l zu 14,00 €/l
Löhne	6.000 h zu 38,00 €/h	6.900 h zu 38,00 €/h
sonstige Gemeinkosten	200.000 €	240.000 €
davon Fixkosten	100.000 €	100.000 €

2. Lösung

a) Die Planung eines Unternehmens gibt – abgeleitet aus den Unternehmenszielen – vor, was in der Planperiode erreicht werden soll. Die Budgets bestimmen dabei die konkreten Kostenvorgaben für die einzelnen Verantwortungsbereiche des Unternehmens, die voraussichtlich erforderlich sind, um die geplanten Unternehmensziele zu erreichen. Dabei basiert die Planung ebenso wie die Budgetierung auf bestimmten Ausgangsbezugsgrößen (sog. Mengengerüst), in der Regel auf einer bestimmten Beschäftigung. Dies sind z. B. die Produktionsmengen eines Industrieunternehmens oder die abrechenbare Stunden eines Dienstleistungsunternehmens.

Das Soll besteht aus den Kosten- und Erlöspositionen, die bei der realisierten Ist-Menge der entsprechenden Bezugsgröße erreicht werden können. Die Soll-Kosten und -Erlöse der einzelnen Verantwortungsbereiche spiegeln daher die Budgets wieder, umgerechnet von der geplanten auf die tatsächlich realisierte Bezugsgröße. Dabei verändern sich nur die von der jeweiligen Bezugsgröße abhängigen variablen Kosten und Erlöse.

---

[1] Beispiel zur Abweichungsanalyse nach Götze, Uwe, Kostenrechnung und Kostenmanagement, 5. Auflage, Heidelberg 2010, S. 207

```
┌─────────────────────────┐   ┌─────────────────────────┐
│   Unternehmensleitung   ├───┤       Controller        │
└───────────┬─────────────┘   └────────────┬────────────┘
            │                              │
            ▼                              ▼
┌─────────────────────────┐   ┌─────────────────────────┐
│          Ziel           │   │          Richt          │
│     -> was wollen wir   │   │   -> was könnte erreicht │
│        erreichen?       │   │          werden?         │
└───────────┬─────────────┘   └────────────┬────────────┘
            │                              │
            └──────────────┬───────────────┘
                           ▼
            ┌─────────────────────────┐
            │          Plan           │
            │    -> was soll in der   │
            │   Planperiode erreicht  │
            │         werden?         │
            └───────────┬─────────────┘
                        ▼
            ┌─────────────────────────┐
            │          Soll           │
            │    -> was kann in der   │
            │   Planperiode erreicht  │
            │         werden?         │
            └───────────┬─────────────┘
                        ▼
            ┌─────────────────────────┐
            │           Ist           │
            │   -> was wurde in der   │
            │  Planperiode erreicht?  │
            └─────────────────────────┘
```

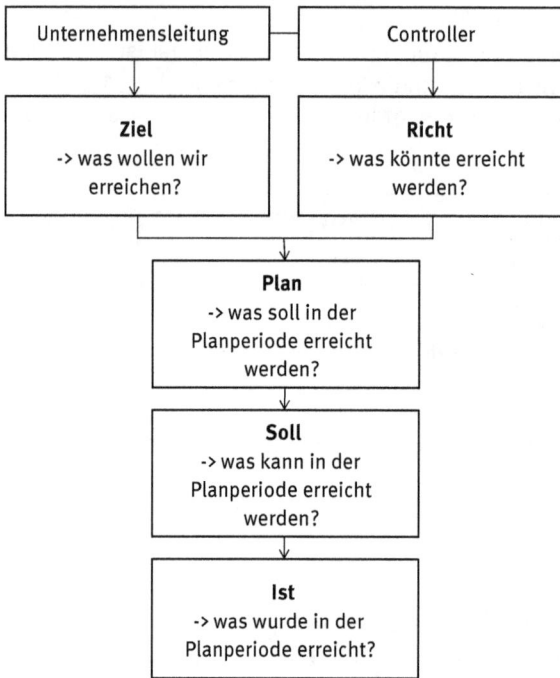

Abbildung 14: Zusammenhang von Ziel, Richt, Plan, Soll und Ist

b) Gegenstand des Soll-Ist-Vergleichs sind idealerweise das Soll und das Ist. Der Vergleich von Soll und Ist ist einem Vergleich von Plan und Ist regelmäßig vorzuziehen. Denn allein ein Vergleich der geplanten mit den realisierten Kosten- und Erlösgrößen auf Grundlage der Ist-Menge der jeweils maßgeblichen Bezugsgröße (in der Regel die Beschäftigung) zeigt Abweichungen, deren Ursache nicht in einer Mengenveränderung dieser Bezugsgröße liegt. Ist somit die beschäftigungsbedingte Abweichung zwischen Plan und Ist eliminiert, kann die verbliebene Abweichung des Ist vom Soll daraufhin analysiert werden, welche Mengenabweichungen (z. B. mehr Materialeinsatz je produziertem Kostenträger) oder Preisabweichungen (z. B. erhöhte Bezugspreise) für die Soll-Ist-Differenz verantwortlich sind. Die Differenz zwischen Plan und Soll stellt dann die Abweichung dar, die allein auf die veränderte Menge der maßgeblichen Bezugsgröße zurückzuführen ist. Diese Abweichung hat für Steuerungszwecke keine primäre Relevanz, sie dient vielmehr der Optimierung der künftigen Planung des Mengengerüstes.

c)

$$\text{Sollkosten} = \frac{\text{Plankosten } 200.000 \text{ €}}{100 \text{ Transporte (Bezugsgröße)}} \times 120 \text{ Transporte (Bezugsgröße)} = 240.000 \text{ €}$$

Plankosten	Sollkosten	Istkosten	Abweichung
200.000 €	240.000 €	220.000 €	−20.000 €

Wäre im vorliegenden Beispiel im Zeitpunkt der Planung bekannt gewesen, dass tatsächlich nicht 100, sondern 120 Transporte in der Planungsperiode erforderlich sein würden, hätte das Unternehmen mit 240.000 € anstatt mit 200.000 € Speditionskosten geplant. Nur der Vergleich der Istkosten (220.000 €) mit den Sollkosten (240.000 €) lässt somit erkennen, dass der Preis je Transport in der Planungsperiode gesunken ist [Speditionsstückkostensenkung]. Ein Vergleich der Istkosten (220.000 €) mit den Plankosten (200.000 €) hätte dagegen zunächst eine – tatsächlich nicht existente – Speditionsstückkostensteigerung impliziert.

d) Das Ziel des Soll-Ist-Vergleichs besteht in der Identifizierung der Ursachen für die Abweichung (Abweichungsanalyse), um auf dieser Grundlage Korrekturentscheidungen treffen und konkrete Gegensteuerungsmaßnahmen einleiten zu können.

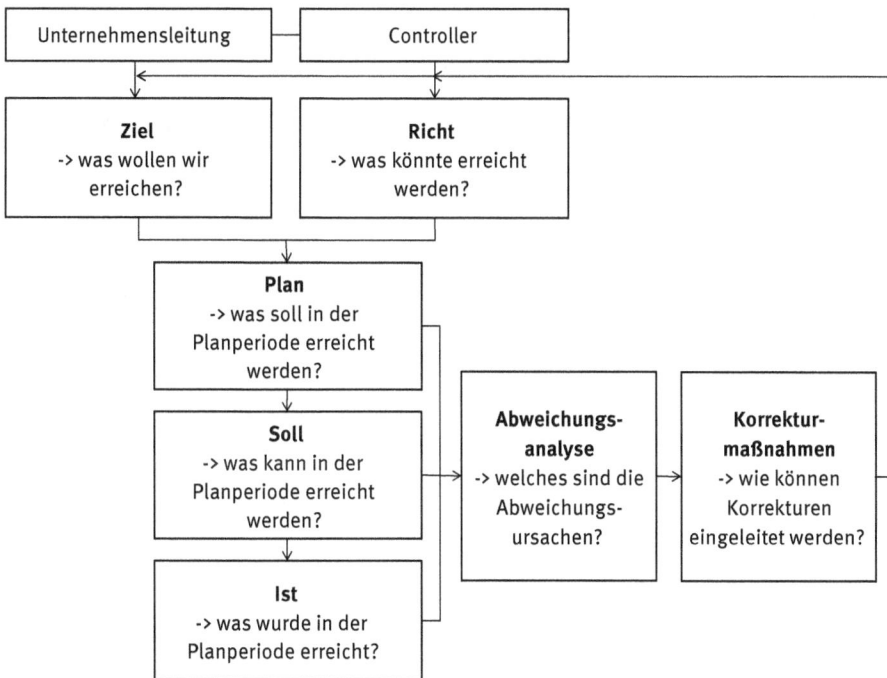

Abbildung 15: Kreislauf zwischen Planung, Soll-Ist-Vergleich, Abweichungsanalyse und Korrekturmaßnahmen

Aufgrund dieser Zusammenhänge sind folgende Arbeitsschritte sinnvoll:

(1) Ermittlung von Richtzahlen/Messzahlen
(2) Ableitung von Planwerten und Umrechnung auf Sollwerte
(3) Aufzeigen der Istwerte
(4) Erkennen und Analyse von Abweichungen (gemessen an den Planwerten/Sollwerten)
(5) Ermittlung der Abweichungsursachen
(6) Definieren von Korrekturmaßnahmen
(7) Abwägen der verschiedenen Korrekturmaßnahmen
(8) Vorschläge von Korrekturlösungen
(9) Herbeiführen von Lösungsentscheidungen
(10) Veranlassen, Einleiten und Durchführen der getroffenen Korrekturmaßnahmen
(11) Überprüfung der eingeleiteten Korrekturmaßnahmen/Rückkopplung

e) Im Allgemeinen werden drei Hauptabweichungsarten unterschieden:
– Mengenabweichungen: tatsächlicher Mehr- oder Minderverbrauch gegenüber der Planannahme, soweit dieser nicht auf einer Beschäftigungsabweichung beruht
– Preisabweichungen: Veränderung der angenommenen Preise für bestimmte Güter
– Beschäftigungsabweichungen: sie entstehen durch Veränderungen der Leistungsmengen gegenüber dem Planansatz: eine höhere oder geringere Leistung muss auf mehr oder weniger Leistungsmenge (Beschäftigung) verteilt werden.

Die Summe aller genannten Teilabweichungen bildet die Gesamtabweichung zwischen den Istkosten und den verrechneten Plankosten. Die verrechneten Plankosten beinhalten die auf die Ist-Beschäftigung umgerechneten Plankosten, wobei – abweichend von der Ermittlung der Sollkosten – sämtliche variablen und fixen Plankosten in die Umrechnung einbezogen werden, so dass die für die Plan-Beschäftigung geplanten Stückkosten (einschl. der anteiligen Stück-Fixkosten) auf dem Mengengerüst der Ist-Beschäftigung abgebildet werden. Nur so lässt sich die Beschäftigungsabweichung aus der Differenz zwischen verrechneten Plankosten und Sollkosten ablesen.

Insgesamt lassen sich die Teilabweichungen nach folgendem Schema berechnen:

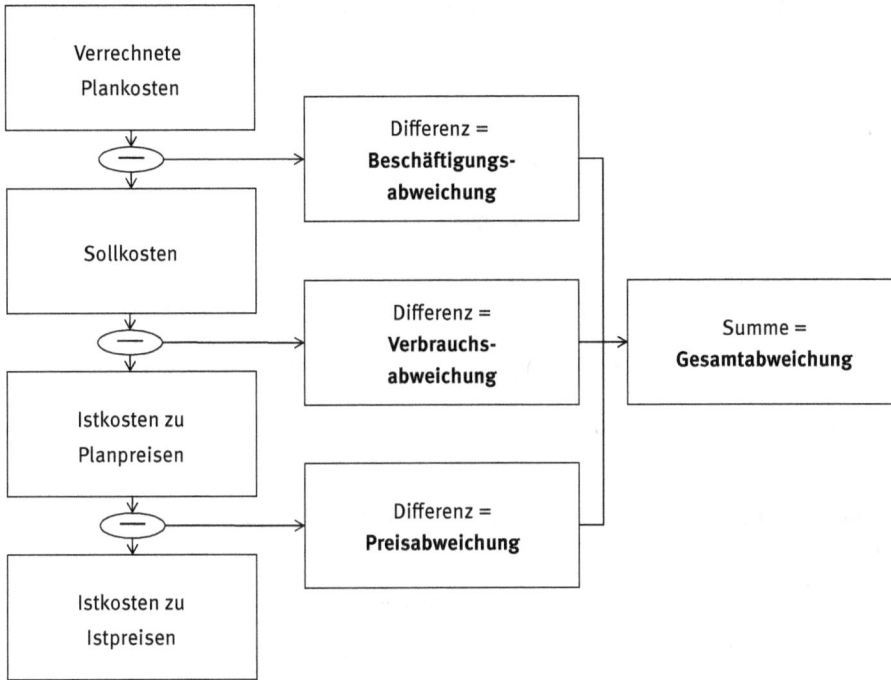

Abbildung 16: Abweichungsberechnung

Dabei gelten für die Ermittlung der enthaltenen Teilabweichungen folgende Formeln:

– Beschäftigungsabweichungen:	Plan-Menge x Planpreis bei Planbeschäftigung
	– Plan-Menge x Plan-Preis bei Istbeschäftigung
	———————————————————————
	Beschäftigungsabweichungen
– Verbrauchsabweichungen:	Plan-Menge x Plan-Preis bei Ist-Beschäftigung
	– Ist-Menge x Plan-Preis bei Ist-Beschäftigung
	———————————————————————
	Verbrauchsabweichungen
– Preisabweichungen:	Ist-Menge x Plan-Preis
	– Ist-Menge x Ist-Preis
	———————————————————————
	Preisabweichungen

Beispiel:

– Plankosten: 480.000 €
– Verrechnete Plankosten: 480.000 €/2.000 Stück x 2.600 Stück   =   624.000 €

-   Sollkosten: 100.000 € + 380.000 €/2.000 Stück x 2.600 Stück   =   594.000 €
-   Istkosten: 572.200 €

Tabelle 12: Teilabweichungen sowie Gesamtabweichung

Beschäftigungsabweichung:	Sollkosten – verrechnete Plankosten 594.000 € – 624.000 €	
		= – 30.000 €
Verbrauchsabweichungen: – Betriebsstoffe:	Mengendifferenz bei Ist-Beschäftigung x Plan-Preis (5.000 l – 4.000 l x 2.600/2.000 Stück) x 13,00 €/l	
		= – 2.600 €
– Löhne:	(6.900 h – 6.000 h x 2.600/2.000 Stück) x 38,00 €/h	
		= – 34.200 €
– sonstige Gemeinkosten [variabler Teil]:	140.000 € – 100.000 € x 2.600/2.000 Stück	
		= + 10.000 €
Preisabweichungen: – Betriebsstoffe:	Preisdifferenz bei Ist-Beschäftigung (14,00–13,00 €/l) x 5.000 l	
		= + 5.000 €
– Löhne:	(38,00–38,00 €/h) x 6.900 h	= 0 €
Gesamtabweichung:	Istkosten – verrechnete Plankosten 572.200 € – 624.000 €	= – 51.800 €

3. Hinweise zur Lösung

Der Soll-Ist-Vergleich mit der anschließenden Abweichungsanalyse und der Erarbeitung von Gegensteuerungs- bzw. Korrekturmaßnahmen gehört zu den Kernaufgaben des Controllers. Eine aussagekräftige Abweichungsanalyse ist dabei nur möglich, wenn sinnvolle Zwischengrößen zwischen den Plankosten/-erlösen und den Istkosten/-erlösen ermittelt werden, da die Gesamtabweichung zwischen dem Plan und dem Ist in der Unternehmenspraxis auf einer Vielzahl von Ursachen beruht, die ineinander greifen. Insbesondere die Abweichung der tatsächlich verbrauchten Ressourcen vom geplanten Mitteleinsatz kann ebenso auf einer veränderten Leistungsmenge (Beschäftigung) beruhen wie auf einem verschwenderischen Umgang mit den Ressourcen bei der Leistungserbringung.

4. Literaturempfehlung

Götze, Uwe, Kostenrechnung und Kostenmanagement, 5. Auflage, Heidelberg 2010, Kap. 2.2, S. 200–216.
Preißler, Peter, Controlling, 14. Auflage, München 2014, Kap. 6.2.5, S. 70–90.
Ziegenbein, Klaus, Controlling, 10. Auflage, Ludwigshafen 2012, Kap. E. Budget- und Projektkontrolle, S. 570–585.

1.8 Internes und Externes Rechnungswesen

Aufgabe 39: Grundverständnis des externen und internen Rechnungswesens

Wissen, Verstehen
10 Minuten

1. Aufgabenstellung

Erläutern Sie Aufgaben und Charakteristika des Rechnungswesens.

2. Lösung

Das Rechnungswesen hat insbesondere folgenden Funktionen:
1. Dokumentation: Geschäftsvorfälle werden aufgezeichnet und dokumentiert; Unterlagen müssen gemäß der rechtlichen Vorgaben archiviert und aufbewahrt werden.
2. Information und Rechenschaft: Das Rechnungswesen dient der Information interner und externer Adressaten – wie beispielsweise Unternehmensleitung, Mitarbeiter, Kunden und Lieferanten – über die wirtschaftliche Lage des Unternehmens.
3. Zahlungsbemessung: Das Rechnungswesen dient als Grundlage für die Berechnung von Zahlungen, z.B. für Ausschüttungen und Steuern.
4. Planung, Steuerung und Kontrolle: Auf Grundlage der durch das Rechnungswesen bereitgestellten Daten können unternehmerische Entscheidungen, wie beispielsweise im Hinblick auf die Preispolitik, die Rentabilität einzelner Produkte oder auch den Eintritt in Märkte ermöglicht werden.

3. Hinweise zur Lösung

Während sich das externe Rechnungswesen an Lieferanten, Kunden und Staat richtet, ist die Unternehmensleitung Adressat des internen Rechnungswesens. Das externe Rechnungswesen hat etwa beim handelsrechtlichen oder steuerrechtlichen Jahresabschluss nach gesetzlichen Vorgaben zu erfolgen. Hierbei sollen aussagekräftige Informationen generiert werden, auf deren Grundlage z. B. Investitionsentscheidungen von Unternehmensexternen getroffen oder Steuern bemessen werden können. Da das interne Rechnungswesen insbesondere der Unternehmensleitung als Grundlage für betriebswirtschaftliche Entscheidungen dienen soll, muss ein Unternehmen selber entscheiden, welche Instrumente es einsetzen will; eine gesetzliche Normierung besteht nicht.

4. Literaturempfehlung

Hoberg, Peter; Vom Externen Rechnungswesen zur betriebswirtschaftlichen Wirklichkeit, Der Betrieb 2014, Heft 11, S. 553–560.

Aufgabe 40: Begriffe der Bilanz und der Gewinn- und Verlustrechnung

Wissen, Verstehen
10 Minuten

1. Aufgabenstellung

Erläutern Sie die Begriffe der Bilanz und der Gewinn- und Verlustrechnung.

2. Lösung

Die Bilanz besteht aus einer Aktiv- und einer Passivseite. Auf der Aktivseite werden die Vermögenswerte des Kaufmanns aufgeführt, während auf der Passivseite die Finanzierung der Vermögenswerte dargestellt wird. So beinhaltet die Passivseite insbesondere das Eigenkapital sowie Verbindlichkeiten und Rückstellungen. Die Gewinn- und Verlustrechnung stellt die Aufwendungen und Erträge – und damit den Gewinn oder Verlust einer Periode – dar. Deutlich wird somit, dass die Bilanz zeitpunktbezogen ist, während sich die Gewinn- und Verlustrechnung auf einen Zeitraum bezieht.

3. Hinweise zur Lösung

Die folgenden Abbildungen zeigen die (vereinfachten) Gliederungen der Bilanz und der Gewinn- und Verlustrechnung

Tabelle 13: Bilanz (vereinfacht)

A	Bilanz (vereinfacht)	P

A. Anlagevermögen
  I.   Immaterielle Vermögensgegenstände
  II. Sachanlagen
  III. Finanzanlagen
	A. Eigenkapital
	  I. Gezeichnetes Kapital
	  II. Kapitalrücklage
	  III. Gewinnrücklage
	  IV. Gewinnvortrag/Verlustvortrag
	  V. Jahresüberschuss/Jahresfehlbetrag	

B. Umlaufvermögen
  I.   Vorräte
  II. Forderungen und sonstige Vermögens-
       gegenstände
  III. Wertpapiere
  IV. Kassenbestand
	B. Rückstellungen
	
	C. Verbindlichkeiten	

C. Rechnungsabgrenzungsposten	D. Rechnungsabgrenzungsposten	
D. Aktive latente Steuern	E. Passive latente Steuern	
E. Aktiver Unterschiedsbetrag aus der Vermögensverrechnung		

Tabelle 14: Gewinn- und Verlustrechnung (vereinfacht, Gesamtkostenverfahren)

Gewinn- und Verlustrechnung (vereinfacht)

  Umsatzerlöse

+/– Erhöhung oder Verminderung des Bestands an fertigen und unfertigen Erzeugnissen

+   Andere aktivierte Eigenleistungen

+   Sonstige betriebliche Erträge

–   Materialaufwand

–   Personalaufwand

–   Abschreibungen

–   Sonstige betriebliche Aufwendungen

   Zum Beispiel: Mietaufwand, Betriebsbedarf, Instandhaltung betrieblicher Räume, Telefonkosten, Fahrzeugkosten

+   Erträge aus Beteiligungen

+   Erträge aus anderen Wertpapieren und Ausleihungen des Finanzanlagemögens

+   Sonstige Zinsen und ähnliche Erträge, davon aus verbundenen Unternehmen

–   Abschreibung auf Finanzanlagen und auf Wertpapiere des Umlaufvermögens

–   Zinsen und ähnliche Aufwendungen, davon an verbundene Unternehmen

–   Steuern vom Einkommen und Ertrag

=   Ergebnis nach Steuern

–   Sonstige Steuern

=   Jahresüberschuss/Jahresfehlbetrag

4. Literaturempfehlung

§ 266 Abs. 2, 3 HGB
§ 275 Abs. 2 HGB

Aufgabe 41: Aktivierungsverbot

Verstehen, Anwenden
5 Minuten

1. Aufgabenstellung

Ein Kaufmann hat eine Kundenliste selber erstellt. Hierfür ist Personalaufwand in Höhe von 20.000 EUR entstanden. Er möchte diese Kundenliste dauerhaft in seinem Betrieb nutzen. Erläutern Sie die Auswirkung auf die Bilanz und die Gewinn- und Verlustrechnung.

2. Lösung

Es besteht ein Aktivierungsverbot gem. § 248 Abs. 2 S. 2 HGB, so dass die Kundenliste nicht aktiviert werden darf. Somit liegt Aufwand in der Gewinn- und Verlustrechnung vor. Der Buchungssatz lautet (vereinfacht): Aufwand 20.000 an Bank 20.000.

3. Hinweise zur Lösung

Das Vollständigkeitsprinzip des § 246 Abs. 1 S. 1 HGB besagt, dass der Jahresabschluss sämtliche Vermögensgegenstände, Schulden, Rechnungsabgrenzungsposten, Aufwendungen und Erträge zu enthalten hat, soweit gesetzlich nichts anderes bestimmt ist. Im vorliegenden Fall greift jedoch das Bilanzierungsverbot des § 248 Abs. 2 S. 2 HGB, wonach selbst geschaffene Marken, Drucktitel, Verlagsrechte, Kundenlisten oder vergleichbare immaterielle Vermögensgegenstände des Anlagevermögens nicht aktiviert werden dürfen.

4. Literaturempfehlung

Krumm, Marcel; in Blümich, EStG, Loseblattsammlung, § 5 EStG, Rn. 221–222.

Aufgabe 42: Realisationsprinzip

Verstehen, Anwenden
10 Minuten

1. Aufgabenstellung

Ein Kaufmann hat vor drei Jahren ein unbebautes Grundstück erworben und dieses zu Anschaffungskosten in Höhe von 100.000 EUR zutreffend in seiner Bilanz aktiviert. Aufgrund der günstigen Marktlage hat sich der Wert dieses Grundstücks positiv entwickelt und beträgt am Bilanzstichtag 500.000 EUR. Erläutern Sie die Auswirkung auf die Bilanz und die Gewinn- und Verlustrechnung.

2. Lösung

Aufgrund des Anschaffungskosten-/Herstellungskostenprinzips § 253 Abs. 1 S. 1 HGB hat die Werterhöhung keine Auswirkungen auf die Bilanz und die Gewinn- und Verlustrechnung.

3. Hinweise zur Lösung

Im Handelsrecht kommt dem Vorsichtsprinzips eine zentrale Bedeutung zu. Gemäß § 252 Abs. 1 Nr. 4 HGB sind Gewinne nur zu berücksichtigen, wenn sie am Abschlussstichtag realisiert worden sind. Durch das Realisationsprinzip soll somit ein Ausweis von nicht realisierten Gewinnen vermieden werden. Bei den nicht realisierten Wertzuwächsen könnte es sich beispielsweise lediglich um Wertschwankungen handeln, so dass bei einem späteren Verkauf ein Veräußerungsgewinn nicht realisiert werden könnte. Im vorliegenden Fall ist der Wert zwar gestiegen, der Gewinn wurde jedoch nicht (etwa durch einen Verkauf) realisiert; es darf nach HGB nicht zu einer Gewinnrealisierung kommen. Bewertungsobergrenze sind die Anschaffungskosten (§ 253 Abs. 1 S. 1 HGB).

4. Literaturempfehlung

Teschke, Manuel; in Kanzler/Kraft/Bäuml, Einkommensteuergesetz Kommentar, § 6 EStG, Rn. 1 ff.

Aufgabe 43: Bilanzierung

Verstehen, Anwenden
10 Minuten

1. Aufgabenstellungstellung

Ein Kaufmann hat ein mit einem neuen Fabrikgebäude bebautes Grundstück für 900.000 EUR erworben, wobei 20 % auf Grund und Boden und 80 % auf das Gebäude entfallen. Zusätzlich sind Grunderwerbsteuer in Höhe von 45.000 EUR und Maklerkosten in Höhe von 20.000 EUR angefallen. Bei dem Gebäude ist aufgrund einer Leichtbauweise von einer 20-jährigen Restnutzungsdauer auszugehen. Der Erwerb erfolgt am 01.01.t1. Erläutern Sie die handelsrechtlichen Konsequenzen im Jahr t1.

2. Lösung

Es liegen zwei getrennte Wirtschaftsgüter vor. Grundstücke und Gebäude sind nach dem Vollständigkeitsprinzip des § 246 Abs. 1 S. 1 HGB zu aktivieren. Die Zugangsbewertung hat mit Anschaffungskosten zu erfolgen (§ 253 Abs. 1 S. 1 HGB). Zu den Anschaffungskosten gehören auch die Anschaffungsnebenkosten (§ 255 Abs. 1 S. 2 HGB). Somit ergeben sich für Grundstücke und Gebäude Anschaffungskosten in folgender Höhe:

Kaufpreis Grundstück und Gebäude	900.000 EUR
Grunderwerbsteuer	45.000 EUR
Maklerkosten	20.000 EUR
Anschaffungskosten	965.000 EUR

Von dieser Summe entfallen laut Sachverhalt 20 % auf Grund und Boden, so dass sich ein Bilanzansatz von 193.000 EUR ergibt. 80 % entfallen auf das Gebäude (Bilanzansatz 772.000 EUR). Der Grund und Boden ist nicht abnutzbar und unterliegt somit nicht der planmäßigen Abschreibung, während das Gebäude als abnutzbares Wirtschaftsgut planmäßig abzuschreiben ist (§ 253 Abs. 3 S. 1 HGB). Die jährliche Abschreibung beträgt aufgrund der zwanzigjährigen Nutzungsdauer 1/20 (im Steuerrecht: § 7 Abs. 4 S. 2 EStG für den Fall einer Nutzungsdauer von weniger als 33 Jahren). Somit beträgt der Bilanzansatz zum 31.12.t1 193.000 EUR für den Grund und Boden und 733.400 EUR für das Gebäude.

4. Literaturempfehlung

Cremer, Udo; Bilanz- und ertragsteuerrechtliche Behandlung von Gebäuden, NWB 2015, Heft 51, S. 7.

Aufgabe 44: Rechnungsabgrenzung

Verstehen, Anwenden
5 Minuten

1. Aufgabenstellung

Ein Kaufmann zahlt die Miete für die von ihm gemietete Produktionshalle im November t1 für die Monate November t1 bis März t2 in Höhe von insgesamt 5.000 EUR. Erläutern Sie die Auswirkung zum Bilanzstichtag 31.12.t1.

2. Lösung

Im vorliegenden Fall ist ein aktiver Rechnungsabgrenzungsposten gemäß § 250 Abs. 1 HGB zu bilden. Bei den Zahlungen handelt es sich um Ausgaben vor dem Abschlussstichtag, die Aufwand für eine bestimmte Zeit nach diesem Tag darstellen. Von der Zahlung in Höhe von 5.000 EUR im November entfallen 3.000 EUR auf die Monate Januar bis März t2. Es ist somit ein aktiver Rechnungsabgrenzungsposten in Höhe von 3.000 EUR zu bilden. Der (vereinfacht dargestellte) Buchungssatz lautet: Aufwand 2.000 und aktiver Rechnungsabgrenzungsposten 3.000 an Bank 5.000.

3. Hinweise zur Lösung

Deutlich wird somit, dass durch den aktiven Rechnungsabgrenzungsposten eine zutreffende Periodisierung der Zahlungen erreicht werden soll. Die Zahlung erfolgt zwar in t1, entfällt aber wirtschaftlich auf t2. Für die Ermittlung des Gewinns kann es in diesem Fall nicht auf den Zeitpunkt der Zahlung ankommen, vielmehr erfordert eine periodengerechte Gewinnermittlung die Zuordnung zu der in diesem Fall sachgerechten Periode t2. Ein Ausweis auf der Aktivseite ist sachgerecht, da der Kaufmann mit der bereits entrichteten Miete am Bilanzstichtag einen zukünftigen Vorteil hat, der darin besteht, dass er die Miete für Januar bis März t2 nicht mehr begleichen muss.

4. Literaturempfehlung

Marx, Franz Jürgen; Löffler, Christoph; Die „bestimmte Zeit" als Voraussetzung für handels- und steuerrechtliche Rechnungsabgrenzung, Der Betrieb 2015, Heft 48, S. 2765–2769.
Nettersheim, Achim; Aktiver RAP bei Darlehen mit fallenden Zinsen, Der Ertrag-Steuer-Berater 2012, Heft 5, S. 191.

Aufgabe 45: Erstellung der Bilanz und der Gewinn- und Verlustrechnung

Anwenden, Transfer
15 Minuten

1. Aufgabenstellung

Ein Kaufmann hat zum 01.01.t1 die folgende Eröffnungsbilanz:

A	Bilanz 01.01.t1		P
Grund und Boden I	40.000 EUR	Eigenkapital	203.000 EUR
Grund und Boden II	50.000 EUR	Verbindlichkeit A	2.000 EUR
Forderung A	5.000 EUR		
Forderung B	10.000 EUR		
Bank	100.000 EUR		
	205.000 EUR		205.000 EUR

Während des Geschäftsjahres t1 ereignen sich die folgenden Geschäftsvorfälle. Nehmen Sie Stellung zu den Auswirkungen der Geschäftsvorfälle auf die Bilanz und die Gewinn- und Verlustrechnung (Teilaufgaben a bis h). Erstellen Sie zudem die Bilanz zum 31.12.t1 (Teilaufgabe i) und die Gewinn- und Verlustrechnung für t1 (Teilaufgabe j).

a) Am 01.01.t1 schafft der Kaufmann ein unbebautes Grundstück (GruBo III) für EUR 70.000 an, welches als Lagerplatz verwendet werden soll. Den Kaufpreis begleicht der Kaufmann von seinem betrieblichen Bankkonto.

b) Am 01.01.t1 schafft der Kaufmann eine Maschine für 20.000 EUR an. Die Maschine hat eine Nutzungsdauer von zehn Jahren. Gehen Sie ggf. von einer linearen Abschreibung aus.

c) Der Kaufmann begleicht Verbindlichkeit A in Höhe von 2.000 EUR im Februar t1.

d) Im Wirtschaftsjahr t1 wird die Forderung A in Höhe von 5.000 EUR uneinbringlich, da der Schuldner insolvent wird.

e) Der Schuldner der Forderung B hat die vereinbarten Zinsen in Höhe von 1.000 EUR am 31.12.t1 auf das Bankkonto überwiesen; die Forderung besteht weiterhin und ist werthaltig.

f) Der Kaufmann wurde in t1 von einem Kunden auf Schadensersatz verklagt. Das Gerichtsverfahren ist anhängig. Es ist mit einer hohen Wahrscheinlichkeit davon auszugehen, dass der Kaufmann an den Kläger 10.000 EUR zahlen muss.

g) Der Kaufmann veräußert GruBo I für 50.000 EUR und GruBo II für 40.000 EUR. Der Veräußerungspreis wird von den Käufern auf das Bankkonto überwiesen.

h) Für die Anmietung von Büroräumen zahlt der Kaufmann jeweils Anfang des Monats 1.000 EUR.

i) Erstellen Sie die Bilanz zum 31.12.t1. Verwenden Sie die folgende Vorlage.

A	Bilanz 31.12.t1	P

j) Erstellen Sie die Gewinn- und Verlustrechnung für t1. Verwenden Sie die folgende Vorlage.

Gewinn- und Verlustrechnung zum 31.12.t1
Sonstige betriebliche Erträge
−   Abschreibungen
−   sonstige betriebliche Aufwendungen
    davon Abschreibung auf Forderungen
    davon Aufwand für Gerichtsverfahren
    davon Verkauf GruBo II
    davon Mietaufwand
    sonstige Zinsen und ähnliche Erträge

Jahresüberschuss bzw. -fehlbetrag

2. Lösung

a) Aufgrund der betrieblichen Nutzung ist das unbebaute Grundstück zu aktivieren (Vollständigkeitsgebot, § 246 Abs. 1 S. 1 HGB). Im Gegenzug verringert sich das Bankkonto entsprechend. Der Buchungssatz lautet (vereinfacht): Grund und Boden 70.000 an Bank 70.000.

b) Aufgrund der betrieblichen Nutzung ist die Maschine zu aktivieren (Vollständigkeitsgebot, § 246 Abs. 1 S. 1 HGB). Im Gegenzug verringert sich das Bankkonto entsprechend. Der Buchungssatz lautet (vereinfacht): Maschine 20.000 an Bank

20.000. Für die Folgebewertung am Bilanzstichtag ist der Wertensatz um planmäßige Abschreibungen zu vermindern, da es sich um einen abnutzbaren Vermögensgegenstand des Anlagevermögens handelt (§ 253 Abs. 3 S. 1 HGB). Da von linearen Abschreibungen auszugehen ist und die Nutzungsdauer 10 Jahre beträgt, ist die Maschine in Höhe von 1/10 von 20.000 EUR abzuschreiben, somit um 2.000 EUR, so dass der Buchwert am Bilanzstichtag 18.000 EUR beträgt. Der Buchungssatz lautet (vereinfacht): Abschreibung (Aufwand) 2.000 an Maschine 2.000. Der Gewinn verringert sich somit um 2.000 EUR.

c) Durch das Begleichen der Verbindlichkeiten verringert sich das Bankkonto und die Verbindlichkeit ist auszubuchen. Es liegt somit eine Bilanzverkürzung vor, eine Auswirkung auf die Gewinn- und Verlustrechnung ergibt sich nicht. Der Buchungssatz lautet Verbindlichkeit 2000 an Bank 2000.

d) Die Forderung ist nicht mehr werthaltig und ist daher vollständig auszubuchen. In Höhe der Forderung entsteht daher Aufwand in der Gewinn- und Verlustrechnung. Der Buchungssatz lautet daher (vereinfacht): Aufwand 5000 an Forderung 5000.

e) Das Bankkonto erhöht sich um 1.000 EUR; in dieser Höhe liegt Zinsertrag in der Gewinn- und Verlustrechnung vor. Der Buchungssatz lautet (vereinfacht): Bank 1.000 an Ertrag 1.000. Da die Forderung nicht beglichen wurde, ändert sich der Ansatz der Forderung nicht.

f) Es ist in der Bilanz eine Rückstellung in Höhe von 10.000 EUR zu bilden (vgl. § 249 Abs. 1 S. 1 HGB). In dieser Höhe liegt Aufwand in der Gewinn- und Verlustrechnung vor. Der Buchungssatz lautet: Aufwand 10.000 an Rückstellungen 10.000.

g) GruBo I und GruBo II sind aufgrund der Veräußerung auszubuchen. Das Bankkonto erhöht sich um die Veräußerungspreise. In Höhe der jeweiligen Differenz zwischen Veräußerungspreisen und Buchwerten entsteht Aufwand bzw. Ertrag. Die Buchungssätze lauten somit: Bank 50.000 an GruBo I 40.000 und Ertrag 10.000 sowie Bank 40.000 und Aufwand 10.000 an GruBo II 50.000.

h) In der Höhe der Mietzahlung verringert sich der Bestand des Bankkontos, in der Gewinn- und Verlustrechnung entsteht Aufwand. Der Buchungssatz beträgt (zusammengefasst für alle 12 Monate): Aufwand 12.000 an Bank 12.000.

i) Bilanz zum 31.12.t1

A		Bilanz 31.12.t1	P
Grund und Boden 3	70.000 EUR	Eigenkapital 1.1.t1	203.000 EUR
Maschine	18.000 EUR	Jahresfehlbetrag	−28.000 EUR
Forderung B	10.000 EUR	Rückstellung	10.000 EUR
Bank	87.000 EUR		
	185.000 EUR		185.000 EUR

j)   Gewinn- und Verlustrechnung zum 31.12.t1

Sonstige betriebliche Erträge	10.000 EUR
– Abschreibungen	– 2.000 EUR
– sonstige betriebliche Aufwendungen	
davon Abschreibung auf Forderungen	– 5.000 EUR
davon Aufwand für Gerichtsverfahren	– 10.000 EUR
davon Verkauf GruBo II	– 10.000 EUR
davon Mietaufwand	– 12.000 EUR
+ sonstige Zinsen und ähnliche Erträge	1.000 EUR
Jahresfehlbetrag	28.000 EUR

3. Hinweise zur Lösung

Zu a)   Die Anschaffung eines Vermögenswertes stellt einen Aktivtausch dar. Das Bankkonto verringert sich und das Grundstück ist einzubuchen. Eine Auswirkung auf die Gewinn- und Verlustrechnung kann sich durch den Anschaffungsvorgang somit nicht ergeben; da der Vermögenswert nicht abnutzbar ist, kann es nicht zu planmäßigen Abschreibungen kommen.

Zu b)   Im vorliegenden Fall ist zum einen der Anschaffungsvorgang und zum anderen die Abnutzung des Vermögenswertes zu würdigen. Die Anschaffung ist als Aktivtausch erfolgsneutral (s. Teilaufgabe a)). Im Unterschied zu Teilaufgabe a) liegt hier ein abnutzbarer Vermögenswert vor, so dass der Buchwert der Maschine entsprechend um Abschreibungen zu verringern ist (§ 253 Abs. 3 S. 1 HGB).

Zu f)   Deutlich wird auch an diesem Sachverhalt, dass das (externe) Rechnungswesen der Periodisierung der Zahlungen dient. Auch wenn die Zahlung erst in der Zukunft anfallen sollte, liegt der Grund hierfür im Jahr t1, so dass der Gewinn aus konzeptioneller Sicht in t1 gemindert werden muss.

Zu i/j)   Die Verminderung des Eigenkapitals in der Bilanz (28.000 EUR) muss dem Jahresfehlbetrag in der Gewinn- und Verlustrechnung entsprechen.

4. Literaturempfehlung

Wöhe, Günter; Einführung in die Allgemeine Betriebswirtschaftslehre, 25. Auflage, München 2016, S. 631 ff.

Aufgabe 46: Aufgaben der Kostenrechnung

Wissen, Verstehen
5 Minuten

1. Aufgabenstellung

Erläutern Sie die Aufgabe der Kostenrechnung.

2. Lösung

Die Kostenrechnung dient insbesondere der Planung betriebswirtschaftlichen Handelns. Bei betriebswirtschaftlichen Entscheidungen, wie etwa bezüglich des Eintritts in einen neuen Markt oder der Annahme eines Auftrags, sind die erwarteten Kosten ein zentrales Entscheidungskriterium. Nach Durchführung einer betriebswirtschaftlichen Maßnahme sollte mit Hilfe der Kostenrechnung kontrolliert werden, ob die Kosten der zuvor erstellten Kalkulation entsprechen, um darauf aufbauend mögliche zukünftige Verbesserungen herzuleiten.

3. Literaturempfehlung

Langenbeck, Jochen; Ordnungsmäßigkeit der Kostenrechnung, BBK 2000, Heft Nr. 21, S. 1019–1029.

Aufgabe 47: Unterschied variable und fixe Kosten

Wissen, Verstehen
5 Minuten

1. Aufgabenstellung

Erläutern Sie den Unterschied zwischen variablen und fixen Kosten.

2. Lösung

Variable Kosten sind abhängig von der Ausbringungsmenge und steigen somit grundsätzlich mit wachsendem Umsatz. Ein Beispiel hierfür können Materialkosten sein. Je mehr produziert wird, desto höher sind die Kosten.

Fixe Kosten fallen unabhängig von der Ausbringungsmenge in unveränderter Höhe an. Ein Beispiel hierfür kann die Miete der Produktionshalle sein, die bei einer geringeren Produktion weiterhin anfällt. Auf lange Sicht werden jedoch fixe Kosten auch einen variablen Charakter erlangen: Wenn beispielsweise von einem dauerhaften Umsatzrückgang auszugehen ist, kann ggf. eine andere Produktionshalle gemietet werden, die mit geringeren Kosten verbunden ist.

3. Hinweise zur Lösung

Die Kostenverläufe von fixen (links) und variablen (rechts) Kosten werden anhand der folgenden Abbildungen deutlich:

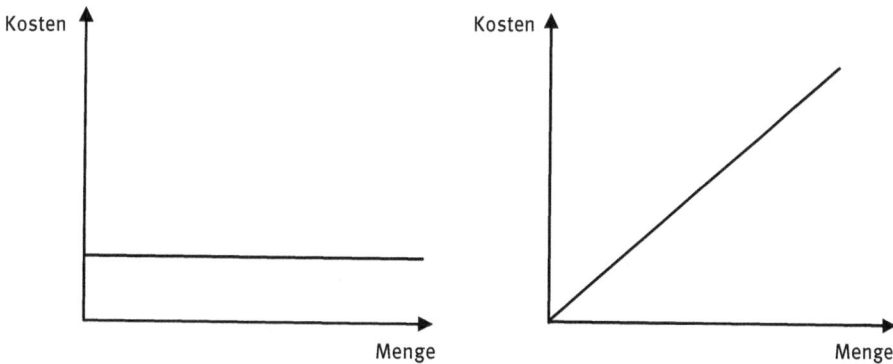

Abbildung 17: Fixe (links) und variable (rechts) Kosten

4. Literaturempfehlung

Vögele, Alexander; Raab, Jürgen; Verrechnungspreise; 2. Teil: Steuerliche Systematik der Prüfung und Dokumentation Kapitel D: Verrechnungspreismethoden, 2015, 4. Auflage, Rn. 186–191.

Aufgabe 48: Begriffe der Kostenarten-, Kostenstellen- und Kostenträgerrechnung

Wissen, Verstehen
10 Minuten

1. Aufgabenstellung

Erläutern Sie die Begriffe der Kostenarten-, Kostenstellen- und Kostenträgerrechnung.

2. Lösung

Im Rahmen der Kostenrechnung stellt sich insbesondere die Frage, wie die Kosten für die einzelnen Produkte zu ermitteln sind, damit auf dieser Grundlage beispielsweise die Preiskalkulation oder die Beurteilung der Gewinnträchtigkeit der einzelnen Produkte erfolgen kann.

Bei der Kostenartenrechnung erfolgt insbesondere eine Erfassung und Abgrenzung der im Unternehmen anfallenden Kosten. Die Kostenstellenrechnung gliedert die Kosten nach den im Unternehmen vorhandenen Betriebsbereichen und ermittelt Kalkulationssätze für die Verrechnung von Gemeinkosten auf Kostenträger. In der Kostenträgerrechnung werden diese Kosten dann einzelnen Kostenträgern (Produkten) zugeordnet.

4. Literaturempfehlung

Graumann, Mathias; Verrechnung von Gemeinkosten, BBK 2014, Heft Nr. 9, S. 422–433.
Friedl, Gunther; Kostenrechnung, S. 63, 115, 159.

1.9 Betriebswirtschaftliche Steuerlehre

Aufgabe 49: Stellungnahme zu Einkommensteuer-, Körperschaft- und Gewerbesteuerpflicht

Anwenden
10 Minuten

1. Aufgabenstellung

Nehmen Sie bei den nachstehenden Sachverhalten Stellung zur Einkommensteuer-, Körperschaftsteuer- und Gewerbesteuerpflicht.
a) Alfred wohnt in Bielefeld und betreibt einen Einzelhandel für erlesene Weine.
b) Die B-GmbH betreibt eine Bierbrauerei und hat ihren Sitz in Gütersloh.
c) Cäcilie ist selbstständige Rechtsanwältin mit Kanzlei und Wohnsitz in Herford.

2. Lösung

a) Alfred unterliegt der unbeschränkten Einkommensteuerpflicht gemäß § 1 Abs. 1 S. 1 EStG, da er als natürliche Person einen Wohnsitz im Inland (Bielefeld) hat. Bei unbeschränkt Steuerpflichtigen findet das Welteinkommensprinzip Anwendung. Alfred unterliegt somit mit seinem weltweit generierten Einkommen der Einkommensteuer in Deutschland.

Alfred ist nicht körperschaftsteuerpflichtig, da er keine juristische Person ist (§ 1 Abs. 1 KStG).

Der Weinhandel stellt grundsätzlich einen Gewerbebetrieb dar; dieser Gewerbebetrieb unterliegt der Gewerbesteuer gemäß § 2 Abs. 1 S. 1 GewStG.

b) Die B-GmbH ist eine juristische Person; sie unterliegt somit nicht der Einkommensteuer.

Die B-GmbH unterliegt der unbeschränkten Körperschaftsteuerpflicht gemäß § 1 Abs. 1 Nr. 1 KStG, da eine Kapitalgesellschaft mit Sitz im Inland vorliegt. Die unbeschränkte Körperschaftsteuerpflicht erstreckt sich analog zur unbeschränkten Einkommensteuerpflicht auf das Welteinkommen, so dass die B-GmbH mit ihrem weltweit generierten Einkommen der deutschen Körperschaftsteuer unterliegt.

Die B-GmbH ist gewerbesteuerpflichtig kraft Rechtsform, § 2 Abs. 2 S. 1 GewStG.

c) Cäcilie unterliegt der unbeschränkten Einkommensteuerpflicht gemäß § 1 Abs. 1 S. 1 EStG, da sie als natürliche Person einen Wohnsitz im Inland (Herford) hat (zum Welteinkommensprinzip s. Fall a).

Cäcilie unterliegt nicht der Körperschaftsteuerpflicht, da sie keine juristische Person ist (§ 1 Abs. 1 KStG).

Die selbständige Tätigkeit als Rechtsanwältin generiert Einkünfte aus selbständiger Arbeit, so dass keine Gewerbesteuerpflicht besteht.

3. Hinweise zur Lösung

A) Doppelbelastung von Einkommensteuer und Gewerbesteuer

Deutlich wird somit, dass die Gewinne des Gewerbebetriebs sowohl der Einkommensteuer als auch der Gewerbesteuer unterliegen und dass somit eine Doppelbelastung droht. Um diese zu vermindern, sieht § 35 EStG eine pauschalierte Anrechnung der Gewerbesteuer auf die Einkommensteuer vor.

B) Doppelbelastung von Körperschaftsteuer und Gewerbesteuer

Im vorliegenden Fall entsteht somit sowohl Körperschaftsteuer als auch Gewerbesteuer. Eine Anrechnung wie bei der Einkommensteuer (s. Teilaufgabe a) erfolgt nicht, allerdings liegt der Steuersatz bei der Körperschaftsteuer (15 %) deutlich unterhalb des Spitzensteuersatzes der Einkommensteuer (45 %).

Zur Einkommensteuerpflicht

Die unbeschränkte Einkommensteuerpflicht besteht gemäß § 1 Abs. 1 S. 1 EStG bei natürlichen Personen mit Wohnsitz oder gewöhnlichem Aufenthalt im Inland. Der Wohnsitz einer natürlichen Person ist dort, wo diese eine Wohnung unter Umständen innehat, die darauf schließen lassen, dass die Wohnung beibehalten und genutzt wird (§ 8 AO). Der gewöhnliche Aufenthaltsort besteht an dem Ort, an dem sich eine Person unter Umständen aufhält, die erkennen lassen, dass diese Person an diesem Ort oder in diesem Gebiet nicht nur vorübergehend verweilt (§ 9 AO). Bei einer zusammenhängenden zeitlichen Verweildauer von mehr als sechs Monaten liegt grundsätzlich ein gewöhnlicher Aufenthalt vor, wobei kurzfristige Unterbrechungen unschädlich sind. Des Weiteren sieht § 1 Abs. 2 EStG eine unbeschränkte Einkommensteuerpflicht beispielsweise für Diplomaten vor, wenn die Voraussetzungen von Absatz 1 nicht erfüllt sind; § 1 Abs. 3 hat demgegenüber eine unbeschränkte Einkommensteuerpflicht insbesondere bei Grenzpendlern zum Inhalt (vgl. hierzu auch § 1a EStG). Falls keine unbeschränkte Einkommensteuerpflicht besteht, liegt im Fall von inländischen Einkünften eine beschränkte Steuerpflicht vor (§ 1 Abs. 4 EStG). Während sich die unbeschränkte Einkommensteuerpflicht auf das Welteinkommen bezieht, erfasst die beschränkte Steuerpflicht lediglich inländische Einkünfte (§ 49 EStG).

Zur Körperschaftsteuerpflicht

Die unbeschränkte Körperschaftsteuerpflicht ergibt sich für Kapitalgesellschaften mit Geschäftsleitung oder Sitz im Inland aus § 1 Abs. 1 Nr. 1 KStG und erstreckt sich auf das Welteinkommen. Falls weder Geschäftsleitung noch Sitz im Inland vorliegen, unterliegen nur die inländischen Einkünfte der Kapitalgesellschaft der Körperschaftsteuer (§ 2 Nr. 1 KStG). Sowohl bei der Einkommensteuer als auch bei der Körperschaftsteuer kann es somit zu einer doppelten Besteuerung kommen, wenn mehrere Länder ein Besteuerungsrecht haben. Diese Doppelbesteuerung kann durch nationales Recht oder durch Doppelbesteuerungsabkommen zwischen den einzelnen Staaten abgemildert werden.

Zur Gewerbesteuerpflicht

Die Gewerbesteuerpflicht ergibt sich im Rahmen des § 2 GewStG. Demnach unterliegt gemäß § 2 Abs. 1 S. 1 GewStG jeder stehende Gewerbebetrieb der Gewerbesteuer soweit er im Inland betrieben wird. Eine Kapitalgesellschaft ist kraft Rechtsform gewerbesteuerpflichtig (§ 2 Abs. 2 S. 1 GewStG).

Aufgabe 50: Bestimmung der Einkunftsarten

Wissen
10 Minuten

1. Aufgabenstellung

Bestimmen Sie die Einkunftsarten:
1. A betreibt einen Handel mit Büromöbeln.
2. B ist als Rechtsanwalt in eigener Kanzlei tätig.

3. C ist als selbstständiger Landwirt tätig.
4. D vermietet vier Eigentumswohnungen (im Privatvermögen).
5. E veräußert sein privates Einfamilienhaus, welches er zu eigenen Wohnzwecken nutzt und vor fünf Jahren erworben hat.

2. Lösung

1. A erzielt Einkünfte aus Gewerbebetriebe gemäß § 15 Abs. 1 Satz 1 Nr. 1 EStG, da er als Einzelunternehmer einen Handel mit Büromöbeln betreibt.
2. B erzielt Einkünfte nach § 18 EStG, da er einen dort aufgeführten sogenannten Katalogberuf (Rechtsanwalt) ausübt.
3. C erzielt Einkünfte aus Land- und Forstwirtschaft gemäß § 13 Abs. 1 Nr. 1 EStG, da er Pflanzen und Pflanzenteile mit Hilfe der Naturkräfte gewinnt.
4. D erzielt Einkünfte aus Vermietung und Verpachtung gemäß § 21 Abs. 1 Satz 1 Nr. 1 EStG, da er unbewegliches Vermögen (vier Wohnungen) vermietet.
5. Es könnte im vorliegenden Fall ein privates Veräußerungsgeschäft vorliegen. Gemäß § 23 Abs. 1 S. 1 Nr. 1 EStG werden Veräußerungsgeschäfte bei Grundstücken als private Veräußerungsgeschäfte erfasst, wenn der Zeitraum zwischen Anschaffung und Veräußerung nicht mehr als zehn Jahre beträgt; dies liegt im vorliegenden Fall vor. Jedoch greift die Ausnahmeregelung des § 23 Abs. 1 Nr. 1 Satz 3 EStG, da das Einfamilienhaus ausschließlich zu eigenen Wohnzwecken genutzt wurde. Somit unterliegt der Vorgang nicht der Besteuerung mit Einkommensteuer.

3. Hinweise zur Lösung

Das Einkommensteuerrecht unterscheidet zwischen sieben verschiedenen Einkunftsarten. Diese können unterteilt werden in Gewinn- und Überschusseinkunftsarten. Zu den Gewinneinkunftsarten gehören Einkünfte aus Land- und Forstwirtschaft, Einkünfte aus Gewerbebetrieb sowie Einkünfte aus selbstständiger Arbeit. Zu den Überschusseinkunftsarten gehören Einkünfte aus nichtselbstständiger Arbeit, Einkünfte aus Kapitalvermögen, Einkünfte aus Vermietung und Verpachtung und sonstige Einkünfte. Der zentrale Unterschied zwischen Gewinn- und Überschusseinkunftsarten liegt darin, dass den Gewinneinkunftsarten die Reinvermögenszugangstheorie und den Überschusseinkunftsarten die Quellentheorie zugrunde liegt. Nach der Reinvermögenszugangstheorie sollen realisierte Wertänderungen von Wirtschaftsgütern der Besteuerung unterliegen. Dies wird am Beispiel eines Grundstücks deutlich, welches sich im Betriebsvermögen eines Gewerbebetriebs befindet und nach einem Wertzuwachs mit Gewinn veräußert wird. In diesem Fall entsteht ein Ertrag in Höhe des Differenzbetrages zwischen dem Veräußerungspreis und dem Buchwert. Erfolgt ein analoger Vorgang jedoch im Privatvermögen (etwa bei vermieteten Wohnungen), unterliegt die Veräußerung nach § 23 EStG nicht der Besteuerung, wenn zwischen Anschaffung und Veräußerung mehr als zehn Jahre vergangen sind. Die Zuordnung zu einzelnen Einkunftsarten ist somit von Bedeutung, da mit den einzelnen Einkunftsarten unterschiedliche Rechtsfolgen verbunden sind. Dies wird auch deutlich am Beispiel der Einkünfte aus Gewerbebetrieb, die zusätzlich der Gewerbesteuer unterliegen oder hinsichtlich der Anwendung von Freibeträgen bei einzelnen Einkunftsarten.

Eine Abgrenzung zwischen den verschiedenen Einkunftsarten ist nicht immer problemlos möglich, wie beispielsweise bei den Einkünften aus Gewerbebetrieb und den Einkünften aus selbständiger Arbeit.

Aufgabe 51: Berechnungsschema Einkommensteuer

Wissen
10 Minuten

1. Aufgabenstellung

Stellen Sie das (vereinfachte) Berechnungsschema zur Ermittlung der Einkommensteuer dar.

2. Lösung

Tabelle 15: Berechnungsschema zur Ermittlung der Einkommensteuer

	Einkünfte aus Land- und Forstwirtschaft (§ 13 EStG)
+	Einkünfte aus Gewerbebetrieb (§ 15 EStG)
+	Einkünfte aus selbständiger Arbeit (§ 18 EStG)
+	Einkünfte aus nichtselbständiger Arbeit (§ 19 EStG)
+	Einkünfte aus Kapitalvermögen (§ 20 EStG)
+	Einkünfte aus Vermietung und Verpachtung (§ 21 EStG)
+	Sonstige Einkünfte (§ 22 EStG)
=	Summe der Einkünfte aus den Einkunftsarten
–	Altersentlastungsbetrag (§ 24a EStG)
–	Entlastungsbetrag für Alleinerziehende
=	Gesamtbetrag der Einkünfte
–	Verlustabzug (§ 10d EStG)
–	Sonderausgaben (§ 10 EStG)
–	außergewöhnliche Belastungen (§ 33 EStG)
=	Einkommen
–	Kinderfreibetrag (§ 32 Abs. 6 EStG)
–	sonstige abzuziehende Beträge
=	zu versteuerndes Einkommen (§ 2 Abs. 5 EStG)

3. Literaturempfehlung

Kraft, Cornelia; Kraft, Gerhard; Grundlagen der Unternehmensbesteuerung, 4. Auflage, Wiesbaden 2014, S. 117–124.

Aufgabe 52: Berechnung der Einkommensteuer

Anwenden
10 Minuten

1. Aufgabenstellung

Eine natürliche Person (ledig) hat ein zu versteuerndes Einkommen in folgender Höhe:

A: 50.000 EUR
B: 80.000 EUR
C: 100.000 EUR

Ermitteln Sie jeweils die Höhe der Einkommensteuer für 2018.

2. Lösung

A: Einkommensteuer = 12.432,17 EUR
     Berechnung gemäß § 32a Abs. 1 S. 1 Nr. 3 EStG
     (220,13 x ((50.000 - 13.996) / 10.000) + 2.397) x ((50.000-13.996) / 10.000) + 948,49
B: Einkommensteuer = 24.978,25 EUR
     Berechnung gemäß § 32a Abs. 1 S. 1 Nr. 4 EStG
     0,42 x 80.000 – 8.621,75
C: Einkommensteuer = 33.378,25 EUR
     Berechnung gemäß § 32a Abs. 1 S. 1 Nr. 4 EStG
     0,42 x 100.000 – 8.621,75

3. Hinweise zur Lösung

Der Einkommensteuersatz (§ 32a EStG) ist progressiv. Unterhalb des Grundfreibetrags in Höhe von 9.000 EUR fällt keine Einkommensteuer an. Der Spitzensteuersatz von 45 % findet ab einem zu versteuernden Einkommen von 260.533 EUR.

4. Literaturempfehlung

Kraft, Cornelia; Kraft, Gerhard; Grundlagen der Unternehmensbesteuerung, 4. Auflage, Wiesbaden 2014, S. 124–137.
Einkommensteuerrechner: https://www.bmf-steuerrechner.de/ekst/

Aufgabe 53: Berechnung der Gewerbesteuer

Anwenden, Transfer
15 Minuten

1. Aufgabenstellung

Die A-GmbH hat ein zu versteuerndes Einkommen (Körperschaftsteuer) in Höhe von 200.000 EUR. Hierbei wurden Zinsaufwand in Höhe von 100.000 EUR, Leasingraten für Maschinen in Höhe von 50.000 EUR und Mieten für Produktionsgebäude in Höhe von 100.000 EUR berücksichtigt. Die A-GmbH hat ihren Sitz in Bielefeld-Sennestadt, der Gewerbesteuerhebesatz für Bielefeld beträgt 480 %. Ermitteln Sie die Höhe der Gewerbesteuer.

2. Lösung

Ausgangspunkt für die Ermittlung des Gewerbeertrags ist das zu versteuernde Einkommen im Rahmen der Körperschaftsteuer. Die Hinzurechnungsbeträge im Rahmen des § 8 GewStG sind entsprechend zu berücksichtigen. Im vorliegenden Fall sind bei den Hinzurechnungen der Zinsaufwand in Höhe von 100.000 EUR, die Leasingraten jedoch nur zu 1/5 (von 50.000 EUR), sowie die Mieten für das Gebäude zu 1/2 (von 100.000 EUR) zu berücksichtigen. In einem ersten Schritt sind von dieser Summe 100.000 EUR abzuziehen. Wenn hierbei ein positiver Betrag verbleibt, sind von diesem 1/4 hinzuzurechnen (§ 8 Nr. 1 GewStG). Der Hinzurechnungsbetrag lässt sich daher wie folgt ermitteln: ((100.000 + 1/5 x 50.000 + 1/2 x 100.000) ./. 100.000) x 1/4 = 15.000 EUR. Ein Freibetrag ist nicht abzuziehen, da es sich um eine Kapitalgesellschaft handelt. Der gekürzte Gewerbeertrag beträgt daher 200.000 EUR +

15.000 EUR = 215.000 EUR und ist mit der Steuerzahl von 3,5 % zu multiplizieren (§ 11 Abs. 2 GewStG), so dass sich ein Gewerbesteuermessbetrag in Höhe von 7.525 EUR ergibt. Der Hebesatz beträgt in diesem Fall 480 %, was eine Gewerbesteuerlast von 36.120 EUR ergibt.

3. Hinweise zur Lösung

Das Berechnungsschema für die Ermittlung der Gewerbesteuer lautet (vereinfacht):

Tabelle 16: Berechnungsschema Gewerbesteuer

	Gewinne aus Gewerbebetrieb §§ 6, 7 GewStG i. V. m. § 15 EStG
+	Hinzurechnungen (§ 8 GewStG)
−	Kürzungen (§ 9 GewStG)
−	Verlustvortrag (§ 10a GewStG)
=	Gewerbeertrag (abrunden auf volle EUR 100 § 11 Abs. 1 S. 3 GewStG)
−	Freibetrag (§ 11 Abs. 1 GewStG, nicht bei Kapitalgesellschaften)
=	gekürzter Gewerbeertrag
x	3,5 % (Steuermesszahl, § 11 Abs. 2 GewStG)
=	Gewerbesteuermessbetrag
x	Hebesatz (§ 16 GewStG)
=	Gewerbesteuer

4. Literaturempfehlung

Kohlhaas, Karl-Franz; Leistungsfähigkeit bei der Einkommensteuer und der Gewerbesteuer, DStR 2015, S. 2805–2810.

Aufgabe 54: Berechnung Körperschaftsteuer: erhaltene Gewinnausschüttungen

Anwenden, Transfer
15 Minuten

1. Fragestellung

Die B-GmbH ist zu 100 % an der C-GmbH beteiligt und hat von dieser eine Gewinnausschüttung in Höhe von 10.000 EUR erhalten, die zutreffend handelsrechtlich als Ertrag erfasst wurde. Der handelsrechtliche Jahresüberschuss beträgt unter Berücksichtigung der erhaltenen Gewinnausschüttung 90.000 EUR. Ermitteln Sie die Höhe der Körperschaftsteuer.

2. Lösung

Die erhaltene Gewinnausschüttung ist auf Ebene der B-GmbH gem. § 8b Abs. 1 S. 1 KStG steuerfrei, wobei 5 % als nicht abziehbare Betriebsausgaben gelten (§ 8b Abs. 5 S. 1 KStG). Von dem handelsrechtlichen Jahresüberschuss in Höhe von 90.000 EUR sind insgesamt 10.000 EUR abzuziehen und der Betrag von 500 EUR hinzuzurechnen, sodass sich ein zu versteuerndes Einkommen in Höhe von 80.500 EUR ergibt. Der Körperschaftsteuersatz beträgt 15 % nach § 23 Abs. 1 S. 1 KStG, sodass sich eine Körperschaftsteuerbelastung in Höhe von 12.075 EUR ergibt.

3. Hinweise zur Lösung

Im vorliegenden Fall wurden die Gewinne bereits auf Ebene der C-GmbH mit Körperschaftsteuer und Gewerbesteuer belastet. Würden die bereits versteuerten und dann ausgeschütteten Gewinne auf Ebene der B-GmbH erneut in voller Höhe besteuert, würde eine Doppelsteuerung vorliegen, die nicht systemkonform wäre. Diese Doppelbelastung wird somit im Rahmen des § 8b KStG dergestalt vermindert, dass es lediglich zu einer 5 %-igen Doppelbesteuerung kommt. Voraussetzung ist gemäß § 8b Abs. 4 KStG, dass die Beteiligungshöhe mindestens 10 % beträgt.

4. Literaturhinweise

Bruschke, Die Anwendung des § 8b KStG bei Beteiligungserträgen, Deutsche Steuer-Zeitung 2012, Heft 22, S. 812–820.

Aufgabe 55: Berechnung der Körperschaftsteuer: verdeckte Gewinnausschüttung

Anwenden, Transfer
15 Minuten

1. Aufgabenstellung

Die D-GmbH hat einen handelsrechtlichen Jahresüberschuss in Höhe von 150.000 EUR. Hierbei wurde das Geschäftsführungsgehalt an den alleinigen Gesellschafter D in Höhe von 300.000 EUR als Aufwand erfasst. Ein fremder Dritter hätte lediglich ein

Gehalt in Höhe von 100.000 EUR erhalten. Ermitteln Sie in die Höhe der Körperschaftsteuer der D-GmbH.

2. Lösung

Ausgangspunkt für die Ermittlung der Körperschaftsteuer ist der handelsrechtliche Jahresüberschuss. Diesem sind unter Anderem verdeckte Gewinnausschüttungen außerbilanziell hinzu zu rechnen. In Höhe des unangemessenen Teil des Gehalts liegt im vorliegenden Fall eine verdeckte Gewinnausschüttung vor (§ 8 Abs. 3 S. 2 KStG). Die Merkmale der verdeckten Gewinnausschüttung wurden durch Finanzverwaltung und Rechtsprechung insbesondere durch die folgenden vier Merkmale konkretisiert: Veranlassung durch das Gesellschaftsverhältnis, Auswirkungen auf den Unterschiedsbetrag, Vermögensminderung oder verhinderte Vermögensmehrung und das Nichtberuhenden auf einem den gesellschaftsrechtlichen Vorschriften entsprechenden Gewinnverteilungsbeschluss (R 8.5 KStR).

Eine Veranlassung durch das Gesellschaftsverhältnis ist gegeben, da der D das überhöhte Gehalt aufgrund seiner Gesellschafterstellung erhalten hat, einem fremden Dritten hätte man grundsätzlich lediglich eine angemessene Vergütung gezahlt. Der Vorgang hat sich auch auf den Unterschiedsbetrag ausgewirkt, da das Gehalt als Aufwand erfasst wurde. Eine Vermögensminderung liegt vor, da sich durch die überhöhte Gehaltszahlung das bilanzielle Vermögen vermindert. Der Vorgang ist keine offene Gewinnausschüttung und beruht somit nicht auf einem den gesellschaftsrechtlichen Vorschriften entsprechenden Gewinnverteilungsbeschluss. Daher sind die Voraussetzungen der verdeckten Gewinnausschüttung erfüllt.

Die verdeckte Gewinnausschüttung ist dem Jahresüberschuss zur Ermittlung des zu versteuernden Einkommens hinzuzurechnen. Es ergibt sich somit ein zu versteuerndes Einkommen in Höhe von Euro 350.000 EUR (150.000 EUR Jahresüberschuss + 200.000 EUR unangemessenes Gehalt).

Der Steuersatz beträgt 15 %, § 23 Abs. 1 KStG. Somit beträgt die Höhe der Körperschaftsteuer 52.500 EUR.

3. Hinweise zur Lösung

Bei der Körperschaftsteuer ist folgendes Berechnungsschema anzuwenden:

Tabelle 17: Berechnungsschema Körperschaftsteuer

	Handelsrechtlicher Jahresüberschuss (des WJ)
+/–	steuerbilanzielle Korrekturen (§ 60 Abs. 2 EStDV)
=	Steuerbilanzergebnis

Tab. 17 (fortgesetzt)

+/–	Korrektur auf Grund von Vorgängen aus dem Gesellschafter-/Gesellschaftsverhältnis
–	abziehbare/steuerfreie Erträge
+	nichtabziehbare Aufwendungen
+/–	Hinzurechnungen und Kürzungen bei ausländischen Einkünften, Umwandlungen, etc.

=	Einkommen vor Verlustabzug
–	Verlustabzug (§ 10d EStG)

=	zu versteuerndes Einkommen
x	15 % KSt-Satz (§ 23 Abs. 1 KStG)
–	anzurechnende ausländische Steuern

=	Tarifbelastung bzw. tarifliche Körperschaftsteuer
=	festzusetzende KSt-Schuld
–	Vorauszahlungen
–	anzurechnende KSt

=	Abschlusszahlung/Rückstellung bzw. Erstattung

4. Literaturempfehlung

Kohlhepp, Ralf; Überblick über die Rechtsprechung zur verdeckten Gewinnausschüttung im Zeitraum 2014/2015 – Unter Berücksichtigung wichtiger Entscheidungen der Finanzgerichte im Zeitraum Juli 2014 – Mai 2015, Der Betrieb 2015, Heft 40, S. 2285–2296.

Aufgabe 56: Körperschaftsteuer: Problematik der Verrechnung von Gewinnen und Verlusten bei einer Kapitalgesellschaft

Transfer, Bewerten
15 Minuten

1. Aufgabenstellung

Erläutern Sie die Problematik der Verrechnung von Gewinnen und Verlusten in einem Kapitalgesellschaftskonzern.

2. Lösung

Im Falle eines Kapitalgesellschaftskonzerns, bei dem sowohl die Mutter- als auch die Tochtergesellschaften Kapitalgesellschaften sind, ist jede Kapitalgesellschaft ein separates Körperschaftsteuersubjekt. Es liegt somit eine rechtliche Vielheit vor, obwohl der Konzern insgesamt eine wirtschaftliche Einheit sein kann. Kapitalgesellschaften mit einem positiven zu versteuernden Einkommen müssen somit (vereinfacht dargestellt) Körperschaftsteuer zahlen, während verlusterwirtschaftende Kapitalgesellschaften diesen Verlust mit Gewinnen in anderen Perioden verrechnen können. Eine Verrechnung von Gewinnen und Verlusten der einzelnen Kapitalgesellschaften ist grundsätzlich nicht möglich. Denkbar wäre somit, dass der Konzern insgesamt einen Verlust erwirtschaftet, aber trotzdem Körperschaftsteuer bei einzelnen gewinnerwirtschaftenden Kapitalgesellschaften anfällt.

§§ 14 ff. KStG regeln das Rechtsinstitut der Organschaft. Unter den hier genannten Voraussetzungen (diese bestehen vereinfacht dargestellt in einer Mehrheit der Stimmrechte und dem Abschluss eines Gewinnabführungsvertrags) wird grundsätzlich das Einkommen der Tochtergesellschaften der Muttergesellschaft zugerechnet. Somit versteuert die Muttergesellschaft (vereinfacht dargestellt) die Einkommen der Tochtergesellschaften. Hierbei kommt es zu einer Verrechnung von Gewinnen und Verlusten. Im Ergebnis werden somit die Nachteile der Anknüpfung an die rechtliche Vielheit im Körperschaftsteuerrecht abgemildert.

2 VWL

2.1 Mikroökonomik

Aufgabe 57: Güterarten

Verstehen, Anwenden
10 Minuten

1. Aufgabenstellung

a) Definieren Sie die nachfolgenden Begriffe: Freie Güter, Knappe Güter, Private Güter, Öffentliche Güter.

b) Ordnen Sie die Begriffe dem nachfolgenden Schema zu:

Abbildung 18: Zu füllende Abbildung Klassifikation von Gütern

c) Erläutern Sie am Beispiel des Gutes, wie aus einem freien Gut ein knappes Gut werden kann?

d) Bildung und Gesundheit werden in einigen Volkswirtschaften als privates Gut, in anderen als öffentliches Gut aufgefasst. Erklären Sie diesen Widerspruch.

2. Lösung

a)
Freie Güter:
Darunter versteht man Güter, die uneingeschränkt zur Verfügung stehen, weil das Angebot größer ist als die Nachfrage. Viele Umweltgüter sind tatsächlich knappe Güter (z. B. saubere Luft in Großstädten), werden aber in der Praxis wie freie Güter behandelt.

https://doi.org/10.1515/9783110439601-002

Knappe Güter:

Darunter versteht man Güter, die insgesamt, räumlich oder zeitlich nur eingeschränkt zur Verfügung stehen, weil die Nachfrage größer ist als das Angebot. Wenn ein knappes Gut auf einem Markt gehandelt (privates Gut) wird, dann kommt es zur Preisbildung.

Private Güter:

Darunter versteht man handelbare knappe Güter (z. B. Kleidung). Der Nachfrager bezahlt für das Gut. Der Käufer des privaten Gutes verschafft sich die exklusive Verfügungsgewalt über sein Gut. Er kann es für sich allein in Anspruch nehmen und alle anderen potentiellen Nutzer von der Nutzung ausschließen. Der Konsum des einen Wirtschaftssubjektes schließt den Konsum durch ein anderes Wirtschaftssubjekt aus (Ausschließbarkeit und Rivalität im Konsum).

Öffentliche Güter:

Darunter versteht man Güter, bei denen keine Rivalität im Konsum besteht. Die Produktion oder Bereitstellung kann theoretisch beliebig viele Konsumenten befriedigen. Meist verlieren sie den Charakter der „Nichtrivalität im Konsum" erst, wenn sie von zu vielen Menschen gleichzeitig konsumiert werden. Öffentliche Güter werden meist vom Staat oder von gemeinnützigen Institutionen für die nicht ausschließliche Nutzung durch den Einzelnen bereitgestellt. Aus verschiedenen Gründen (z. B. zu viel Bürokratie) kann der Anbieter nur schwer einen Nachfrager vom Konsum ausschließen, unabhängig davon, ob der Haushalt für den Konsum gezahlt hat oder nicht (z. B. Landesverteidigung). Der Technische Fortschritt kann dazu führen, dass ein öffentliches Gut den Charakter eines privaten Gutes erhalten kann (z.B. die Einführung einer elektronischen Mauterfassung).

b)
Klassifikation von Gütern

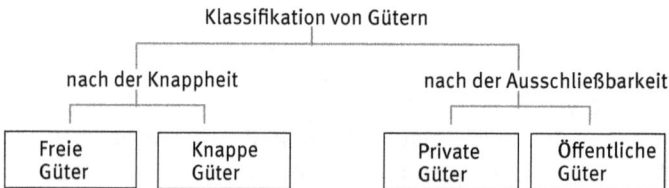

Abbildung 19: Befüllte Abbildung Klassifikation von Gütern

c) Es kann aus verschiedenen Gründen (z. B. Industrialisierung, Verstädterung, Bevölkerungswachstum, steigendes Umweltbewusstsein, Tourismus) zur Verknappung des Gutes an einem Ort oder zu bestimmten Zeiten kommen. So ist z. B. die Nutzung von Sand (Strand) in den Wintermonaten auf den deutschen Nordseeinseln unentgeltlich, da keine Knappheiten bestehen. Im Sommer hingegen und insbesondere bei schönem Wetter wird der Zugang zum Strand durch einen Preis begrenzt, der Strand wird dann zum knappen Gut für die Touristen.

d) Die genannten Güter werden oftmals auch als Meritorische Güter bezeichnet. Bei dieser Güterart wird eine gesellschaftlich wünschenswerte Nachfrage definiert, um bestimmte negative externe Effekte zu reduzieren (hier z. B. Qualifikation der Arbeitskräfte und die Leistungsfähigkeit über die Lebensarbeitszeit). Wie dieses Nachfrageniveau erreicht wird, ist in den Industrieländern strittig. Manche sehen v. a. das Individuum bzw. im Falle von Bildung die Erziehungsberechtigten in der Pflicht für einen ausreichenden Konsum zu sorgen. Andere Volkswirtschaften halten die Konsument für nicht fähig, so weitreichende Entscheidungen selbst zu fällen und delegieren diese Aufgabe an den Staat. Grundsätzlich kann auch bei der Bereitstellung als privates Gut ein hoher Konsumgrad erreicht werden, insbesondere dann, wenn der Staat finanzielle Unterstützung für Einkommensschwache bietet, Bildung und Gesundheit ausreichend nachzufragen. In der Realität sieht man aber meist eher eine Korrelation zwischen Einkommen und Bildung bzw. Gesundheit.

3. Hinweise zur Lösung

Die Einordnung von Gütern kann nach verschiedenen Kriterien bzw. Prinzipien erfolgen. Meist beschäftigt man sich in der Ökonomie mit sog. Knappen Gütern und Öffentlichen Gütern, weil sie entweder eben nicht reichhaltig zur Verfügung stehen oder weil man Wirtschaftssubjekte nicht vom Konsum bestimmter Güter ausschließen möchte, wenn man z. B. durch deren Konsum positive externe Effekte erwartet. Ob bestimmte Güter konsumiert bzw. in deren Produktion investiert werden soll, ist ferner aber auch eine kulturspezifische Fragestellung.

4. Literaturempfehlung

Cezanne, Wolfgang: Allgemeine Volkswirtschaftslehre, 6. Auflage, München, Wien 2005, S. 51–58.
Musgrave, Richard A., Musgrave, Peggy B., Kullmer, Lore: Die öffentlichen Finanzen in Theorie und Praxis, 4. Auflage, Tübingen 1987, S. 100–103.

Aufgabe 58: Preisbildung

Wissen
5 Minuten

---

1. Aufgabenstellung

Das Funktionieren der Preisbildungsprozesse ist für Wirtschaftssubjekte (Unternehmen und Private Haushalte) eine zentrale Voraussetzung, damit sie ihren Geschäftstätigkeiten nachgehen können. Erläutern Sie die vier nachfolgend angeführten Funktionen des gleichgewichtigen Marktpreises.
a) Markträumungsfunktion des Preises
b) Informationsfunktion des Preises
c) Koordinationsfunktion des Preises
d) Sanktionsfunktion des Preises

2. Lösung

a) Eine Markträumung erfolgt, weil sich zu einem höheren Marktpreis ansonsten ein Überschussangebot ergäbe, bzw. zu einem niedrigeren Preis eine Überschussnachfrage vorläge. Bei einem Abweichen vom gleichgewichtigen Marktpreis müsste der Staat für eine kostspielige künstliche Markträumung sorgen. Beispiele dafür sind die Finanzierung von struktureller Arbeitslosigkeit bei Subventionierungen oder die Vernichtung von Nahrungsmitteln in der EU wegen Überproduktion.

b) Der Marktpreismechanismus hilft den Wirtschaftssubjekten bei den Entscheidungen über Verkauf oder Kauf von Gütern. Eine Preisveränderung informiert über eine zunehmende (Preisanstieg) oder abnehmende (Preissenkung) Knappheit.

c) Die Nachfrage- und die Angebotspläne werden von den Unternehmen und den Konsumenten unabhängig voneinander aufgestellt. Jedes einzelne Unternehmen plant zu dem geltenden Marktpreis sein individuelles Angebot. Ebenso plant jeder Konsument zu dem geltenden Marktpreis seine individuelle Nachfrage. Stimmen die angebotenen Mengen für ein Gut nicht mit den nachgefragten Mengen überein, treten Preisänderungen ein. An diese Preisänderungen passen sich die Wirtschaftssubjekte mit ihrer Nachfrage oder mit ihrem Angebot an.

d) Konsumenten reagieren auf steigende Preise wenn möglich durch Substitution, weil sie ein möglichst hohes Nutzenniveau erreichen wollen. Können sie sich nicht entsprechend anpassen, dann sinkt ihr Nutzenniveau ab; sie werden negativ sanktioniert. Unternehmen, die ein im Preis gestiegenes Gut anbieten, werden durch den Preismechanismus belohnt (positive Sanktionierung). Unternehmen, die ein im Preis gesunkenes Gut anbieten, werden wiederum negativ sanktioniert.

3. Hinweise zur Lösung

Der Preismechanismus gehört neben dem Wettbewerbsmechanismus zu den wichtigsten dezentralen Steuerungsinstrumenten in einer Marktwirtschaft. Nur wenn dieser funktioniert, können Knappheiten letztlich überwunden werden. Jede (politisch gewollte) Abweichung ist mit volkswirtschaftlichen Kosten verbunden, weil die Produktionsfaktoren womöglich ineffizient eingesetzt werden. Es werden dann meist politische Preise definiert.

4. Literaturempfehlung

Graf, Gerhard: Grundlagen der Volkswirtschaftslehre, 2. Auflage, Berlin, Heidelberg 2002, S. 61–65.
Jost, Peter-J.: Organisation und Koordination: Eine ökonomische Einführung, Wiesbaden 2000, S. 95–108.

Aufgabe 59: Schweinezyklus

Verstehen, Anwenden
5 Minuten

1. Aufgabenstellung

Was ist ein Schweinezyklus? Entscheiden Sie sich für jeweils eine Aussage!

Schwei-nezyklus liegt vor	Schweine-zyklus liegt nicht vor	Aussage
a)		In der Flüchtlingskrise wird gefordert, dass ein kleiner Teil der Migranten für Pflegedienstleistungen eingestellt werden sollen, aber ohne gleich einen Anspruch auf den Mindestlohn zu haben. Dagegen laufen die Gewerkschaften Sturm, weil sie fürchten, dass zukünftig kaum noch deutsche Arbeitsuchende, für die der Mindestlohn gilt, einen Arbeitsplatz bei den Pflegeberufen bekämen oder aber Druck auf ihre Löhne entstünde. Allerdings besteht ein großer Bedarf am Arbeitsmarkt für Pflegedienstleistungen und die Bevölkerung wird durchschnittlich immer älter.

Tab. (fortgesetzt)

Schwei- nezyklus liegt vor	Schweine- zyklus liegt nicht vor	Aussage
b)		Die Postbediensteten streiken für mehr Urlaub. Wenn der Streik beendet ist, müssen sie Überstunden machen, um den Kunden die liegengebliebene Post zuzustellen.
c)		Die Preise für Computerprozessoren steigen und führen zu einem Anziehen der Investitionen, was wiederum nachfolgend zu einem Aufbau neuer Produktionskapazitäten führt. Nachfolgend fallen die Preise wieder, weil neue Kapazitäten am Markt entstanden sind, die zu einem Überangebot geführt haben. Auch die Investitionen verringern sich entsprechend.
d)		Die Milchproduktion in Europa ist zu hoch und damit die Preise zu niedrig, weshalb die EU wieder garantierte Mindestpreise für die Milchbauern einführt und so hofft, dass zukünftig der Milchmarkt wieder funktioniert.
e)		In der Maschinenbau-Industrie boomt das Geschäft, aber es herrscht Fachkräftemangel. Die Politik fordert für diese Fachrichtung von den Hochschulen, mehr Studienplätze anzubieten. Die Hochschulen sind skeptisch und sehen mittelfristig sogar wieder einen sehr viel geringeren Bedarf, weil ein Großteil der Produktion aus Kostengründen nach Asien verlegt werden wird.

2. Lösung

a) Falsche Aussage! Die Einstellung von Migranten in Pflegeberufen hat keine Auswirkungen auf die Löhne anderer, solange der Bedarf nicht gedeckt ist. In diesem Beispiel steht die Angebotsausweitung am Arbeitsmarkt (Migranten) nicht in einem kausalen Zusammenhang mit Preis- und Mengenreaktionen in der Folgeperiode.
b) Falsche Aussage! Es liegt keine Preisänderung vor als Ursache der Reaktion.
c) Richtige Aussage!
d) Falsche Aussage! Bei staatlichen Mindestpreisen würden die Landwirte ihre Produktion noch mehr ausweiten; die Preise würden dann noch weiter sinken.
e) Richtige Aussage!

3. Hinweise zur Lösung

Anfang des 20. Jh. beschrieb Arthur Hanau das Phänomen des Schweinezyklus. Er beobachtete zyklisch wiederkehrende Preis- und Mengenreaktionen, welche auf verzögerten Angebotsanpassungen des Marktgeschehens beruhen, die in der Natur des jeweiligen Gutes liegen. Bei der Entscheidung, Schweine zu züchten. ist der Marktpreis zum Zeitpunkt der Bereitstellung des Schweinefleischs noch nicht bekannt. So wird annahmegemäß mit dem Preis der Vorperiode oder mit einem erwarteten Preis kalkuliert. Dabei wird modelltheoretisch das Vorhandensein vollkommener Konkurrenz, ferner eine insgesamt steigende Nachfrage sowie eine verzögerte Mengenanpassungen der Anbieter unterstellt.

4. Literaturempfehlung

Hanau, Arthur (1972): Die Prognose der Schweinepreise, in: Institut für Konjunkturforschung (Hrsg.): Vierteljahreshefte zur Konjunkturforschung, Sonderheft 7, 2. Auflage, Berlin 1972.
Siebert, Horst; Lorz, Oliver (2007): Einführung in die Volkswirtschaftslehre, 15. Auflage, Stuttgart 2007, S. 98–99.

Aufgabe 60: Wettbewerb

Verstehen, Anwenden
10 Minuten

1. Aufgabenstellung

a) Durch den Wettbewerb können stabile Gleichgewichte in Bewegung kommen. Die Preise oder die angebotenen Mengen verändern sich daraufhin. Tragen Sie folgende Veränderungen des Marktes für ein homogenes Gut in die nachfolgende Abbildung ein:
I. Es kommen neue Anbieter auf den Markt
II. Es kommen neue Nachfrager auf den Markt
III. Es kommen neue Anbieter auf den Markt mit einem qualitativ höherwertigerem Produkt

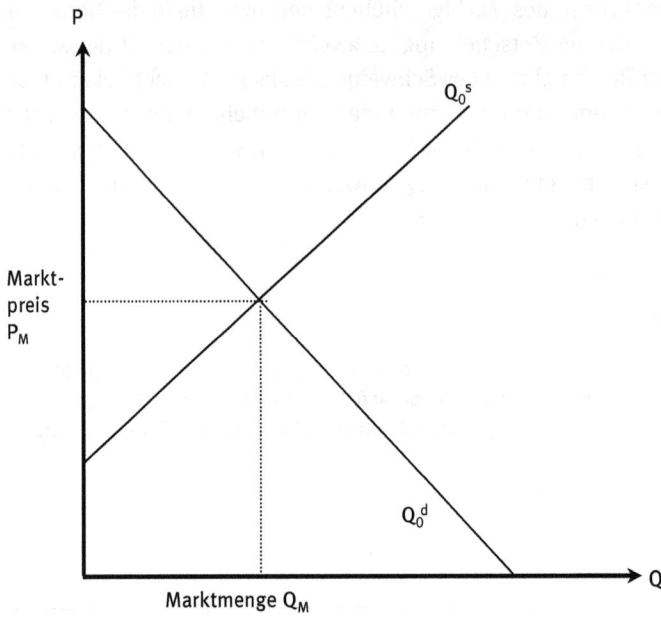

Abbildung 20: Marktgleichgewicht

b.) Was versteht man unter der statischen und der dynamischen Funktion des Wettbewerbs?

c.) Tragen Sie in die nachfolgende Abbildung die Wirkung der statischen Funktion
des Wettbewerbs auf ein Unternehmen ein, das ein homogenes Gut anbietet.

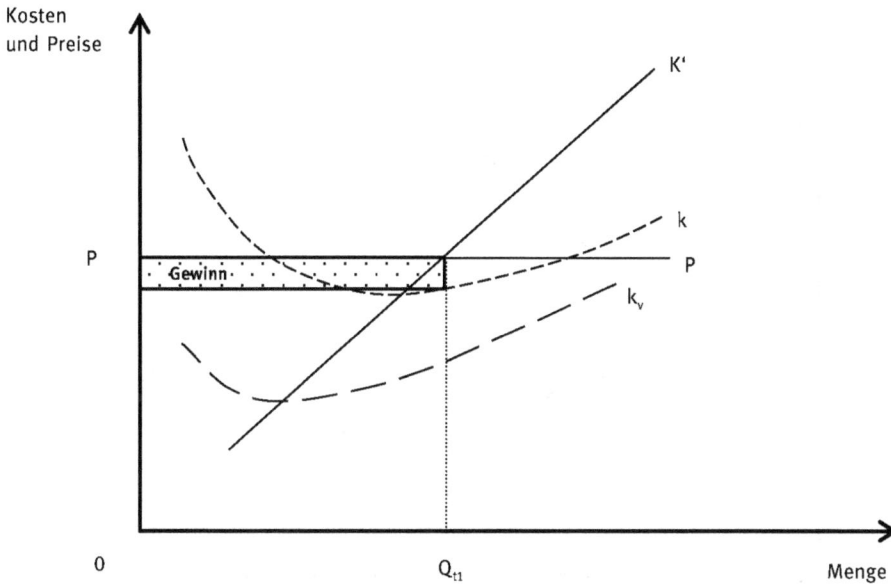

Abbildung 21: Wettbewerb

d.) Wie wirkt die dynamische Funktion des Wettbewerbs im Gesamtmarkt?

e.) Erläutern Sie die volkswirtschaftliche Bedeutung der beiden Wettbewerbsmechanismen für den Strukturwandel.

2. Lösungen

a)

I. Es kommen neue Anbieter auf den Markt (angebotsseitige Marktvergrößerung): von Q0s auf Q1s

II. Es kommen neue Nachfrager auf den Markt (nachfrageseitige Marktvergrößerung): von Q0d zu Q1d

III. Es kommen neue Anbieter auf den Markt mit einem qualitätsmäßig höheren Produkt: Keine Veränderung im Koordinatensystem, wenn es sich um ein anderes homogenes Gut handelt!

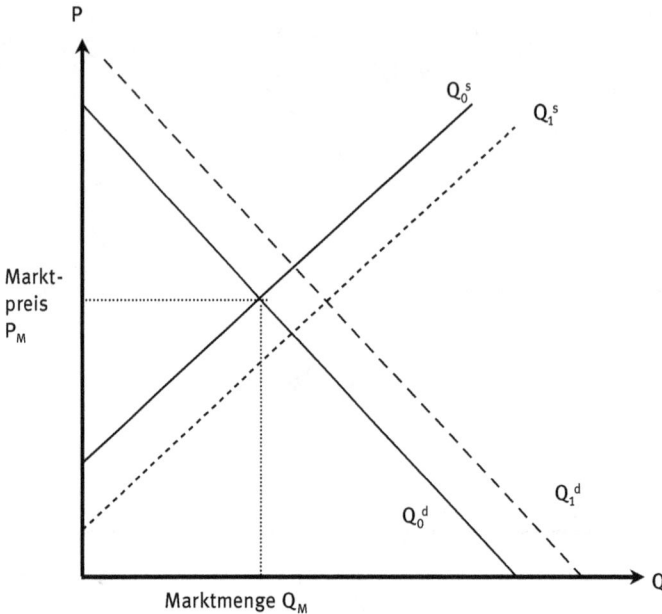

Abbildung 22: Marktgleichgewicht nach ImpulsQ_0^s

b) Der Wettbewerb übt auf den Märkten statische und dynamische Funktionen aus:
   Statische Funktion des Wettbewerbs:
   Ziel eines gewinnmaximierenden Unternehmens ist i. d. R., bezogen auf ein gegebenes Produktionsziel, mit möglichst niedrigem Ressourcenaufwand zu arbeiten. Die statischen Funktionen des Wettbewerbs bestehen in der Annäherung an den Zustand des Pareto Optimums. An diesem Punkt kann durch eine alternative Kombination der eingehenden Produktionsfaktoren die Produktion nicht mehr erhöht werden. In diesem Zustand ist auch die Güterstruktur an die Nachfragestruktur vollständig angepasst. Diese Statik besteht solange, bis Veränderungen auf der Kostenseite für die Produktionsfaktoren oder Veränderungen im Nachfrageverhalten eine neue Statik notwendig machen.
   Dynamische Funktion des Wettbewerbs:
   Dabei führt der Wettbewerb dazu, dass neue Güter und/oder neue Produktionsverfahren entwickelt werden (technischer Fortschritt). Der Wettbewerb initiiert demzufolge Innovationen. Besonders kostenintensive Innovationen machen einen zeitlich begrenzten Schutz durch das Patentrecht notwendig. Damit die Innovationen verbreitet werden können, bedarf es jedoch auch eines nachahmenden Wettbewerbs: Andere Unternehmen müssen die Innovationen langfristig auch übernehmen können (spätestens nach Ablauf des Patentschutzes).

c) Die statische Funktion des Wettbewerbs führt beim einzelnen Unternehmen zu einer (vorübergehenden) Reduzierung oder dem Verschwinden der Gewinne aufgrund der Preissenkung. Ferner kann bei gleichbleibenden Kostenstrukturen nur noch eine geringere Menge am Markt angeboten werden.

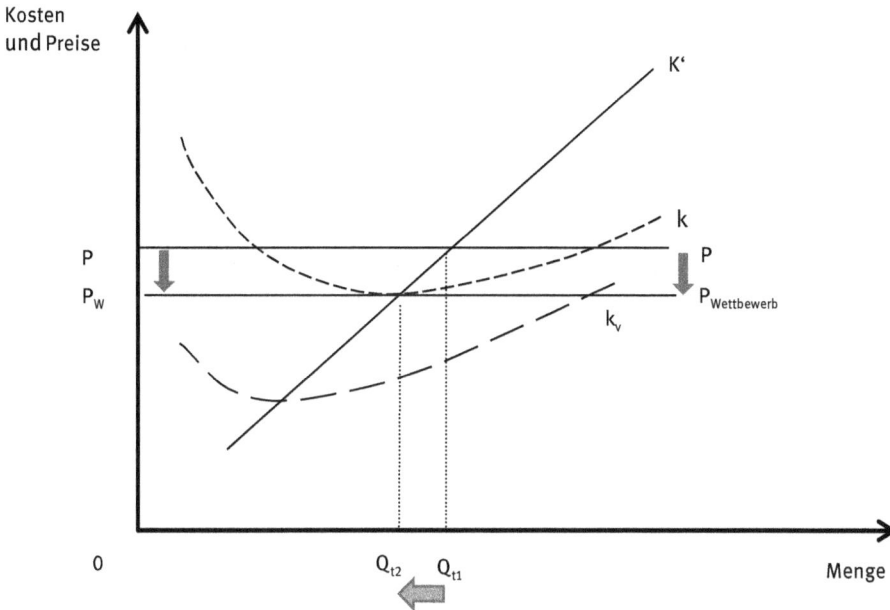

Abbildung 23: Wettbewerb nach Impuls

d) Bei anhaltendem Kostensenkungswettbewerb (statische Funktion) werden mehr und mehr Unternehmen die Produktion des betreffenden homogenen Gutes aufgeben und alternative Güter anbieten (Produktinnovationen). Prozessinnovationen verbessern die Kostensituation der am Markt verbleibenden Unternehmen, so dass diese auch bei sinkenden Preisen noch Gewinne erwirtschaften können.

e) Beide Wettbewerbsmechanismen sind neben dem Funktionieren des Marktpreismechanismus zentral für den Strukturwandel in einer Volkswirtschaft. Denn nur so können die Konsumentenrenten der Nachfrager erhöht werden bzw. sich neue Güter- und Faktormärkte (neue Arbeitsplätze) entwickeln. Entwicklungspolitisch ist bedeutsam, dass durch die Nachahmung von alt hergebrachten Produkten die Entwicklung in unterentwickelten Ländern angestoßen werden kann.

3. Hinweise zur Lösung

Wettbewerb ist ein zentrales Element zur Ausgestaltung und zum Funktionieren einer Marktwirtschaft. Er sorgt allokativ dafür, dass die volkswirtschaftlichen Produktionsfaktoren Verwendungen zugeführt werden und steuert somit die kostengünstige und qualitativ hochwertige bestmögliche Güterversorgung. Dabei wirkt der Wettbewerb wie ein Motor für den technischen Fortschritt: Dieser tritt auf, weil Unternehmen neue Herstellungsprozesse und Gütermärkte suchen müssen, um den Geschäftsbetrieb aufrechtzuerhalten oder die Produktion auszuweiten. Dabei schaffen sie Einkommen und nachfolgend wettbewerbsfähige Arbeitsplätze. Wettbewerb bewirkt auch eine leistungsgerechte Verteilung von Gewinnen, weil sie als Erfolgsrenditen zu verstehen sind. Unternehmen, die keine Gewinne machen, werden hingegen negativ sanktioniert.

4. Literaturempfehlung

Krugman, Paul R. Wells, Robin: Volkswirtschaftslehre, Stuttgart 2010, S. 95–101.
Siebe, Thomas: Mikroökonomie: Arbeitsteilung, Markt, Wettbewerb, Konstanz, München 2012, Kapitel 15.

Aufgabe 61: Marktformen I

Wissen, Anwenden
5 Minuten

1. Aufgabenstellung

Ordnen Sie die folgenden Beispiele den Marktformen in der Matrix zu.

Anbieter / Nachfrager	viele	wenige	ein
Viele	Polypol	Angebotsoligopol	Angebotsmonopol
Wenige	Nachfrageoligopol	Zweiseitiges Oligopol	beschränktes Angebotsmonopol
Ein	Nachfragemonopol	Beschränktes Nachfragemonopol	Zweiseitiges Monopol

Beispiel	Marktform
Bundesautobahnbau durch den Staat	
Airbus S.A.S	
eBay (Auktion für Skier)	
Städtisches Wasserwerk	
Tankstellen	

Beispiel	Marktform
Europäische Zentralbank (als Münzpräger)	
Microsoft (Hersteller für Betriebssystem Windows)	
Exklusiver Hersteller für Mercedes Sterne	
Winzergenossenschaft	
Mobilfunk (T-Mobile)	
Spezialhersteller für Brennstoffzellen U-Boote	

2. Lösungen

Beispiel	Marktform
Bundesautobahnbau durch den Staat	Nachfragemonopol
Airbus S.A.S	Zweiseitiges Monopol
eBay (Auktion für Skier)	Angebotsmonopol
Städtisches Wasserwerk	Angebotsmonopol
Tankstellen	Angebotsoligopol
Europäische Zentralbank (als Münzpräger)	Beschränktes Nachfragemonopol
Microsoft (Hersteller für Betriebssystem Windows)	Angebotsoligopol
Exklusiver Hersteller für Mercedes Sterne	Zweiseitiges Monopol
Winzergenossenschaft	Nachfrageoligopol
Mobilfunk (Telekom)	Polypol
Spezialhersteller für Brennstoffzellen U-Boote	Beschränktes Angebotsmonopol

3. Hinweise zur Lösung

Vorhandene Märkte werden nach der Anzahl der auf beiden Marktseiten auftretenden Marktteilnehmer (Anbieter und Nachfrager) gegliedert. Es treten entweder ein großer, wenige mittlere oder viele kleine Anbieter bzw. Nachfrager auf, sodass sich insgesamt neun verschiedene Marktformen in diesem Schema ergeben (vgl. S. 114). Die Zuordnung erfolgt zeitlich begrenzt auf bestimmte geographische Dimensionen bezogen. So können in einem Binnenmarkt vielleicht nur zwei große Anbieter in einer Branche bestehen und somit dort formal eine oligopolistische Struktur aufweisen. Wenn diese Anbieter aber überwiegend auf Auslandsmärkten agieren und sich dort im Wettbewerb mit anderen sog. Global Playern behaupten müssen, sind sie international einer anderen Marktform zuzuordnen.

4. Literaturempfehlung

Howe, Michael; Seidel, Horst: Grundlagen der Volkswirtschaftslehre, Lerngerüst – Lerninformationen – Lernaufgaben – Lernkontrolle, 31. Auflage, Köln 2015, S. 144–147.

Aufgabe 62: Marktformen II

Transferieren, Bewerten
10 Minuten

1. Aufgabenstellung

a) Die nachfolgende Abbildung zeigt neben Kostengrößen die Grenzerlöskurve, die Nachfragekurve, der sich ein Anbieter gegenüber sieht, der als Monopolist das Ziel der Gewinnmaximierung verfolgt. Tragen Sie bei gegebenen Kostenverkäufen folgende Punkte in die nachfolgende Abbildung ein:
- Monopolpreis
- Monopolmenge
- (theoretischer) Polypolpreis
- (theoretische) Polypolmenge
- Cournotscher Punkt
- Markieren Sie die Bereiche mit Zahlen:
  - Weggefallene Konsumentenrente im Monopol gegenüber der Preisbildung im Polypol (1)
  - Weggefallene Produzentenrente im Monopol gegenüber der Preisbildung im Polypol (2)
  - in Erlöse des Monopolisten umgewandelter Teil der Konsumentenrente (3)
  - Gesamtwirtschaftliche Wohlfahrtsverluste im Monopol (1 + 2)

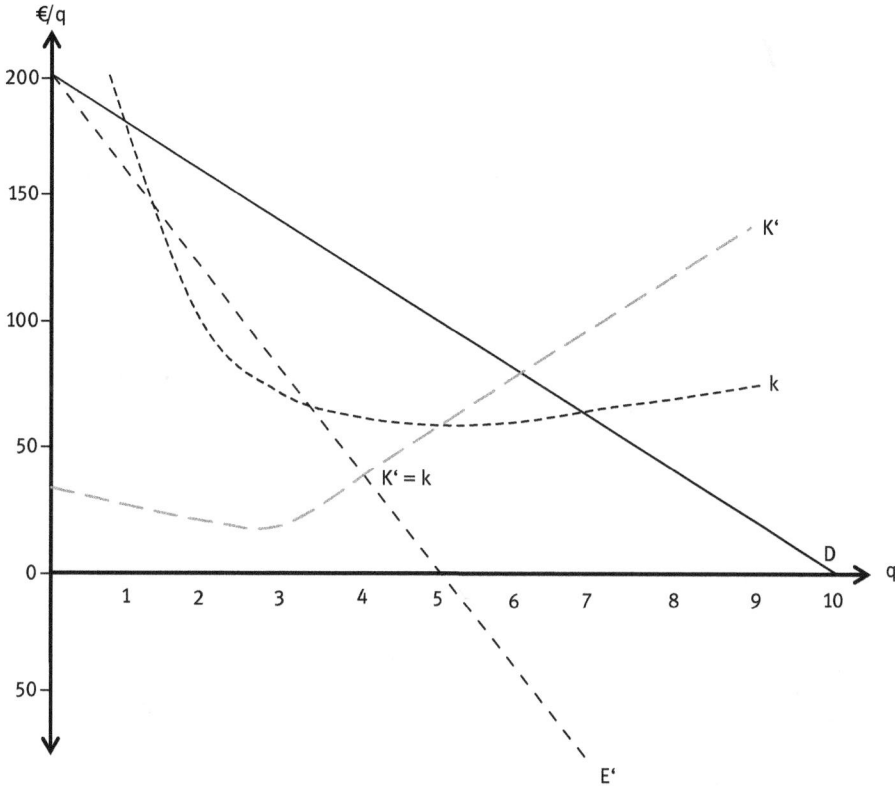

Abbildung 24: Marktformen I

Was versteht man unter der Grenzkosten-Preis-Regel?

b) Viele Unternehmen streben eine Monopolstellung an. Nehmen Sie kritisch Stellung dazu.

c) Häufig steht man in der Praxis die Marktform des (lokalen) Oligopol (D) gegenüber, welche unterschiedliche Preiselastizitäten der Nachfrage aufweisen. Erläutern Sie die Annahme und beschreiben Sie mögliche Preisstrategien der Unternehmen.

d.) Häufig trifft man in der Praxis die Marktform des (lokalen) Oligopols. Diese zeigt modelltheoretisch unterschiedliche Preiselastizitäten der Nachfrage. Erläutern Sie die Beobachtung und beschreiben Sie mögliche Preisstrategien der Unternehmen (vgl. Abb. 25).

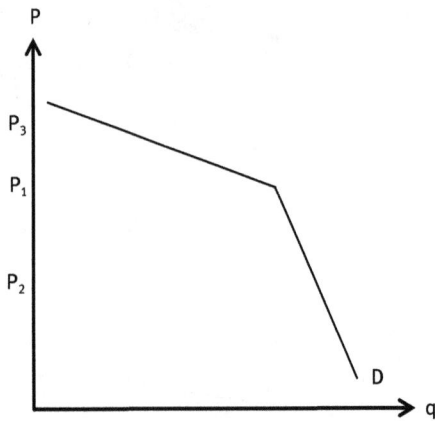

Abbildung 25: Marktformen II

2. Lösungen

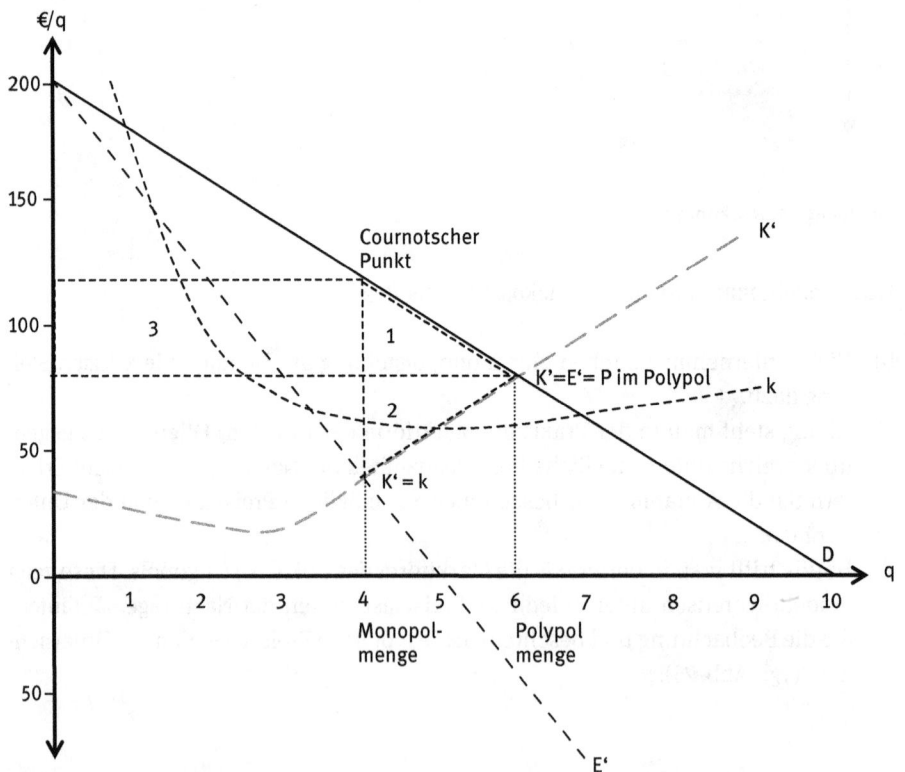

Abbildung 26: Marktformen I Lösung

a)

1 =	weggefallene Konsumentenrente im Monopol
2 =	weggefallene Produzentenrente im Monopol
3 =	in Erlöse des Monopolisten umgewandelter Teil der Konsumentenrente
1+2 =	Gesamtwirtschaftliche Wohlfahrtsverluste im Monopol

b)

Folgende Bedingung für ein Gewinnmaximum wird als Grenzkosten-Preis-Regel bezeichnet: Unternehmen streben danach ihre Gewinne zu maximieren. Technisch betrachtet bedeutet dies, dass der Unterschied zwischen Erlösen (= E) und Kosten (= K) maximiert werden muss. Die Gewinnmaximierung erfolgt an der Stelle, wo so viel produziert wird, dass die Grenzkosten (= K') gerade dem Erlös dieser zusätzlichen Gütereinheit entsprechen, wo also der Grenzerlös (= E') dem Preis (= P) entspricht. Solange also P höher ist als K', kann ein Unternehmen durch Steigerung der Produktion seinen Gewinn steigern. Liegt der Preis niedriger als K', treten Verluste auf, und das Unternehmen muss die Produktion reduzieren.

c)

Wie in der obenstehenden Abbildung zu erkennen ist (Lösung a)), erzielt im Zustand des Gewinnmaximierungsmonopols ein Unternehmen einen höheren Monopolpreis und muss nur eine geringere Menge am Markt anbieten. Das ist aus Sicht des Monopolisten eine recht bequeme Situation, die er ungern durch die Einführung von Wettbewerb und Konkurrenz aufgeben möchte. Gleichsam sind die gesamtwirtschaftlichen Wohlfahrtsverluste hoch (Verlust an Konsumenten und Produzentenrente), weshalb der Zustand des Monopols kein Zustand ist, den eine Gesellschaft anstreben sollte.

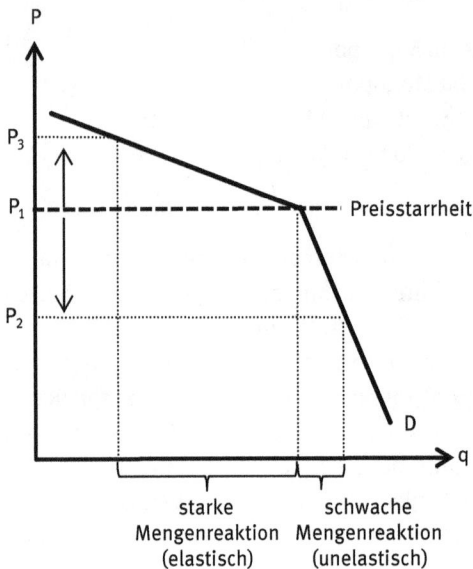

Abbildung 27: Marktformen II Lösung

d)

Die Unternehmen haben verschiedene Alternativen. Eine Strategie könnte eine Preissenkung von P1 auf P2 sein. Sie führt nur zu wenig Mehr- Absatz, weil man sich im sog. unelastischen Bereich der Nachfragekurve befindet: Eine Änderung der Nachfragemenge ist dann kleiner als die Preisveränderung.

Eine Preiserhöhung von P1 auf P3 hat für das betreffende Unternehmen einen starken Absatzrückgang zur Folge. Allerdings erfolgt bei dieser starken Mengenreaktion eine vergleichsweise kleine Preisreaktion (preiselastische Reaktion). Bei beiden Reaktionen ist ungewiss, wie sich die anderen Markteilnehmer verhalten werden, weshalb man meist eine andere Reaktion (aller Oligopolisten) sieht: Die Anbieter stimmen vielmehr ihr Marktverhalten untereinander ab, um z. B. durch Aufteilung der Märkte oder Preisabsprachen, einen Verdrängungswettbewerb zu verhindern. Somit entsteht (temporär) eine gewisse Preisstarrheit.

3. Hinweise zur Lösung

Der Zustand des Polypols bzw. der vollkommenen Konkurrenz, ist einer, der in der Realität eher selten dauerhaft auftritt, zumindest nicht von alleine, weil die Unternehmen, die eine monopolistische Stellung aufbauen konnten ebenso wie Anbieter in der Marktform des Oligopols vergleichsweise einfach am Markt ihre sog. Marktmacht durchsetzen können. Vor diesem Hintergrund definiert der Staat Spielregeln, sodass die Marktform des Polypols geschützt wird. Ein zentrales wirtschaftspolitisches Ziel kann sein, monopolistische oder oligopolistische Strukturen aufzubrechen und die Rahmenbedingung für Wettbewerb zu schaffen.

4. Literaturempfehlung

Seidel, Horst: Grundlagen der Volkswirtschaftslehre, 28. Auflage, Troisdorf 2012, S. 190–196.
Wied-Nebbeling, Susanne: Markt- und Preistheorie, 3. Auflage, Berlin 1997, S. 3–16.

Aufgabe 63: Elastizitäten

Verstehen, Anwenden
8 Minuten

1. Aufgabenstellung

a) Manche Wissenschaftler behaupten, dass es bei der Bekämpfung des Alkoholmissbrauchs effektiver sei, Aufklärungskampagnen zu finanzieren als den Alkoholkonsum hoch zu besteuern. Nehmen Sie Stellung dazu.

b) Erklären Sie, warum die Angebots- und Nachfragekurven auf dem Ölmarkt kurzfristig eher unelastisch sind, langfristig aber eher elastisch.

2. Lösungen

a) Der regelmäßige bzw. hohe Konsum von Alkoholika führt – ähnlich wie sog. illegale Drogen – zu einer Abhängigkeit. Technisch gesprochen ist die Nachfrage also unelastisch. Der Konsum wird sich somit durch eine künstliche Verteuerung kaum reduzieren lassen (es bestehen ja Konsumabhängigkeiten), denn die Ausgaben der Betroffenen steigen und treiben diese möglichweise in die Kriminаlität (illegale Alkoholherstellung). Dagegen wird eine erfolgreiche Aufklärung zum Alkoholkonsum die Zahl der Abhängigen ex ante verringern; die Nachfrage nimmt erst gar nicht so stark zu und die Preise für Alkoholika sinken tendenziell eher. Bereits abhängige Menschen werden profitieren, weil die Ausgaben für Alkohol geringer werden, sie nicht in die Kriminalität geraten und – in Ländern ohne entsprechende Krankenversicherung – sie Geld haben, sich gegen ihre Sucht behandeln zu lassen.

b) Kurzfristig sind die Konsumenten (Autofahrer) nicht in der Lage, auf steigende Treibstoffpreise zu reagieren, mangels alternativer Kraftstoffe bei gegebener Technik (Verbrennungsmotoren). Die Unternehmen können ihre Produktionskapazitäten, hier Raffinerien, kurzfristig kaum erweitern oder herunterfahren; auch ihre Angebotskurve ist relativ unelastisch. Langfristig verlaufen Angebots- und Nachfragekurven elastischer, wenn z. B. der Ölpreis immer weiter steigen sollte. So wirkt auch ein Preisverfall in Folge eines größeren Angebots an Rohöl auf den Weltmärkten recht schnell in Form von Preissenkungen bei den Verbrauchern. Die Konsumenten wechseln zu alternativen Antrieben und sind somit nicht mehr so abhängig von Benzin. Auch die Unternehmen reagieren bei verminderten Absatzprognosen langfristig mit Investitionen in alternative Produkte.

3. Hinweise zur Lösung

Die Preiselastizitäten der Nachfrage oder des Angebots dokumentieren die Stärke der Mengenreaktion bei Preisveränderungen. Die Preiselastizität der Nachfrage und des Angebots werden wie folgt berechnet:

$$E_D = \frac{\Delta Q \; = \; \text{prozentuale Änderung der Nachfragemenge}}{\Delta P \; = \; \text{prozentuale Preisänderung}}$$

$$E_S = \frac{\Delta Q \; = \; \text{prozentuale Änderung der Angebotsmenge}}{\Delta P \; = \; \text{prozentuale Preisänderung}}$$

Die Nachfrage ist elastisch, wenn die Änderung der Nachfrage nach dem Gut größer ist als die Preisänderung (Wert der Preiselastizität > 1). Eine starke Reaktion der Nachfrager auf Preisveränderungen (große Preiselastizität der Nachfrage) ist vor allem bei Luxusgütern zu erwarten. Die Nachfrage ist unelastisch, wenn der Wert der Preiselastizität < 1 ist. Die Änderung der Nachfragemenge ist also kleiner als die Preisveränderung. Die geringe Preiselastizität der Nachfrage zeigt sich insbesondere bei lebensnotwendigen Gütern (Lebensmitteln). Die Nachfrage ist vollkommen unelastisch bei ($E^D = 0$). Die Nachfrage reagiert nicht auf Preisveränderungen. Es wird immer die gleiche Gütermenge gekauft. Dies geschieht z. B. beim Kauf von Gütern, welche kurzfristig nicht substituierbar sind. Entsprechend sind die Reaktionen auf der Angebotsseite. $E_S > 1$: Das Angebot ist elastisch, wenn ΔP relativ große ΔQ bewirken, wie z. B. bei Autos oder TV-Geräten. Die Unternehmen reagieren dann flexibel mit ihren Maschinenlauf- und Betriebszeiten auf Preisänderungen. Meist ist dies aber nur langfristig möglich. Bei $E_S < 1$ ist eine flexible Anpassung an veränderte Preise gering, weil man kurzfristig nicht mehr davon bereitstellen kann (im Beispiel oben z. B. alternative Kraftstoffe).

4. Literaturempfehlung

Schumann, Jochen unter Mitarbeit von Meyer, Ulrich; Ströbele, Wolfgang: Grundzüge der mikroökonomischen Theorie (German Edition), 9. Auflage Berlin, 2011, S. 149–157.

Seidel, Horst: Grundlagen der Volkswirtschaftslehre, 28. Auflage, Troisdorf 2012, S. 190–196.

Aufgabe 64: Produktionsfunktionen

Wissen, Anwenden
10 Minuten

1. Aufgabenstellung

a) Charakterisieren Sie verbal eine Produktionsfunktion.

b) Nach welchen Kriterien kann man Produktionsfunktionen unterscheiden?

c) Die nachfolgenden Produktionsfunktionen (vgl. Abbildungen 28 und 29) zeigen verschiedene Produktionsfunktionen. Charakterisieren Sie diese anhand von Beispielen:

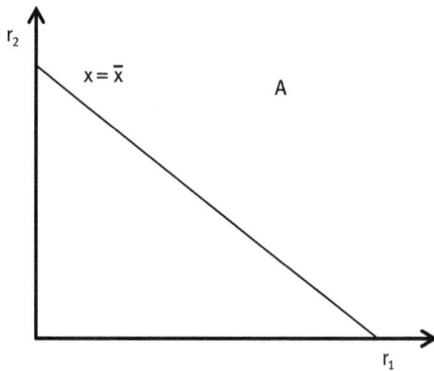

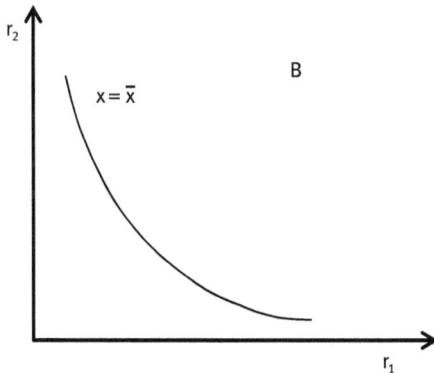

Abbildung 28: Produktionsfunktionen A und B

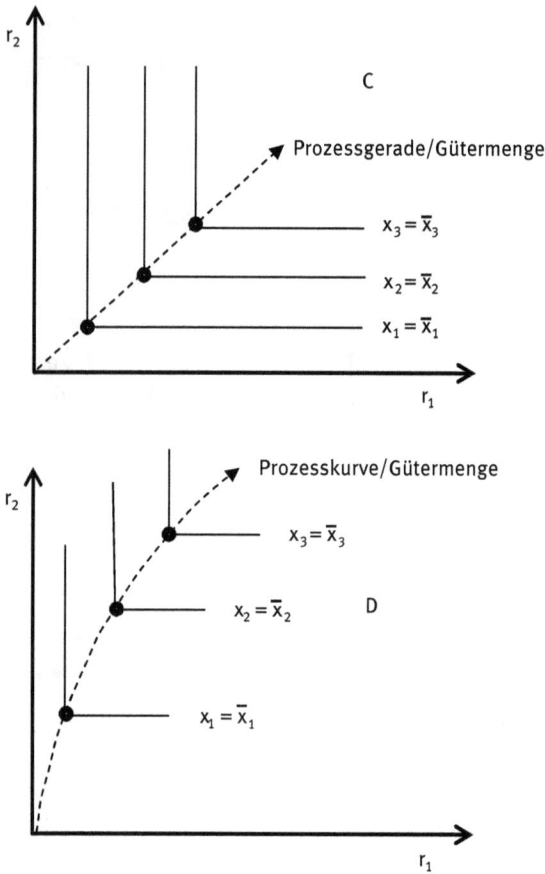

Abbildung 29: Produktionsfunktionen C und D

2. Lösungen

a) In den Unternehmen werden bestimmte Einsatzverhältnisse an Produktionsfaktoren (Ressourcen) gewählt, um Güter herzustellen. Die Produktionsfunktion beschreibt quantitativ den funktionalen Zusammenhang zwischen den Inputgrößen (Produktionsfaktoren) und dem Output (Gütermengen) bei gegebenem Stand der Technologie.

b) Produktionsfunktionen sind unterscheidbar nach der Austauschbarkeit der Inputgrößen (subsititutionale Produktionsfaktoren) oder hinsichtlich des technischen Einsatzverhältnisses der Input-Faktoren zueinander (limitationale Produktionsfunktion).

c) A: Total substitutionale Produktionsfunktion: Ein Produktionsfaktor kann vollständig und in einem Verhältnis von 1 zu 1 durch einen zweiten Produktionsfaktor ersetzt werden; Beispiel: ein Motor kann komplett aus Stahl oder aus Aluminium hergestellt werden.

B: Partiell substitutionale Prodfuktionsfunktion: eine vollkommene Substituierbarkeit eines Produktionsfaktors durch einen anderen ist nicht möglich. Beispiel: Zum Bau eines Autos sind Roboter und Arbeiter nötig, wobei die Arbeiter nicht gänzlich durch Roboter ersetzt werden können, weil sie z. B. jemand programmieren oder warten muss.

C: Linear limitatione Produktionsfunktion: Aus technischen Gründen kann keine Substitution der Produktionsfaktoren erfolgen. Beispiel: Transportvorgänge von LKWs müssen – solange es kein autonomes Fahren gibt – immer mit einer bestimmten Anzahl an Fahrern durchgeführt werden, die auch nur begrenzte Lenkzeiten haben. Entlang der Prozessgeraden (= Expansionspfad) sind an den Punkten die Entfernungsleistungen eines LKWs mit jeweils 2 Fahrern eingetragen.

D: Nichtlineare-limitationale Produktionsfunktion: Zwar ist bei dieser Produktionsfunktion der Expansionspfad linear, aber die Abstände zu den jeweils passenden Outputs sind nicht gleich. Beispiel: Bei der landwirtschaftlichen Produktion stehen die Ausbringung von Saatgut und Dünger in einem nichtlinear-limitationalen Verhältnis. Man braucht beides, aber die Menge an Düngemitteln steigt unterlinear zur Menge an Saatgut.

3. Hinweise zur Lösung

Die mikroökonomische Produktionsfunktion dokumentiert die Bedarfsmengen an Produktionsfaktoren für ein homogenes Gut benötigt werden, um eine bestimmte Produktmenge herzustellen. Umgekehrt kann man auch sehen, welche Produktionsmengen mit unterschiedlichen Produktionsfaktoreinsätzen oder mit einander ergänzenden Produktionsfaktoreinsätzen hergestellt werden können.

4. Literaturempfehlung

Schumann, Jochen unter Mitarbeit von Meyer, Ulrich; Strobele, Wolfgang: Grundzüge der mikroökonomischen Theorie (German Edition), 9. Auflage Berlin, 2011, S. 133–155.
Siebert, Horst; Lorz, Oliver: Einführung in die Volkswirtschaftslehre, 15. Auflage, Köln 2007; S. 66–82.

2.2 Makroökonomik

Aufgabe 65: Konjunktur und Wachstum

Wissen, Verstehen
20 Minuten

1. Aufgabenstellung

a) Zeichnen Sie den typischen Konjunkturverlauf (mit seinen saisonalen Schwankungen) in einem Industrieland unter der Prämisse eines anhaltenden Wirtschaftswachstums. Benennen Sie dabei die verschiedenen Abschnitte eines Konjunkturzyklus.

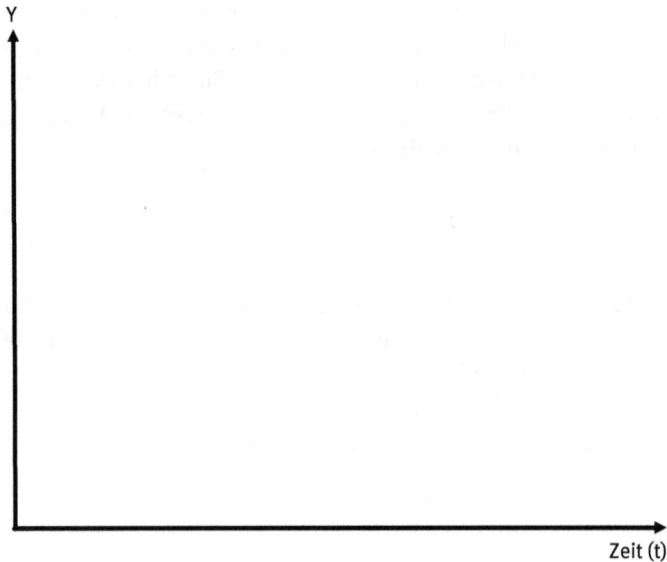

Y

Zeit (t)

Abbildung 30: Konjunkturzyklus

b) Was versteht man unter einer Rezession im makroökonomischen Sinn?
c) Wie kann eine Rezession in Deutschland ausgelöst werden? Beurteilen Sie die nachfolgenden Aussagen.

Potentielle Rezessionsauslöser	richtige Aussagen ankreuzen
A	Die USA erhöhen ihr Zollniveau auf durchschnittlich 35 %, um Chinas Wirtschaftspolitik zu diziplinieren.	
B	China erhöht die Preise seiner Exportgüter (Konsumgüter) um 25 %	
C	Die Republik Kongo stoppt den Export von Rohstoffen	
D	Rumänien verbietet den Import von Waren aus Deutschland	
E	Die Aktien des Elektronik Herstellers Apple sinken auf einen Wert von 5 Euro je Aktie	
F	In Nordamerika findet ein Zusammenbruch der Immobilienmärkte statt, infolge nicht ausreichend abgesicherter Kredite bei den Banken	
G	Im südchinesischen Meer kommt es zu einem Krieg zwischen China und den USA	
H	In Deutschland berichtet das Statistisches Bundesamt über eine starke Zunahme der Schwarzarbeit (mehr als 30 Prozent aller Erwerbspersonen arbeiten schwarz)	
I	Die Sparkasse Bottrop meldet Konkurs an	
J	Die WTO verkündet eine Rücknahme aller bisher getroffenen Handelsabkommen; die Zollsätze in den Entwicklungs- und Schwellenländern steigen	
K	Aus Deutschland wandern jedes Jahr mehr als 250000 Facharbeiter aus	
L	Die Deutsche Bahn wird vollständig privatisiert und muss sich dem Wettbewerb mit Konkurrenten stellen	

d) Angenommen, Deutschland befände sich kurz vor dem Ende einer Hochkonjunkturphase und der Staat möchte die Nachfrage der Privaten Haushalte (HH) durch eine Heraufsetzung der Einkommensteuer dämpfen. Wie beurteilen Sie den Erfolg einer solchen Maßnahme, unterstellt die Privaten Haushalte erwarten gleichsam ein Ende der sehr geringen Inflation im Euroraum?

2. Lösungen

a)

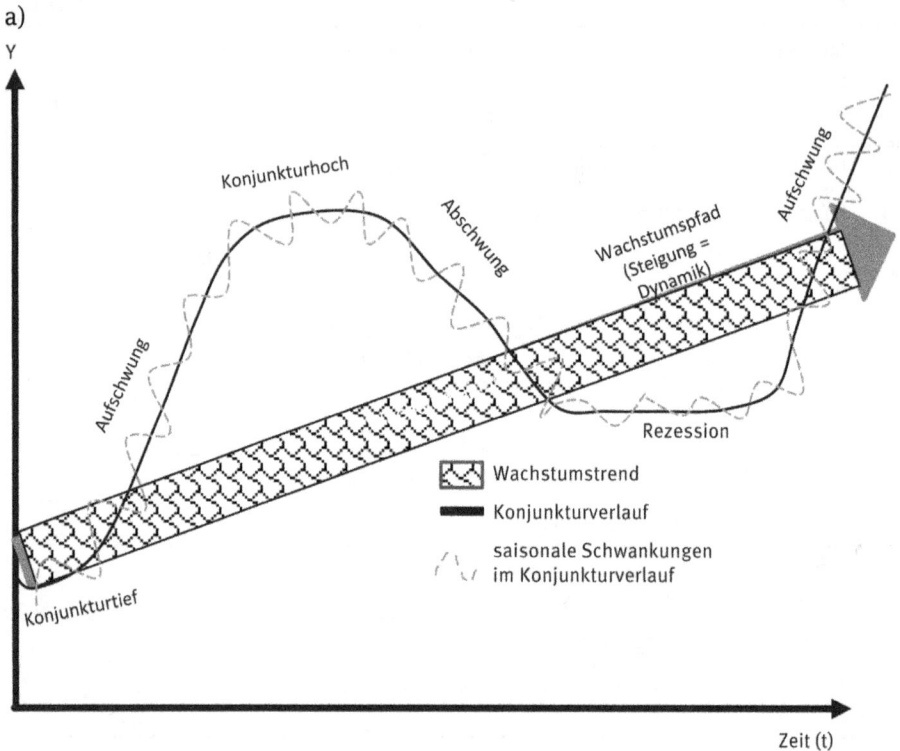

Abbildung 31: Konjunkturverlauf in einem Industrieland unter der Prämisse anhaltenden Wirtschaftswachstums

b) Eine anhaltende Unterauslastung des Produktions- und Wachstumspotentials einer Volkswirtschaft (mehrere Quartale in Folge)

c) Richtige Antworten: A, B, C, F, G, J, K

d) Bei einer Erwartung steigender Inflationsraten werden die Haushalte weniger sparen oder ihr Sparguthaben verringern (entsparen). Je nach Intensität dieses Verhaltens kann es dazu kommen, dass der Konsum weiter steigt, statt wie beabsichtigt zu sinken.

3. Hinweise zur Lösung

Den Verlauf der Konjunktur teilt man in verschiedene Phasen ein, die über Jahre hinweg typische Charakteristika aufweisen: Konjunkturtief, Aufschwung, Konjunkturhoch, Abschwung. Eine Verfestigung von Nullwachstum bzw. negative Wachstumsraten über mehrere Quartale hinweg unterhalb des Produktionspotentials einer

Volkswirtschaft werden als Rezessionrschieden werden von einer Strukturkrise, weil diese wiederum nur angebotsseitig bekämpft werden kann. Rezessionen stellen nachfrageseitige Störungen dar, mit entsprechenden Möglichkeiten der Konjunkturbeeinflussung, u. a. durch keynesianisches deficit spending bzw. Konjunkturprogramme.

4. Literaturempfehlung

Mankiw, Gregory N. (2011): Makroökonomik – Mit vielen Fallstudien; 6. Auflage, Stuttgart 2011, Teil IV.

Siebert, Horst; Lorz, Oliver: Einführung in die Volkswirtschaftslehre, 15. Auflage, Köln 2007; S. 335–354.

Aufgabe 66: Makroökonomische Grundmodelle

Wissen, Verstehen
20 Minuten

1. Aufgabenstellung

a) Welche Grundannahmen werden von den sog. Klassikern und Neo-Klassikern getroffen hinsichtlich des Auftretens von Überangeboten in der Volkswirtschaft? Erläutern Sie dies auch exemplarisch anhand der Reaktionen von I bis III im makroökonomischen AS/AD Modell.

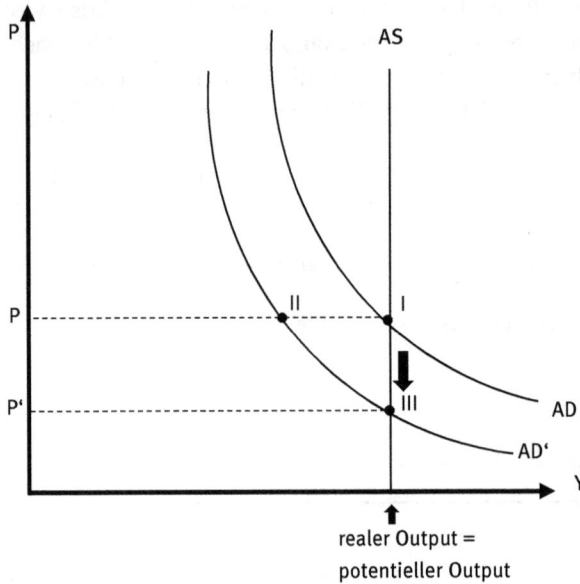

Abbildung 32: AS/AD Modell (Klassik/Neo-Klassik)

b) Welche der nachfolgend genannten Maßnahmen bzw. Ereignisse sind geeignet, in den beiden Modellwelten des Keynesianismus und des Monetarismus die Nachfrage zu vergrößern bzw. die AD-Kurven nach rechts oben zu verschieben. Unterstellen Sie dabei ein Land der europäischen Union.

	Zutreffendes ankreuzen (mehrere Nennungen sind möglich!)	
	Keynesianische Modelwelt	Monetaristische Modellwelt
Ausweitung der Geldmenge		
Staatliche Abwrackprämie für Autos		
Staatliches schuldenfinanziertes Investitionsprogramm		
Steuererhöhung		
Steuersenkung		
Vergrößerung des europäischen Binnenmarktes durch den Beitritt eines großen Landes		

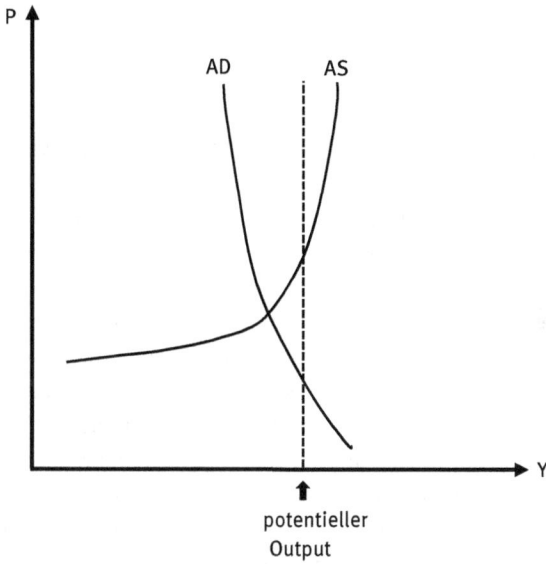

Abbildung 33: Keynesianisches Grundmodell

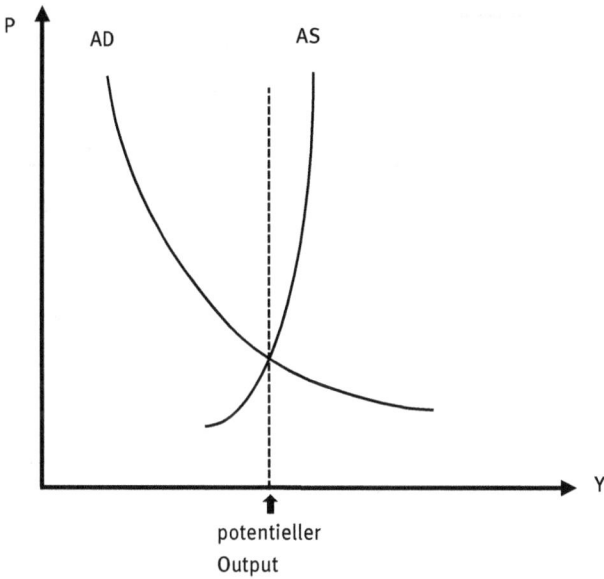

Abbildung 34: Monetaristisches Grundmodell

2. Lösungen

a) Die Klassiker unterstellen die Wirksamkeit des sog. Sayischen Theorems, wonach langfristig betrachtet, jedes Angebot sich seine entsprechende Nachfrage schafft, weshalb die AS Kurve als langfristig vollkommen unelastisch unterstellt wird. Unterstellt wird, dass durch die Güterproduktion in einer Volkswirtschaft Einkommen erzielt wird, welches in seiner Höhe dem Preis der produzierten Güter entspricht. Das führt dazu, dass nach und nach die gesamte Produktionsmenge abgesetzt wird; die Einkommen werden entweder zum Erwerb von Gütern oder zum Sparen verwendet. Dieses verursacht eine Zunahme des Geldangebots in der Volkswirtschaft, mit der Folge sinkender Zinsen. Nachfolgend fragen die Unternehmen verstärkt Kredite zur Finanzierung von Investitionen nach. So nähert sich die gesamte Nachfrage nach Konsum- und Investitionsgütern sukzessive dem gesamtwirtschaftlichen Angebot dieser Güter an, wobei im Ergebnis Vollbeschäftigung entsteht. Ein Überangebot kann somit nicht lange Bestand haben. In der Abb. erkennt man, dass Y nur kurzfristig sinkt (von I nach II) und sich anschließend das alte Gütermarktgleichgewicht wieder einstellt und zwar zu einem geringeren Preis- bzw. Lohn/Zinsniveau (III).

b)

	Zutreffendes ankreuzen (mehrere Nennungen sind möglich!)	
	Keynesianische Modelwelt	Monetaristische Modelwelt
Ausweitung der Geldmenge	x	x
Staatliche Abwrackprämie für Autos	x	
Staatliches schuldenfinanziertes Investitionsprogramm	x	
Steuererhöhung	–	–
Steuersenkung	x	
Vergrößerung des europäischen Binnenmarktes durch den Beitritt eines großen Landes	x	

3. Hinweise zur Lösung

Im makroökonomischen Modell der AS und AD Kurven (AS: englisch „aggregate supply", AD: „aggregate demand") werden neben BIP Reaktionen respektive der gesamtwirtschaftlichen Produktion (hier Y) auch Veränderungen des Preisniveaus respektive des Lohnniveaus betrachtet. In den verschiedenen makroökonomischen Grundmodellen (Klassik, Keynesianismus, Monetarismus) werden unterschiedliche

Grundannahmen, Erklärungsgegenstände und Zeithorizonte getroffen bezüglich des Verhaltens der Nachfrager und Anbieter.

4. Literaturempfehlung

Mankiw, Gregory N. (2011): Makroökonomik – Mit vielen Fallstudien; 6. Auflage, Stuttgart 2011, S. 520–536.

Samuelson, Paul A.; Nordhaus, William D. (2005): Volkswirtschaftslehre; 18. Auflage, Landsberg am Lech, S. 590–596, S. 903–906, S. 963–975.

Aufgabe 67: Geldmarkt

Wissen, Verstehen
20 Minuten

1. Aufgabenstellung

a) Was versteht man unter den Begriffen Geldmarktnachfrage MD, Geldmarktangebot MS und Geldmenge (M0 bis M3)?

b) Über welche Instrumente verfügt die EZB, das Geldmengenangebot in der EURO-Zone zu steuern? Ordnen Sie die Instrumente den Beispielen zu!

    A. Ständige Fazilitäten

    B. Veränderung von Mindestreservesätzen

    C. Veränderung des Basiszinssatzes

    D. Offenmarktgeschäfte (Wertpapierpensionsgeschäfte)

Instrument (A.–D.)	Beispiel
	Ankauf/Verkauf von festverzinslichen Wertpapieren (in geringem Umfang auch Devisen)
	Deponierung von Überschussliquidität der Geschäftsbanken/Verpfändung von Sicherheiten (Inanspruchnahme von Überschussliquidität durch Geschäftsbanken
	Festlegung der EZB, wieviel Prozent der Einlagen von Nichtbanken bei den Geschäftsbanken als Sicherheit hinterlegt werden müssen.
	Handelswechsel der Geschäftsbanken werden als Sicherheit in Zahlung genommen.

c) Welche Auswirkung auf den Geldmarkt hat eine Erweiterung der Geldmenge MS. Tragen Sie die Veränderung in die Abb. ein!

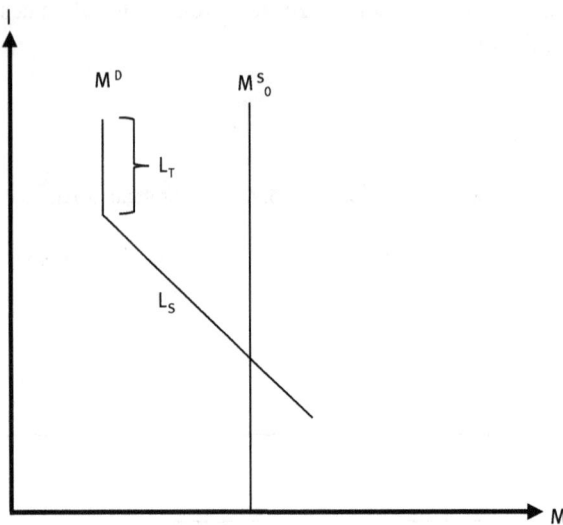

Abbildung 35: Geldmarkt (Angebot mit Transaktions- und Spekulationskasse)

d) Welche potentielle Auswirkung hat die Erweiterung der Geldmenge?

2. Lösungen

a) Makroökonomisch betrachtet treffen auf dem Geldmarkt Angebot und Nachfrage nach Geld zwischen Banken und sog. Nichtbanken zusammen. Das Geldangebot ist die Zentralbankgeldmenge; dies entspricht dem von der Zentralbank geschaffenen Geld (Bargeld und Sichtguthaben bei der Zentralbank). Die die Geldmenge durch Offenmarktgeschäfte erhöht und durch Geldvernichtung vermindert. Die EZB differenziert die Geldmenge nach sog. Aggregaten (M0 bis M3). Wirtschaftssubjekte halten Geld bzw. fragen solches nach aus dem Transaktionsmotiv (Zur Realisierung der alltäglichen Zahlungsverpflichtungen: LT=LT(Y) und aus dem Spekulationsmotiv (Geldhaltung zu Wertaufbewahrungszwecken: LS=LS(i); i=Effektivzins)). Von geringer quantitativer Bedeutung ist ferner noch das Vorsichtsmotiv (zur Absicherung unvorhersehbarer Ereignisse).

b)

Instrument	Beispiel
D. Offenmarktgeschäfte (Wertpapierpensions-geschäfte)	Ankauf/Verkauf von festverzinslichen Wertpapieren (in geringem Umfang auch Devisen)
A. Ständige Fazilitäten	Deponierung von Überschussliquidität der Geschäftsbanken/Verpfändung von Sicherheiten (Inanspruchnahme von Überschussliquidität der Zentralbank oder anderer Geschäftsbanken mit der ZB als Finanzintermediär)
B. Veränderung von Mindestreservesätzen	Festlegung der EZB, wieviel Prozent der Einlagen von Nichtbanken bei den Geschäftsbanken als Sicherheit hinterlegt werden müssen.
C. Veränderung des Basiszinssatzes	Handelswechsel der Geschäftsbanken werden als Sicherheit in Zahlung genommen

c)

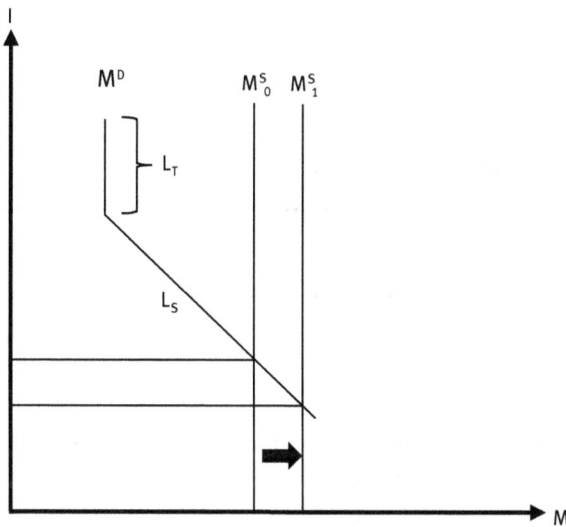

Abbildung 36: Geldmarktreaktionen (hier: Geldmarktangebot)

Das Zinsniveau sinkt aufgrund der Ausweitung der Geldmenge bzw. des Geldangebotes.

d) Ceteris paribus sinken die Zinsen (i), dadurch werden Kredite für die Vergabe als Baugeld günstiger, was eine erhöhte Bautätigkeit bzw. Investitionstätigkeit in Immobilien zur Folge hat.

3. Hinweise zur Lösung

Im volkswirtschaftlichen Sinne wird insb. der Handel mit Zentralbankgeld als Geldmarkt bezeichnet, auf dem für Geschäftsbanken eine Refinanzierungsmöglichkeit zur Beschaffung von Zentralbankgeld besteht. Diesen Handel betreibt die Zentralbank in Europa als Offenmarktpolitik, um die gesamte Geldmenge nach ihren geldpolitischen Zielen zu steuern. Der Handel von Zentralbankgeld zwischen den Geschäftsbanken geschieht nachfolgend auf dem Kreditwege (Geldmarktkredite). Die Motive für die Geldnachfrage sind auf Seiten der Wirtschaftssubjekte unterschiedlich. Sie müssen entweder ihren laufenden Verpflichtungen nachkommen (zinsunabhängiges Transaktionsmotiv) oder sie regieren mit ihrem Investitions- und Sparverhalten zinsabhängig durch die Umschichtung von liquiden Mitteln (Spekulationsmotiv). Die Zentralbank verfolgt ein Geldmengenziel und/oder ein direktes Inflationsziel und stattet entsprechend die Volkswirtschaft mit ihrem Geldangebot aus

4. Literaturempfehlung

Büschgen, Hans E., Der deutsche Geldmarkt, Wien, 1969.
Issing, Otmar Einführung in die Geldtheorie, 15. Auflage, München 2011, Kapitel II. und III.

Aufgabe 68: Keynesianischer Einkommensmultiplikator

Verstehen, Anwenden
7 Minuten

1. Aufgabenstellung

a) Welchen Zweck verfolgt man mit der Einkommensmultiplikatoranalyse nach John Maynard Keynes und wie berechnet man die Multiplikatorwirkung?
b) Berechnen Sie die Multiplikatorwirkung einer einmaligen Investition von 1 Million Euro bei einer marginalen Konsumneigung (= MPC) von 2/3, wobei der Multiplikator dem Kehrwert der Grenzneigung zum Sparen entspricht (MPS = 1/MPC bzw. MPS = MPC^{-1}) ist.
c) Bestimmen Sie Möglichkeiten und Grenzen der Multiplikatorwirkung zur Ankurbelung der Wirtschaft.

2. Lösungen

a) Um die mögliche Wirkung einer makroökonomischen Beeinflussung abzuschätzen, die auf eine Erhöhung des (Volks-)Einkommens abstellt, verwendet man die Multiplikatoranalyse. Interessant ist dabei im Partialmodell: Erhöht beispielsweise der Staat seine Ausgaben für Investitionen (primäre Investition) um einen bestimmten Betrag, erhöhen diese Zusatzausgaben das Volkseinkommen um einen noch größeren Betrag als die getätigten Investitionen selbst (sekundäre Konsumausgaben). Offensichtlich wirkt eine staatliche Mehrausgabe bzw. Investition stimulierend auf viele Bereiche der Wirtschaft. Entscheidend ist dabei die sog. marginale Konsumneigung (MPC) in Analogie zur marginalen Sparneigung (MPS), bzw. die Konsumquote (Veränderung der Konsumausgaben bei Veränderung des Einkommens): Der Multiplikator ist umso großer je höher die Konsumquote ist und umgekehrt.

$$\text{Änderung des Einkommens } (\Delta Y) \ = \ \frac{1}{MPS} \times \Delta I \ = \ \frac{1}{1-MPC} \times \Delta I$$

b) $1/(1{-}2/3) \times 1\,00\,000 = 3\,000\,000$ Euro (Multiplikator = 3)

c) Das Modell ist nur wirksam bei einer nachfrageseitigen Störung der Wirtschaft (vgl. Aufgabe 66b), z. B. in einer Rezession, weil dann das reale BIP unter dem potentiellen BIP liegt (nicht ausgelastete Kapazitäten). Aber auch dann sind der Wirkung Grenzen gesetzt, wenn der Staat sehr hohe Schulden aufnehmen muss, um Investition zu tätigen, nämlich dann wenn er schon vorher hohe Schulden hatte. Zudem wird in offenen Volkswirtschaften ein Teil der zusätzlichen Nachfrage nicht im Inland sondern im Ausland wirksam. Nicht wirksam ist der Einkommensmultiplikator bei einer strukturellen bzw. angebotsseitigen Störung der Volkswirtschaft. Dann nämlich entspricht das reale BIP bereits dem potentiellen, die Kapazitäten sind bereits ausgelastet.

3. Hinweise zur Lösung

Das Multiplikatormodell beruht auf der Beobachtung, dass bei einer staatlich initiierten Änderung der Nachfrage durch Ausgabenerhöhungen oder Steuersenkungen diese eine überproportionale Veränderung der Einkommen und der Beschäftigung auslösen können. Die makroökonomische Wirkung ist in der Wissenschaft zwar umstritten, wenngleich viele Politiker dieses Instrument gerne einsetzen, verspricht es doch eine rasche Verbesserung bei Krisen. Problematisch ist, dass die meisten Wirtschaftskrisen der Industrieländer eher struktureller Art sind oder zumindest bei einer nachfrageseitigen Störung auch angebotsseitige Verwerfungen vorhanden sind, so dass staatliche Mehrausgaben dann oftmals recht ineffektiv und ineffizient sind.

John Maynard Keynes hat selbst auf die Risiken der Wirksamkeit bei einer angebotsseitigen Störung der Volkswirtschaft hingewiesen.

4. Literaturempfehlung

Bofinger, Peter: Grundzüge der Volkswirtschaftslehre. 4. Auflage, München 2015, Kapitel 17.
Siebert, Horst; Lorz, Oliver: Einführung in die Volkswirtschaftslehre, 15. Auflage, Köln 2007; Kapitel
     18 und 19.

Aufgabe 69: Inflation und Arbeitslosigkeit

Wissen, Anwenden
8 Minuten

1. Aufgabenstellung

In einer modernen Volkswirtschaft herrscht eine Arbeitslosigkeit von 7 Prozent. Die Zentralbank erwartet binnen Jahresfrist einen Anstieg der Inflation in der Periode 2 auf 2,3 Prozent. Darüber sind einige Ökonomen besorgt. Allerdings sehen dies andere Ökonomen gelassener und verweisen auf die sog. Phillips-Kurve der Makroökonomie.

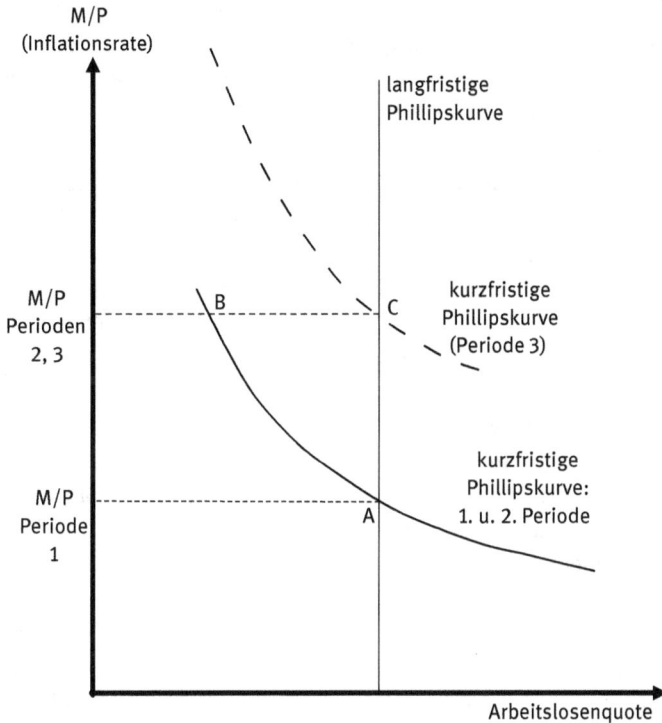

Abbildung 37: Philipskurve (kurz- und langfristig). Ursprungsgraphik: Samuelson, Paul A.; Nordhaus, William D.: Volkswirtschaftslehre; 4 aktualisierte Neuauflage, München 2010, Kapitel 30, z. T. verändert, z. T. ergänzt

a) Erläutern Sie bezugnehmend auf die obenstehende Abbildung die Grundannahmen der Phillipskurve am Bespiel des kurzfristigen Kurvenverlaufs und erläutern Sie dabei den Begriff der natürlichen Arbeitslosenrate für zwei Zeitpunkte.

b) Beschreiben Sie die Entwicklung von zwei Zeitpunkten (hier: Perioden 2 nach 3) bzw. von den Punkten B nach C in der nachfolgenden Abbildung; warum ist der Verlauf der langfristige Verlauf der Phillips-Kurve anders als der kurzfristige?

c) Welche Form der Arbeitslosigkeit lässt sich mit Hilfe eines Impulses zum Anstieg der Inflation bekämpfen?

2. Lösungen

a) Die Kurve veranschaulicht den direkten Zusammenhang zwischen Arbeitslosigkeit und Inflation. Bei hoher Arbeitslosigkeit ist die Verhandlungsmacht der Arbeitnehmer gering; normalerweise können diese erst bei geringer Arbeitslosigkeit ihre Interessen (hier: Lohnsteigerungen) durchsetzen. Gelingt dies auch schon bei hoher Arbeitslosigkeit, z. B. aufgrund von wirtschaftspolitischer Intervention (Fiskal- oder Geldpolitik), kann eine sog. Lohn-Preis-Lohn-Spirale entstehen, wenn die durchgesetzten höheren Löhne Folge eines Inflationsanstieges sind und die Unternehmen versuchen, die gestiegenen Kosten mittels höherer Preise an die Nachfrager weiterzureichen. Der Phillipskurve (von A nach B, Periode 1 und 2) bringt u. a. zum Ausdruck, dass die Arbeitslosenquote vorübergehend von der sog. natürlichen Arbeitslosenquote in einem Land abweichen kann, wenn z. B. mehr Kaufkraft (Nachfrageverbesserung) vorhanden ist oder wenn Reallöhne aufgrund des Inflationsanstieges sinken (Angebotsverbesserung). Die natürliche Arbeitslosenrate entspricht bei einem bestimmten neuralen Inflationsniveau, einem Unterbeschäftigungsniveau aufgrund von demografischen Größen, Informationsdefiziten oder Mobilitätshemmnissen am Arbeitsmarkt.

b) Im Punkt B zeigt sich der (kurzfristige) Abbau der Arbeitslosigkeit, infolge des Inflationsanstiegs gegenüber der Ausgangsituation (A). Wenn die Arbeitnehmer nach und nach einen weiteren Ausgleich des Reallohns (plus Produktivitätszuschlag) fordern, setzt sich die Lohn-Preis-Spirale fort. Dadurch steigen aber die Kosten in den Unternehmen an, die Verkaufszahlen beginnen wieder zu sinken und damit steigt auch erneut das Niveau der Arbeitslosigkeit. Bei Punkt C ist das höhere Inflationsniveau dann von den Märkten antizipiert worden; die ursprünglich vorhandene natürliche Arbeitslosenrate pendelt sich wieder ein, was durch den unelastischen Verlauf der langfristigen Phillipskurve zum Ausdruck gebracht wird. Durch Strukturverbesserungen (Qualifikation, Beseitigung von Mobilitätshemmnissen) kann aber die natürliche Arbeitslosenrate langfristig positiv beeinflusst werden (elastischerer Verlauf oder Linksverschiebung).

c) Allein konjunkturell verursachte Arbeitslosigkeit kann durch den Inflationsimpuls gesenkt werden.

3. Hinweise zur Lösung

1958 dokumentierte der britische Ökonom Alban Phillips erstmals den Zusammenhang zwischen Arbeitslosigkeit und der Veränderung der Inflationsrate. Die zentrale Determinante für den Verlauf der Phillipskurve ist, ob die Arbeitnehmer auf den Arbeitsmärkten und die Unternehmen auf den Gütermärkten die Gelegenheit bekommen, unter inflationären Bedingungen die Folgen auf die jeweils anderen Wirtschaftssubjekte abzuwälzen. Gelingt dies, so ergibt sich eine beiderseits angetriebene Lohn-Preis-Lohn-Spirale. Weil diese Abwälzungsmöglichkeiten bei Arbeitnehmern und Unternehmen mit sinkender Arbeitslosenquote zunehmen, verläuft die Phillipskurve fallend.

4. Literaturempfehlung

Bofinger, Peter: Grundzüge der Volkswirtschaftslehre. 4. Auflage, München 2015, Kapitel 12.
Samuelson, Paul A.; Nordhaus, William D.: Volkswirtschaftslehre; 4 aktualisierte Neuauflage,
  München 2010, Kapitel 30.

Aufgabe 70: Einflussgrößen der volkswirtschaftlichen Gesamtnachfrage und des Gesamtangebotes

Wissen, Verstehen
10 Minuten

1. Aufgabenstellung

Die nachfolgende Tabelle zeigt wichtige gesamtwirtschaftliche Größen (Stand: 23. Februar 2016) in Mrd. Euro

Tabelle 19: VGR

Gesamtwirtschaftliche Größen	2013	2015
Bruttowertschöpfung	2 536,860	2 722,657
Land- und Forstwirtschaft; Fischerei	20,040	15,028
Produzierendes Gewerbe ohne Baugewerbe	655,525	701,177
darunter: Verarbeitendes Gewerbe	572,594	615,384
Baugewerbe	113,329	128,089
Dienstleistungen	1 747,966	1 878,363
Bruttoinlandsprodukt (BIP)	2 820,820	3 025,900
Konsumausgaben	2 104,642	2 220,078
Private Konsumausgaben	1 562,704	1 633,388
Konsumausgaben des Staates	541,938	586,690
Bruttoanlageinvestitionen	557,304	606,174
Ausrüstungen	181,253	200,069
Bauten	277,226	297,653
Sonstige Anlagen	98,825	108,452

Tab. 19 (fortgesetzt)

Gesamtwirtschaftliche Größen	2013	2015
Vorratsveränderungen und Nettozugang an Wertsachen	−10,533	−36,450
Inländische Verwendung von Gütern	2 651,413	2 789,802
Außenbeitrag (Exporte minus Importe)	169,407	236,098
Exporte	1 283,139	1 419,606
Importe	1 113,732	1 183,508
Bruttonationaleinkommen (BNE)	2 882,035	3 091,500
Volkseinkommen	2 096,608	2 260,646
Arbeitnehmerentgelt	1 430,774	1 543,106
Unternehmens- und Vermögenseinkommen	665,834	717,540

Quelle Tabelle 12: Statistisches Bundesamt (destatis):
https://www.destatis.de/DE/ZahlenFakten/GesamtwirtschaftUmwelt/VGR/Inlandsprodukt/
Tabellen/Gesamtwirtschaft.html. Abruf: 7.3.2016

a) Welches Ziel verfolgt man mit der Volkswirtschaftlichen Gesamtrechnung (VGR) und wie erfasst man die Schattenwirtschaft?
b) Wodurch entsteht der Unterschied zwischen BIP und BNP (früher BSP)?
c) Welchen Beitrag leistet die Industrie bei der Entstehung des BIP?
d) Welche Aussagekraft hat die nachfolgende Tabelle, wenn man sich in einer Phase hoher Inflation befinden würde?
e) Was versteht man unter den Konsumausgaben des Staates?
f) Was versteht man unter den Arbeitnehmerentgelten in der VGR und welche Aussage kann man mit ihrer Hilfe treffen, wenn man diese Größe durch das Volkseinkommen dividiert?

2. Lösungen

a) Ziel der VGR ist es, möglichst alle ökonomischen Tauschvorgänge in einer Volkswirtschaft zu erfassen (zwischen Unternehmen und privaten und öffentlichen Haushalten). Dafür benötigt man eine systematische Registrierung aller Vorgänge durch Statistische Ämter. Die VGR soll auch helfen, Voraussagen der gesamtwirtschaftlichen Entwicklung zu treffen, und sie liefert somit Entscheidungshilfen für die Wirtschaftspolitik und für das Investitionsverhalten der Unternehmen. In Ländern mit einem hohen Anteil an Schattenwirtschaft, die statistisch nicht bei der Wertschöpfung erfasst werden kann, müssen Schätzungen zugrunde gelegt werden. Die Prognosebasis ist dann deutlich schlechter als in Ländern mit einer empirisch gestützten VGR.

b) Bei der Berechnung des BIP wird das sog. Inlandskonzept zu Grunde gelegt. Wertmäßig erfasst wird die Summe aller Güter und Dienstleistungen, die im Inland innerhalb eines Jahres von In- und Ausländern hergestellt bzw. erbracht werden. Dagegen basiert die BNE Berechnung auf dem sog. Inländerkonzept. Dabei wird innerhalb eines Jahres die Wirtschaftsleistung von Inländern erfasst, egal ob diese im In- oder im Ausland erfolgt ist. Man erhält den Wert für das BNE, indem vom BIP die Erwerbs- und Vermögenseinkommen abgezogen werden, die in das Ausland geflossen sind, und im Gegenzug die von Inländern aus dem Ausland empfangenen Einkommen addiert. Für Deutschland ist der Saldo in der Tabelle positiv. Offensichtlich sind im Ausland von Deutschen mehr Einkommen generiert worden als von Deutschen ins Ausland abgeflossen sind.

c) Seit 1973 gibt es in Deutschland keine Industriestatistik mehr. Erfasst wird das sog. verarbeitende Gewerbe als Hilfsgröße. Auch wenn der Wert mittlerweile deutlich kleiner ist als der der Dienstleistungen, so ist Deutschland dennoch ein Industrieland, weil viele Dienstleistungen unmittelbar abhängig sind vom Vorhandensein der Produktion im verarbeitenden Gewerbe.

d) Besonders beim Vergleich von zwei Perioden ist die Aussagekraft dann sehr eingeschränkt, weil die Inflation den Eindruck vermitteln könnte, die Wirtschaftskraft sei gestiegen. Deshalb weist man sog. preisbereinigte Größen aus (als Index-Zahlen meist bezogen auf ein Basisjahr):

Indikatoren	Einheit	2013	2014	2015
BIP preisbereinigt	2010 = 100	104,39	106,06	107,85
Veränderungsrate des Bruttoinlands-produkt, preisbereinigt	%	0,3	1,6	1,7

e) Unter den Konsumausgaben des Staates versteht man den Wert der Güter, die der Staat selbst herstellt (ohne sog. selbst erstellte Anlagen und Verkäufe) sowie Ausgaben für Güter, die als soziale Sachtransfers (z. B. Kühlschrank für Bedürftige) den privaten Haushalten für ihren Konsum zur Verfügung gestellt werden.

f) Das Arbeitnehmerentgelt setzt sich aus den Bruttolöhnen und -gehältern der Arbeitnehmer sowie den Sozialbeiträgen der Arbeitgeber zusammen. Dividiert man dieses durch das Volkseinkommen, erhält man die Lohnquote, nämlich den Anteil des Arbeitnehmerentgeltes am Nettonationaleinkommen zu Faktorkosten (= Volkseinkommen). Ein Anstieg der Lohnquote in Industriegesellschaften mit einem hohen Anteil an Beschäftigten in Dienstleistungsberufen ist typisch, weil die Bereitstellung von Dienstleistungen personalintensiver ist als die industrielle Produktion von Sachgütern.

3. Hinweise zur Lösung

Die volkswirtschaftliche Gesamtrechnung stellt vor allem die Entstehung (Entstehungsrechnung), die Verteilung (Verteilungsrechnung) und die Verwendung (Verwendungsrechnung) des Sozialprodukts bzw. Bruttoinlandsprodukts differenziert nach Wirtschaftssektoren dar. Das Berechnungsschema der VGR ist umstritten, weil – so die Kritik – keine ausreichende Berücksichtigung immaterieller Vermögenswerte wie Humankapital, sozialer Kosten wie Umweltverschmutzung oder sozialer Erträge (wie Bildung und Freizeit) berücksichtigt würden. Alternative Wohlstandsindikatoren sind dagegen exakter bzw. qualitativ besser, haben aber keine ausreichende international vergleichbare Datenbasis.

4. Literaturempfehlung

Beck, Bernhard: Volkswirtschaft verstehen, Ausgabe Deutschland, Zürich 2006, S. 211–224.
Brümmerhoff, Dieter; Grömling, Michael: Volkswirtschaftliche Gesamtrechnungen, 9. Auflage, München 2011, Kapitel 4.

Aufgabe 71: Deflation

Wissen, Anwenden
5 Minuten

1. Aufgabenstellung

a) Was versteht man unter einer Deflation?
b) Welche Ursachen kann eine Deflation haben?
c) Bestimmen Sie Phasen der Deflation im Euroraum im dargestellten Zeitraum (vgl. nachfolgende Abbildung).

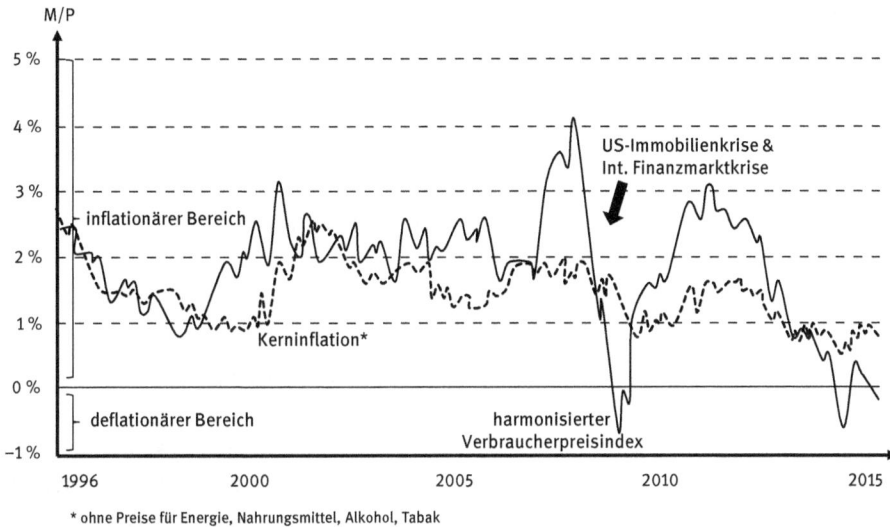

Abbildung 38: Veränderung des Preisniveaus im Euroraum in Prozent gegenüber dem jeweiligen Vorjahr. Zahlen: eurostat, versch. Jahrgänge

2. Lösungen

a) Bei einer Deflation kommt im ungünstigsten Fall ein Abwärtskreislauf in Bewegung (z. B. Weltwirtschaftskrise 1929 oder Immobilien- & Finanzmarktkrise 2008), bei dem die Wirtschaftsleistung sukzessive abnimmt. Ein Merkmal ist, dass die Preise vieler Güter über mehre Quartale hinweg sinken; somit zögern Verbraucher (und Unternehmen) in Erwartung noch niedrigerer Preise ihre Käufe (Investitionen) hinaus. Bei den Unternehmen sinken die Umsätze und nachfolgend die Erträge, während die Kosten durch Verträge bedingt zeitlich erst einmal nicht sinken können. Die Investitionszurückhaltung der Unternehmen hat zur Folge, dass die Arbeitslosigkeit steigt. Die Banken vergeben aus Furcht vor Kreditausfällen kaum mehr Kredite, die Steuereinnahmen und die Ausgaben des Staates sinken.

b) Eine Deflation ist entweder Symptom einer Rezession oder einer tiefgreifenden Strukturkrise. Ist die Ursache eine Verhaltensänderung der Nachfrage, kann der Staat versuchen, den Konsum künstlich anzuregen und so das Angebot künstlich zu verknappen (Konsumentenkredite). Er kann Mindestpreise festsetzen für Öffentliche Güter, Einfuhrüberschüsse begrenzen, die mit dem Abfluss von Geldmitteln in das Ausland verbunden sind, oder er kann die Erzeugung von Gütern begrenzen bzw. verteuern durch Steuererhöhungen. Sind die Ursachen aber struktureller Art, ist die Bekämpfung viel schwieriger: Der Staat muss Vertrauen in die Märkte bringen, z. B. mit Hilfe der Ordnungspolitik und Reformen umsetzen, wie z. B. durch die Liberalisierung und Deregulierung von Faktormärkten, respektive die Infrastruktur verbessern.

c) Eine Deflation ist ansatzweise in den Jahren 2009 und 2014/15 zu erkennen. Während sich die Situation 2009 und nachfolgend relativ rasch wieder beruhigt hat, d. h. das Preisniveau stieg nachfolgend wieder an, ist für den Zeitraum am Ende der dargestellten Zeit Periode ein insgesamt niedriges Preisniveau zu erkennen, das einem längerfristigen Abwärtstrend zu folgen scheint.

3. Hinweise zur Lösung

Bei einer Deflation steht technisch betrachtet der gesamtwirtschaftlichen Gütermenge eine zu geringe Geldmenge gegenüber, mit der Folge, dass die Gesamtnachfrage geringer ist als das Gesamtangebot; oder aber die Verunsicherung im Gesamtmarkt ist so groß, dass Nachfrager nicht konsumieren und Produzenten nicht investieren wollen. Deflationäre Tendenzen sind in der Wirtschaftsgeschichte seltener anzutreffen als inflationäre Entwicklungen. Die Bekämpfung ist meist deshalb problematisch, weil oft Uneinigkeit über die Ursachen besteht. So kann z. B. eine Strukturkrise wie sie im Euroraum seit 2009 sichtbar geworden ist infolge der Missachtung des Stabilitäts- und Wachstumspaktes zur Sicherung der Gemeinschaftswährung, nicht mit geldpolitischen Maßnahmen bekämpft werden. In der Weltwirtschaftskrise war andererseits die Austeritätspolitik des deutschen Reichs ein Fehler, weil die Ursachen überwiegend nachfrageseitiger Art waren.

4. Literaturempfehlung

Büttner, Ursula: Politische Alternativen zum Brüningschen Deflationskurs, Ein Beitrag zur Diskussion über „ökonomische Zwangslagen" in der Endphase von Weimar, Vierteljahresberichte für Zeitgeschichte, Jg. 37, April 1989, insbesondere S. 212 f. und auch Matthias Bartsch und Henryk Eismann, Brünings Wirtschaftspolitik, Maßnahmen, Handlungsspielräume, Alternativen, Eine Retrospektive zur Borchardt-Kontroverse, Juni 2005, S. 18–22.

Siebert, Horst; Lorz, Oliver: Einführung in die Volkswirtschaftslehre, 15. Auflage, Köln 2007; S. 307–308.

2.3 Wirtschaftspolitik

Aufgabe 72: Subventionierung

Transfer
7 Minuten

1. Aufgabenstellung

Der Staat steht vor dem Problem, die begrenzten Haushaltsmittel für soziale Leistungen möglichst effizient zu verwenden. Dazu stehen ihm grundsätzlich zwei verschiedene Ansätze der Verteilung von (Transfer-)Einkommen bzw. Subventionen zur Verfügung: Preissubventionen, z. B. in Form subventionierter Mieten und alternativ sog. Personenbezogene Transferleistungen, wie z. B. Wohngeld-Zahlungen.

a) Charakterisieren und vergleichen Sie die beiden Ansätze am Beispiel der Bereitstellung von Wohnraum für einkommensschwache Menschen.

b) Kritiker nennen den ermäßigten Mehrwertsteuersatz eine sozial ungerechte Umverteilung von Steuermitteln. Nehmen Sie dazu Stellung.

2. Lösungen

a) Bei einer Preissubventionierung wird der Preis eines Gutes für alle Nachfrager nach unten korrigiert, meist in Form eines sog. Höchstpreises. Alle zahlen dann für das Gut einen niedrigeren Preis als den Marktpreis. Bei Personenbezogenen Transferleistungen wird eine individuelle Bedürftigkeitsprüfung vorgenommen, z. B. wie hoch das monatliche Haushaltseinkommen ist. Ist dieses aus Sicht des Staates zu niedrig, bekommt der Bedürftige einen Einkommenszuschuss, um den Marktpreis bezahlen zu können. Während Preissubventionen relativ einfach vergeben werden können, aber allen zugutekommen, d. h. Bedürftigen und Nicht-Bedürftigen, erreichen personenbezogene Einkommenstransfers nur die wirklich Bedürftigen. Allerdings ist der Verwaltungsaufwand größer, und es erfolgt eine Offenlegung der persönlichen Einkommensverhältnisse.

b) Bei bestimmten Produkten, zum Beispiel bei Büchern oder Lebensmitteln, beträgt die Mehrwertsteuer 7 Prozent. Mit dieser künstlichen Verbilligung der Güter möchte der Staat sicherstellen, dass jeder sie ausreichend konsumieren kann. Tatsächlich handelt es sich aber um eine ineffiziente Verwendung von Staatsgeldern, weil jeder die Vergünstig erfährt, egal ob man Sozialhilfe bezieht oder Manager mit einem hohen Einkommen ist. Begründet wir das damit, dass die Überprüfung der individuellen Einkommensverhältnisse bei einem Kauf der meisten Güter kaum möglich ist.

3. Hinweise zur Lösung

Eine Subvention gewährt der Staat Wirtschaftssubjekten, wenn er meint, dass Angebot und/oder Nachfrage bestimmter Güter nicht das gesellschaftlich wünschenswerte Niveau erreichen. Es handelt sich um direkte Geldzahlungen, Mindest- und Höchstpreisverordnungen oder geldwerte Vorteile (z. B. Steuervergünstigungen, Preisnachlässe bei Käufen des Staates, Bürgschaften). Bei den privaten Haushalten stehen sozialpolitische Aspekte im Vordergrund (Verteilungspolitik). Gewährt der Staat Subventionen an Unternehmen, erwartet er meist keine unmittelbare Gegenleistung von den Empfängern; vielmehr erhofft er sich langfristige Strukturverbesserungseffekte. Ferner werden finanzielle Leistungen an Unternehmen, Wirtschaftszweige oder an besonders bedürftige Regionen vergeben. Nur manchmal sind Subventionen aber doch an Bedingungen gebunden (z. B. Umweltauflagen oder Sozialstandards). Oft wirken Subventionen aber entgegen der gewünschten Entwicklungsrichtung, weil die Empfänger diese als Signal wahrnehmen, die Güter auch noch anzubieten, wenn der Markt sie nicht mehr nachfragt. Stattdessen werden Produkt- und Prozessinnovationen nicht vorangetrieben. Subventionen in Form von Personenbezogenen Einkommenstransfers gelten gemeinhin als unproblematisch, weil anders als bei Preissubventionen die Marktpreisbildung kaum beeinträchtigt wird.

4. Literaturempfehlung

Fredebeul-Krein, Markus; Koch, Walter A. S.; Kulessa, Margareta; Sputek, Agnes: Grundlagen der Wirtschaftspolitik, 4. Auflage München 2014, S. 135–136.

Laaser, Claus-Friedrich , Rosenschon, Astrid: Der Kieler Subventionsbericht: Eine Aktualisierung bis zum Jahr 2013/2014, KIELER DISKUSSIONSBEITRÄGE, Nr. 547/548 | Juli 2015, Herausgegeben vom Institut für Weltwirtschaft, Kiel 2015, S. 4–7.

Aufgabe 73: Lohnstückkosten und Lohnpolitik

Verstehen, Anwenden
8 Minuten

1. Aufgabenstellung

Angenommen in einem Unternehmen der Chemiebranche beträgt der Lohnsatz, also der Preis für eine Stunde Arbeit, im Durchschnitt 48,00 € je Stunde. Aktuell werden 6 Gütereinheiten pro Stunde hergestellt. Für die Branche werden nun aber zukünftig geringere Löhne und längere Arbeitszeiten vereinbart: Der Lohnsatz sinkt um 7 %, aber auch die Arbeitsproduktivität nimmt ab, und zwar um 6 %.

a) Errechnen Sie die Veränderung der Lohnstückkosten und erklären Sie die potentiellen Auswirkungen auf die Verkaufspreise.

b) Wie verändern sich das Preisniveau und der Geldwert, wenn die genannten Veränderungen der Lohnstückkosten und der Arbeitsproduktivität für die gesamte Volkswirtschaft gelten würden?

c) Wer sind die wirtschaftspolitischen Akteure, die Lohnfindung der Branchenlöhne verhandeln und vereinbaren?

d) Unter welchen volkswirtschaftlichen Bedingungen sollten die wirtschaftspolitischen Akteure (unpopuläre) Lohnsenkungen vereinbaren?

2. Lösungen

a) Ursprüngliche Lohnstückkosten: 48/6 = 8,00 €/Stück
Neue Lohnstückkosten: 44,64/5,64 = 7,91 €/Stück
Preise sinken durch die Kostenentlastung der Unternehmen

b) Wenn die Veränderung der Lohnstückkosten und der Arbeitsproduktivität in der gesamten Volkswirtschaft wirksam würde, dann sinkt tendenziell das Preisniveau durch die Kostenentlastung. Der Geldwert steigt, da es keinen Preisdruck gibt oder sogar deflatorische Tendenzen sichtbar werden.

c) Die wirtschaftspolitischen Akteure sind die Gewerkschaften und die Arbeitgebervertreter der Branchen. Nur sie dürfen die Tariflöhne aushandeln, nicht der Staat. Mithilfe des gesetzlichen Mindestlohns greift der Staat aber ein in die sog. tariffreie Zone. Der Staat wird dann zu einem Akteur in der Lohnfindungspolitik.

d) Wenn in einer Volkswirtschaft strukturelle Unterbeschäftigung herrscht, konjunkturelle Einflüsse also herausgerechnet werden, dann besteht die Notwendigkeit, das Lohnniveau abzusenken oder zumindest nicht mehr so rasch wie in der Vergangenheit steigen zu lassen. Die Formel lautet, dass die Lohnzuwächse dann unterhalb des Produktivitätsfortschritts in der betreffenden Branche bzw. Tarifgruppe liegen müssen; nur dann kann strukturelle Arbeitslosigkeit nachhaltig abgebaut werden.
Bei der Berechnung der Lohnstückkosten werden die Lohnkosten ins Verhältnis zu den hergestellten Gütern, Produkte oder Dienstleistungen gesetzt. Rechnerisch werden die Lohnkosten durch die Anzahl der erstellen Einheiten dividiert. Die Lohnstückkosten werden beeinflusst von der Produktivität sowie von der Höhe der Löhne selbst. Steigende Produktivität führt zu sinkenden Lohnstückkosten. Gleiches gilt für sinkende Löhne. Abnehmende Produktivität führt hingegen genauso wie steigende Löhne zu höheren Lohnstückkosten. Lohnstückkosten können als Indikator für die Wettbewerbsfähigkeit eines Landes oder Unternehmens verwendet werden, wobei niedrigere Lohnstückkosten meist einhergehen mit einer höheren Wettbewerbsfähigkeit.

Umstritten ist, ob sich z. B. Tarifvertragsparteien bei der Findung von Tariflöhnen (Lohnpolitik) grundsätzlich eher an der Entwicklung der Inflationsraten orientieren sollen oder eher an der Entwicklung der Arbeitsproduktivität. Zumindest bei hoher Arbeitslosigkeit sollte eine Orientierung an der Entwicklung der Arbeitsproduktivität hilfreich bei Abbau der strukturellen Arbeitslosigkeit.

4. Literaturempfehlung

Dieckheuer, Gustav: Makroökonomik: Theorie und Politik, 5. Auflage, Berlin 2013, S. 173–184 sowie Kapitel 7.

Samuelson, Paul A.; Nordhaus, William D.: Volkswirtschaftslehre; 15. Auflage, Wien 2000, Kapitel 37, S. 846.

Aufgabe 74: Meritorische Güter

Wissen, Verstehen
5 Minuten

1. Aufgabenstellung

a) Was versteht man unter einem meritorischen Gut?

b) Der Staat überlegt, ob er den Besuch einer KITA als Meritorisches Gut definieren soll und den Besuch verpflichtend zu machen. Nennen Sie Pro und Contra Argumente

c) Welches der nachfolgend angeführten Argumente/Aussagen können als ökonomisch relevante Ursachen für eine zu geringe Nachfrage an meritorischen Gütern genannt werden? Bitte kreuzen sie die richtige/n Aussage/n an!

Argumente/Aussagen	richtige Aussage(n) ankreuzen
I. Die Konsumenten neigen aufgrund von Informationsdefiziten zu irrationalen Entscheidungen, z. B. Nichtanlegen des Sicherheitsgurtes im Kraftfahrzeug.	
II. Konsumenten wissen oft nicht, welche Vor- und Nachteile Güter haben (unvollständige Information), weshalb der Staat den Verbraucherschutz institutionalisiert.	
III. Die Konsumenten haben aufgrund von zu geringen Informationen falsche (Zeit-)Präferenzen, und sorgen deshalb selbst nicht genügend für den Fall der Pflege vor, weshalb der Staat eine Pflichtversicherung vorschreibt.	

Tab. (fortgesetzt)

Argumente/Aussagen	richtige Aussage(n) ankreuzen
IV. Existenz externer Effekte: Impfpflicht vermeidet die Entstehung von Pandemien.	
V. Mangelhafte Preisinformationen: Es bilden sich keine Preise am Markt für Bildung, weshalb der Staat die Lehrer verbeamten muss und Bildungsangebote in Eigenleistung erstellen muss.	
VI. Existenz gesellschaftlich relevanter Bildungsdefizite: Die Konsumenten sind aufgrund ihrer Sozialisierung und ihrer Bildungsbiographie nicht in der Lage zu entscheiden, welche Güter sie konsumieren sollen, weshalb der Staat ihnen den Konsum bestimmter Güter vorschreibt.	

2. Lösungen

a) Der Begriff bezeichnet ein Gut, von dem angenommen wird, dass es einen größeren gesellschaftlichen Nutzen stiften könnte, als im Ergebnis der Marktversorgung bei freier Marktpreisbildung für private Güter, bei der eine Rivalität im Konsum besteht und Nachfrage ausgeschlossen werden. Als Sonderform eines öffentlichen Gutes wird der Konsum meritorischer Güter empfohlenen oder sogar vorgeschrieben.

b) Pro Argumente: Sicherstellung der Bildungsbiographie, Eltern können dem Beruf nachgehen; Vorhandensein einer professionellen und pädagogisch wertvollen Kinderbetreuung;
Contra Argumente: Frühzeitige Trennung von den Eltern; höhere Kosten für den Staat; Externer Nutzen eines verpflichtenden Besuchs einer KITA ist nicht empirisch nicht nachweisbar.

c) Richtige Aussagen: I., II., III., IV.
Falsche Aussagen:
V.: Es gibt Länder mit Bildungsangeboten als privates Gut, auf denen sich knappheitsbedingte Preise bilden. Auch erbringen Nicht-Beamte in einigen Ländern entsprechende Arbeiten und sind bei schlechter Leistung auch kündbar.
VI: Ein derart legitimierter Eingriff des Staates verkennt die individuellen Präferenzen und unterstellt, dass die Nachfrager (hier: die Bürger) unfähig seien, entsprechende Entscheidungen zu treffen. Der Staat hat somit die Aufgabe zu informieren, um die Konsumentensouveränität zu stärken.

3. Hinweise zu den Lösungen

Der Begriff meritorische Güter geht auf den deutsch-amerikanischen Ökono-men Richard Musgrave zurück. Aus Sicht des Staates bzw. der Gesellschaft gibt es (ursprünglich) private Güter, die zwingend hergestellt bzw. konsumiert werden sollten, weil diese einen großen externen Nutzen haben und die Präferenzen der Wirtschaftssubjekte für die Güter verzerrt sind. Sorgt sich der Staat nicht um die Bereitstellung der Güter, besteht ansonsten die Gefahr, dass sie nicht ausreichend hergestellt bzw. nachgefragt werden. Was ein Meritorisches Gut ist, steht aber nicht allgemein fest, vielmehr ist es das Ergebnis eines politisch-gesellschaftlichen Dis-kurses und kann in jeder Volkswirtschaft zu einem anderen Ergebnis führen. Dabei besteht immer eine latente Missbrauchsgefahr. Anbieter könnten darauf hoffen, dass der Staat das von Ihnen angebotene Gut als meritorisch einstuft und werden dafür mit Lobbyarbeit aktiv. Oder der Staat hält den Bürger für unmündig, Entscheidungen zu treffen, was in einer Demokratie ein Widerspruch in sich darstellt.

4. Literaturempfehlung

Lampert, Heinz.; Althammer, Jörg: Lehrbuch der Sozialpolitik, 8. Auflage, Heidelberg, 2007, S. 144–148.
Musgrave Richard A., Musgrave Peggy B., Kullmer, Lore: Die öffentlichen Finanzen in Theorie und Praxis. Stuttgart, 1994, S. 100–102.

Aufgabe 75: Wirtschaftspolitische Grundkonzepte

Wissen, Anwenden
5 Minuten

1. Aufgabenstellung

Ordnen Sie folgende Definitionen den verschiedenen wirtschaftspolitischen Konzep-ten zu: Allokationspolitik, Wachstumspolitik, Ordnungspolitik, Verteilungspolitik, Prozesspolitik

Politikart	Merkmal
a)	Dabei handelt es sich um Entscheidungen und Maßnahmen des Staates, die die Gestaltung der Rahmenbedingungen des Wirtschaftsgeschehens zum Gegenstand haben, wie z. B. die Wettbewerbsverfassung, die Fiskalverfassung, die Geldverfassung und die Sozialverfassung und die Rechtsordnung einer Volkswirtschaft.
b)	Dabei handelt es sich um Entscheidungen und Maßnahmen des Staates, die darauf gerichtet sind, das Ergebnis der wirtschaftlichen Leistung vorab oder im Nachhinein zu korrigieren. Das wichtigste Instrument dafür ist die Einkommensteuer, bei der geringe Einkommen weniger, höhere Einkommen mehr besteuert werden. Die Einnahmen des Staates werden dann für öffentliche Güter, Subventionen oder Infrastrukturmaßnahmen verwendet.
c)	Dabei handelt es sich um Entscheidungen und Maßnahmen des Staates, die eine direkte Einflussnahme in das Wirtschaftsgeschehen zum Gegenstand haben. Dazu gehören z. B. Preisinterventionen, Ad Hoc-Subventionen, Abwrackprämien oder die Förderung akut gefährdeter Branchen in einer Krise.
d)	Dabei handelt es sich um Entscheidungen und Maßnahmen des Staates, die auf einen effizienten Einsatz der Produktionsfaktoren zielen. Dazu gehören der Abbau von Wettbewerbshemmnissen, die einer freien Güter- und Faktorpreisbildung entgegenstehen, sowie die effiziente und effektive Bereitstellung nicht marktfähiger Öffentlicher Güter oder die Beseitigung von Ursachen für eine verschwenderische oder umweltschädigende Produktions- und Konsumstruktur.
e)	Dabei handelt es sich um Entscheidungen und Maßnahmen des Staates, die auf eine langfristige Erhöhung der Wirtschaftsleistung pro Einwohner abzielen. Dazu zählt eine inflations- und deflationsvermeidende Geldpolitik, die Preisstabilität bewirkt, eine Handelspolitik, die die Integration des Landes in die internationale Arbeitsteilung sicherstellt, ein funktionierendes Bankensystem und ein gut qualifiziertes Arbeitskräftepotential und eine leistungsfähige Infrastruktur (z. B. Breitbandnetze).

2. Lösungen

A) Ordnungspolitik
B) Verteilungspolitik
C) Prozesspolitik
D) Allokationspolitik
E) Wachstumspolitik

3. Hinweise zur Lösung

Die wirtschaftlichen Konzepte sind Ausdruck eines Grundverständnisses, wie Gestaltungsprozesse in einer offenen Volkswirtschaft funktionieren sollen. Dabei ergänzen sich in der Praxis konstituierende und regulierende Prinzipien. Während im System der Sozialen Marktwirtschaft der Fokus stets auf der Gestaltung konstituierender Größen liegt, können je nach wirtschaftlicher Lage, die für eine kurze oder mittlere Frist erwartet werden, die wirtschaftspolitischen Konzeptionen im Einzelnen recht unterschiedlich sein. Teilweise spielen auch parteipolitische oder ideologische Wertvorstellungen in die Gestaltung der Politikkonzepte mit hinein.

4. Literaturempfehlung

Fredebeul-Krein, Markus; Koch, Walter A. S.; Kulessa, Margareta; Sputek, Agnes Grundlagen der Wirtschaftspolitik, 4. Auflage München 2014, S. 19–21; S. 290–298.
Giersch Herbert: Konjunktur- und Wachstumspolitik – 1. Januar 1977– 1. Januar 1977.
Walter Eucken: Grundsätze der Wirtschaftspolitik; Herausgegeben von Edith Eucken und K. Paul Hensel, 6., Auflage mit einem Vorwort zur Neuausgabe 1990 von Ernst-Joachim Mestmäcker, Tübingen 2008.

Aufgabe 76: Beeinflussung von Produktivität und Arbeitsmarktpolitik

Transfer
10 Minuten

1. Aufgabenstellung

a) Angenommen das reale BIP je Erwerbstätigem verändert sich über fünf Jahre hinweg von rund 85000 Euro auf 95000 Euro. Welche Aussagen hinsichtlich der gesamtwirtschaftlichen Produktivitätsentwicklung sind möglich?

b) Bestimmen Sie das Verhältnis von Arbeitsproduktivität und Kapitalproduktivität als Quellen des Wirtschaftswachstums in modernen Industriegesellschaften.

c) Anfang der ersten Dekade des 21. Jh. gab es in Deutschland eine durchgreifende Änderung der Arbeitsmarktpolitik, die u. a. Langzeitarbeitslosen die Annahme von Arbeitsstellen auferlegte, die auch unterhalb ihrer Qualifikation liegen. Welche Auswirkung erwarten Sie langfristig für wenig Qualifizierte und sind diese bereits in der nachfolgenden Abbildung erkennbar?

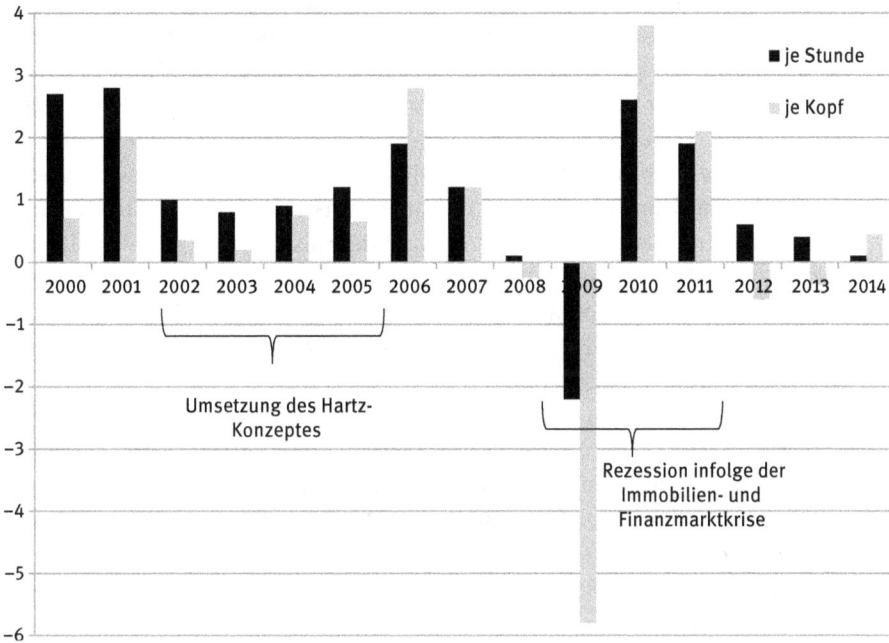

Abbildung 39: Arbeitsproduktivität in Deutschland, Veränderung gegenüber dem jeweiligen Vorjahr in % (Preisbereinigtes BIP je Erwerbstätigem bzw. je geleisteter Erwerbstätigenstunde). Zahlen: Destatis, Stat. Bundesamt (Hrsg.), Statistisches Jahrbuch für die Bundesrepublik Deutschland (vers. Jahrgänge)

d) Welche Maßnahmen kann die Wirtschaftspolitik ergreifen, um die Entwicklung der Arbeitsproduktivität positiv zu beeinflussen und wie wirkt diese?

2. Lösungen

a) Die Änderung der gesamtwirtschaftlichen Produktivität von rund 11,8 Prozent innerhalb von 5 Jahren (bzw. jährlich 2,25 Prozent) deutet darauf hin, dass die privaten und öffentlichen Unternehmen sowie die Freiberufler einer Volkswirtschaft Erfolge bei der Qualifizierung der Arbeitskräfte sowie bei der Modernisierung des Kapitalstocks (Maschinen und Anlagen) erreicht haben.

b) Die Arbeitsproduktivität ist meist die Hauptquelle des Wirtschaftswachstums, weil die Arbeitsteilung und damit der Spezialisierungsgrad sehr hoch sind. Dabei hilft der Kapitaleinsatz in Form von Maschinen und Anlagen in erheblichem Umfang. Der technische Fortschritt macht sich unmittelbar im Ergebnis einer Volkswirtschaft bemerkbar, wenn die Arbeitskräfte im Umgang mit neuen Maschinen und Anlagen erprobt sind und ihre Arbeitsorganisation entsprechend modifiziert haben.

c) Die Arbeitsmarktreformen in Deutschland in den Jahren 2002 bis 2005 (sog. Hartz-Konzept) hat die Arbeitsmärkte in Deutschland dereguliert und im Ergebnis u. a. dafür gesorgt, dass mehr Menschen mit geringer Qualifikation wieder eine Beschäftigung finden konnten, wenngleich diese teilweise weiterhin bezuschusst blieb. Dadurch haben wieder mehr Menschen mit geringer Arbeitsproduktivität, die zuvor als Langzeitarbeitslose vom Arbeitsmarkt ausgeschlossen waren, Zugang zum Arbeitsmarkt gefunden, was man grundsätzlich ab 2008 deutlich erkennen kann. Sowohl je Arbeitsstunde als auch pro Kopf sind die Produktivitätszuwächse gering. Allerdings wird dieser Trend zwischenzeitlich unterbrochen durch die Immobilien- und Finanzmarktkrise, die in Deutschland v. a. in den Jahren 2009 bis 2011 die Arbeitsmärkte beeinträchtigte (Kurzarbeit und Wiedereinstellung Qualifizierter).

d) Der Staat beeinflusst mit Hilfe von Bildungspolitik und Wettbewerbspolitik den technischen Fortschritt, ohne selbst lenkend in die Unternehmenspolitik einzugreifen. Dabei geht es bildungspolitisch darum, zum einen Schülerinnen und Schüler sozial, interkulturell, methodisch und fachlich auf die vielfältigen Anforderungen der Berufswelt vorzubereiten, zum anderen geht es darum, Grundlagenforschung an den Hochschulen zu stärken, um Innovationen in der Zukunft zu fördern. Wettbewerbspolitisch kann die Auflösung von monopolistischen oder oligopolistischen Marktsituationen helfen, den Wettbewerb zu begünstigen und somit effizienteren und produktiveren Arbeitsmethoden zum Durchbruch zu verhelfen, was vorher auf regulierten oder nicht-wettbewerblich organisierten Märkten kaum nötig war (z. B. Telekommunikationsmarkt, Energiemärkte). Mit Hilfe von Standards (hier Arbeitsmarktgesetzen) kann der Staat die objektiven Arbeitsbedingungen in den Unternehmen verbessern und somit das Betriebsklima indirekt beeinflussen. Diese Maßnahmen verbessern langfristig die Arbeitsproduktivität bzw. das Funktionieren der Faktormärkte.

3. Hinweise zur Lösung

Die Produktivität (Gesamtproduktivität) in einem Unternehmen, bzw. in einer Volkswirtschaft, drückt das Verhältnis von Produktionsergebnis und Einsatz von Produktionsfaktoren (v. a. Arbeit und Kapital) aus. Allgemein steigt die Produktivität, wenn bei gleichem Einsatz an Produktionsfaktoren das Produktionsergebnis größer wird als zuvor oder wenn bei gleichem Produktionsergebnis die Einsatzmenge der Produktionsfaktoren kleiner wird. Die Arbeitsproduktivität ist eine Teilproduktivität, die die Effizienz des Produktionsfaktors Arbeit misst. Sie repräsentiert das Verhältnis aus der mengenmäßigen Leistung und dem mengenmäßigen Arbeitseinsatz. Im Gegensatz zur Gesamtproduktivität, wird hier die gesamte Ausbringungsmenge nur dem Produktionsfaktor Arbeit gegenübergestellt.

4. Literaturempfehlung

Franz, Wolfgang: Arbeitsmarktökonomik, 6. Auflage Berlin 2006, Kapitel 8.
Seidel, Horst: Grundlagen der Volkswirtschaftslehre, 28. Auflage, Troisdorf 2012, S. 33–34.

Aufgabe 77: Das Assignment-Problem und das Magische Viereck

Wissen, Anwenden
10 Minuten

1. Aufgabenstellung

Die Lösung des sog. Assignment-Problems zählt zu den grundlegenden Aufgaben der Ordnungspolitik in Deutschland. Dabei sollen für die vier wichtigsten Ziele der Sozialen Marktwirtschaft, genannt Magisches Viereck, eine klare Zuordnung von Entscheidungsträgern und eine ebenso klare Arbeitsteilung hinsichtlich der Zielsetzung erfolgen, um konterkarierende Maßnahmen der Wirtschaftspolitik zu verhindern.

a) Ordnen Sie den nachfolgend genannten Zielen der Wirtschaftspolitik die Hauptverantwortlichen Akteure der Wirtschaftspolitik zu:
– Geldwertstabilität
– Hoher Beschäftigungsgrad
– Angemessenes und stetiges Wirtschaftswachstum
– Außenwirtschaftliches Gleichgewicht

Ergänzen Sie die Auflistung um mitverantwortliche Akteure und nennen Sie mögliche wirtschaftspolitische Maßnahmen dieser Akteure, die die Hauptverantwortlichkeit unterstützen könnten.

Ziel	Hauptverantwortung	Mitverantwortung (typische wirtschaftspolitische Maßnahmen)
Geldwertstabilität		
Hoher Beschäftigungsgrad		
Angemessenes und stetiges Wirtschaftswachstum		
Außenwirtschaftliches Gleichgewicht		

b) Erläutern Sie, warum die Lösung des sog. Assignment-Problems eine Voraussetzung ist für die Umsetzung einer wirtschaftspolitischen Gesamtkonzeption angebotsorientierter oder nachfrageorientierter Art?

2. Lösungen

a)

Ziel	Hauptverantwortung	Mitverantwortung (typische wirtschaftspolitische Maßnahmen)
Geldwertstabilität	Geldpolitik (Zentralbank, EZB)	Staat: Gestaltung der indirekten Steuern; Administrative Preise Tarifvertragsparteien: Tariflohnentwicklung (Beeinflussung der Lohnstückkosten)
Hoher Beschäftigungsgrad	Lohnpolitik (Tarifvertragsparteien)	Zentralbank: Beeinflussung des Inflationsniveaus und damit der Reallöhne Staat: Gestaltung der Sozialversicherungen und anderer gesetzlicher Lohnnebenkosten; Ausgestaltung der Lohn- und Einkommensteuer
Angemessenes und stetiges Wirtschaftswachstum	Finanzpolitik (Bund)	Zentralbank: Geld(mengen)politik, Zinspolitik; Inflationsbeeinflussung Staat: Bildungs- und Forschungspolitik (Beeinflussung der Arbeitsproduktivität und der Innovationskraft); Medien und private Institutionen: Beeinflussung des Arbeitsethos und der generellen Einstellung zu einer „Wachstumsgesellschaft"
Außenwirtschaftliches Gleichgewicht	Wettbewerbspolitik (Bund/EU)	Internationale Organisationen/Vereinbarungen: WTO-Politik Staat: Subventionspolitik; Ausgestaltung tarifärer und nicht-tarifärer Handelshemmnisse (Beeinflussung der internationalen Arbeitsteilung) Europäische Union: Entscheidung über internationale Handelsabkommen, z. B. TTIP

b) Mit der Klärung von Zuständigkeiten und insbesondere der klaren Arbeitsteilung zwischen den Trägern der Wirtschaftspolitik, bezogen auf die wirtschaftspolitischen Ziele, wird die Voraussetzung geschaffen, bestimmten wirtschaftspolitischen Grundkonzeptionen für einen längeren Zeitraum zu folgen. Diese müssen in sich transparent und konsistent sein, damit sich die Wirtschaftssubjekte auf

Reaktionen der Wirtschaftspolitik in bestimmten Problemlagen (z. B. zu geringe Nachfrage in einer Volkswirtschaft) einstellen können. Die Entscheidungsträger müssen ihrerseits mit den Instrumenten und Wirkungsweisen der Konzeptionen vertraut sein. Es muss erkennbar sein, ob die Wirtschaftspolitik grundsätzlich eher die Innovations- und Investitionskraft der Unternehmen steigern möchte oder ob eine Stärkung der gesamtwirtschaftlichen Nachfrage durch eine Stimulierung der Konsumausgaben erfolgen soll.

3. Hinweise zur Lösung

Das Magische Viereck ist eine inhaltliche Verkürzung der wichtigsten wirtschaftspolitischen Ziele) vom 8. Juni 1967. Magisch sind die Ziele, weil in der Wissenschaft umstritten ist, welches der zeitliche Bezugsrahmen ist in dem alle vier Ziele erreicht werden können. Kritiker wenden ein, dass zwischen den einzelnen Zielen Konflikte und Wechselwirkungen bestehen können (z. B. niedrige Inflation und niedrige Arbeitslosigkeit gleichzeitig erreichen zu können). Allerdings gibt es lange Phasen in der Wirtschaftsgeschichte des Nachkriegsdeutschlands in denen die Ziele sehr wohl gleichzeitig erreicht werden konnten. Um dies zu ermöglichen ist die Überwindung des sog. Assignment-Problems zwingend notwendig, um Zielkonflikte zu vermeiden, z. B. dass die Zentralbank sich arbeitsmarktpolitischen Wünschen der Politiker zu einer Politik des leichten Geldes veranlasst sehen könnte.

Der Niederländer Jan Tinbergen verdeutlichte 1952 modellhaft, dass jedes wirtschaftspolitische Ziel mindestens ein Instrument benötigt und somit eindeutig definierte wirtschaftspolitische Träger haben sollte. Wenn die Unabhängigkeit einzelner Akteure sichergestellt ist (z. B. unabhängige Europäische Zentralbank), ist eine Koordination der wirtschaftspolitischen Entscheidungsträger nicht mehr zwingend notwendig bezogen auf vom Staat definierte Ziele.

4. Literaturempfehlung

Bofinger, Peter: Grundzüge der Volkswirtschaftslehre, 4. Auflage München 2015, S. 251–278 sowie 307–334.

Donges, Juergen B.; Freytag, Andreas: Allgemeine Wirtschaftspolitik, 3. Auflage Stuttgart 2009, S. 23–33.

Halver, Werner: Klassifizierung von Wirtschaftsordnungen und wirtschaftspolitischen Konzeptionen; Das Magische Viereck. , Unterrichtsmaterialien Wirtschaft, Recht, Grundwerk der Loseblattsammlung 685, Kapitel W., Freising 2004, S. 1–8.

3 Wirtschaftsrecht

Zur Lösung der juristischen Aufgaben benötigen Sie Gesetzestexte (BGB, HGB, GmbHG, AktG, UWG). Bei rechtlichen Fragestellungen ergeben sich die Lösungen weitestgehend aus dem Gesetz. Insofern ist es ein Ziel des Rechtsteils, dass die Studierenden lernen, mit dem Gesetzestext umzugehen und die einschlägigen Regelungen zu finden. Hilfreich ist es dann auch, im Gesetzestext Unterstreichungen vorzunehmen, etwa die einzelnen Voraussetzungen eines Anspruchs zu unterstreichen und zu nummerieren.

Ein geeigneter Gesetzestext ist:

Berens/Engel (Hrsg.), nwb Textausgabe, Wichtige Wirtschaftsgesetze für Bachelor/Master, Band 1, jeweils in aktueller Auflage

Die Gesetzestexte sind auch im Internet abrufbar unter https://www.gesetze-im-internet.de/volltextsuche.html

Die Falllösungen sind angepasst für Nichtjuristen, d. h. es werden nicht alle Voraussetzungen bis ins Detail erörtert, sondern Vereinfachungen insofern vorgenommen, als dass nur die für die Praxis entscheidenden Gesichtspunkte erörtert werden.

3.1 Die juristische Subsumtionstechnik

Aufgabe 78: Erlernen der juristischen Subsumtionstechnik

Wissen, Verstehen, Anwenden
10 Minuten

1. Aufgabenstellung

V will seinen Gebrauchtwagen für 4.500 EUR verkaufen. In seinem Auto hängt ein Schild, dass der Wagen 4.500 EUR kostet. K benötigt für sein Unternehmen ein neues Fahrzeug. Er besichtigt das Auto und sagt dem V er nehme es. V übergibt K das Fahrzeug. K zahlt 2000 EUR an. Der Restkaufpreis soll in einer Woche bezahlt werden. Der Freundin des K, die auch in seinem Unternehmen arbeitet, gefällt die Farbe nicht. K will das Auto zurückgeben. Muss K den Restkaufpreis in Höhe von 2.500 EUR bezahlen?

https://doi.org/10.1515/9783110439601-003

2. Lösungen

Die Lösung eines rechtlichen Falles sollte in der juristischen Subsumtionstechnik erfolgen.

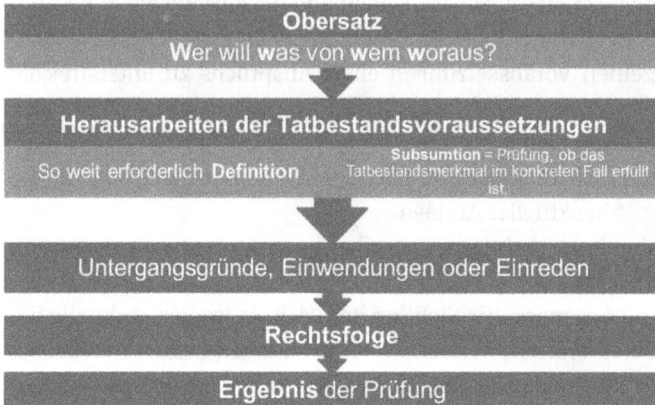

Abbildung 40: Die juristische Subsumtionstechnik

Erste Aufgabe ist es, die richtige Anspruchsgrundlage zu finden (zumeist erkennbar an Formulierungen wie „kann verlangen" oder „ist verpflichtet"). Dabei ist die Frage zu stellen: Wer will was von wem woraus?

– Wer = Anspruchsteller
– Was = Anspruchsinhalt
– Wem = Anspruchsgegner
– Woraus = Anspruchsgrundlage

Zum Fall:
V will von K die Zahlung des Restkaufpreises in Höhe von 2.000 EUR gem. § 433 Abs. 2 BGB

Voraussetzung eines Anspruchs auf Zahlung des Kaufpreises ist das Bestehen eines wirksamen Kaufvertrages.

1. Ein Kaufvertrag besteht aus zwei übereinstimmenden Willenserklärungen, Angebot und Annahme. Die Parteien des Kaufvertrages müssen sich über die Kaufsache und den Kaufpreis einigen.

   Hier einigten sich V und K über den Verkauf des Gebrauchtfahrzeugs zum Preis von 4.500 EUR.

2. Allein, dass der Freundin des K die Farbe des Fahrzeugs nicht gefällt, berechtigt nicht zur Rückabwicklung des Vertrages.

3. Der Anspruch auf Zahlung des Kaufpreises ist aber durch die bereits erfolgte Zahlung in Höhe von 2.000 EUR in dieser Höhe durch Erfüllung gem. § 362 Abs. 1 BGB erloschen. Er besteht also nur noch in Höhe von 2.500 EUR.

4. Die Rechtsfolge eines Anspruchs aus § 433 Abs. 2 BGB ist die Verpflichtung zur Kaufpreiszahlung.

Ergebnis: V hat gegenüber K einen Anspruch auf Zahlung von 2.500 EUR gem. § 433 Abs. 2 BGB.

3. Hinweise zur Lösung

Die Lösung erfolgt in der juristischen Subsumtionstechnik.
1. Diese hat folgende Vorteile:
– Die klare Struktur mit den einzelnen Lösungsschritten kommt gerade auch Studierenden anderer Fachbereiche – insbesondere den MINT-Studierenden – entgegen
– Es erfolgen keine überflüssigen, sondern nur zielführende Überlegungen und Prüfungen
– Die Probleme können ausführlich dort erörtert werden, wo sie auch relevant sind

2. Wichtig ist es, die richtige Anspruchsgrundlage zu finden. Folgende Anspruchsgrundlagen sind auch für Nichtjuristen wichtig und werden im Rahmen des folgenden Kapitels erläutert:
– § 433 Abs. 1 BGB Anspruch des Käufers auf Lieferung der Kaufsache
– § 433 Abs. 2 BGB Anspruch des Verkäufers auf Zahlung des Kaufpreises
– § 439 BGB Anspruch des Käufers auf Nacherfüllung
– § 631 Abs. 1 BGB Anspruch des Bestellers auf Lieferung eines Werkes
– § 631 Abs. 1 BGB Anspruch des Herstellers eines Werkes auf Vergütung
– § 635 BGB Anspruch des Bestellers auf Nacherfüllung
– § 8 UWG Unterlassungsanspruch bei unlauterem Wettbewerb

3. Die juristische Subsumtionstechnik wird auch bei den weiteren rechtlichen Aufgabestellungen angewendet.

4. Literaturempfehlung

Hildebrand, Tina, Juristischer Gutachtenstil, 3. Auflage 2017.
Valerius, Brian, Einführung in den Gutachtenstil, 4. Auflage 2017.

3.2 Der Kaufvertrag

Aufgabe 79: Zustandekommen des Kaufvertrages

Wissen, Verstehen, Anwendung, Transfer
20 Minuten

1. Aufgabenstellung

S ist nach seinem Bachelorabschluss bei dem Energie-Unternehmen E-GmbH im Vertrieb tätig. In seinem Arbeitsvertrag ist u. a. festgelegt, dass er für den Verkauf von Garten-Windkraftanlagen eingesetzt wird. Er ist auch berechtigt, den Kunden befristete Sonderangebote zu machen.

K möchte sich eine Windkraftanlage für den Garten kaufen. Am 04.08.2016 ruft er bei der E-GmbH an. S sagt, er werde K ein Angebot per Post schicken. K müsse sich dann allerdings schnell entscheiden. Am 08.08.2016 erhält K per Brief auf einem Briefbogen der E-GmbH ein Angebot für eine Anlage für 1.599 EUR. Das Angebot ist bis zum 12.08.2016 befristet. K ruft S am 15.08.2016 an und sagt, er nehme die Anlage. S sagt diese koste nunmehr aber 1.749 EUR. K ist verärgert. Er sagt, er nehme die Anlage zwar, werde sich aber über S bei dem Geschäftsführer G beschweren. S liefert die Anlage und schickt K eine Rechnung über 1.749 EUR.

    a) Ist K verpflichtet, die Rechnung in voller Höhe zu begleichen?

    b) Kann S als Angestellter einfach den Preis erhöhen?

2. Lösungen

Zu a) Anspruch der E-GmbH → K auf Bezahlung der Anlage in voller Höhe gem. § 433 Abs. 2 BGB

Voraussetzung ist das Bestehen eines wirksamen Kaufvertrages. Dieser kommt zustande durch zwei übereinstimmende Willenserklärungen – Angebot und Annahme. Die Parteien müssen sich über Kaufpreis und Kaufsache einigen.

1.   Die E-GmbH hat selbst gar keine Willenserklärung abgegeben, könnte aber durch S wirksam vertreten worden sein gem. § 164 Abs. 1 BGB. Dies setzt voraus, dass S eine eigene Willenserklärung, in fremdem Namen, im Rahmen der ihm zustehenden Vertretungsmacht abgegeben hat.

    a.   S gibt eine eigenen Willenserklärung ab. Er hat Entscheidungsspielraum und ist damit nicht nur Bote.

    b.   S handelt im Namen der E-GmbH, in dem er den Briefbogen der E-GmbH verwendet.

c. Auch handelte er mit Vertretungsmacht. In seinem Anstellungsvertrag ist geregelt, dass es seine Aufgabe ist, Windkraftanlage zu verkaufen und dabei auch den Kunden befristete Sonderangebote zu machen.

Damit liegt eine wirksame Stellvertretung gem. § 164 Abs. 1 BGB vor und die Willenserklärungen des S wirken unmittelbar für und gegen die E-GmbH.

2. S macht dem K am 08.08.2016 ein Angebot. Ein Angebot ist eine Willenserklärung. Sie wird erst wirksam mit dem Zugang gem. § 130 BGB.

Das Angebot sei bis zum 12.08.2016 befristet gem. § 148 BGB und kann nur innerhalb der Annahmefrist angenommen werden.

Am 15.08.2016 ruft K an und nimmt das Angebot an. Da der Anruf nicht mehr in der Annahmefrist erfolgt, ist das ursprüngliche Angebot des S erloschen. Die verspätete „Annahme" des K gilt als ein neues Angebot, § 150 Abs. 1 BGB.

Dieses nimmt S aber nicht an, Vielmehr ändert er den Kaufpreis, was gem. § 150 Abs. 2 BGB als neues Angebot gilt.

Dieses geänderte Angebot nimmt K an, in dem er sagt, er nehme die Anlage.

Zwischen K und der E-GmbH besteht ein Kaufvertrag über eine Windkraftanlage zu einem Preis von 1.749 EUR.

Zu b) Der Einwand des K, S sei nicht in der Lage, den Preis zu ändern, ist unberechtigt. Wie oben ausgeführt, verfügt K über die entsprechende Vertretungsmacht.

Ergebnis: Der Anspruch der E-GmbH gem. § 433 Abs. 2 BGB besteht. K ist verpflichtet, der E-GmbH die Rechnung über 1.749 € zu begleichen.

3. Hinweise zur Lösung

Zu erkennen war, dass hier zunächst zu fragen war, ob S die E-GmbH wirksam vertreten hat. Die Stellvertretungsvoraussetzungen ergeben sich alle aus § 164 Abs. 1 BGB.

Mit dem Abschluss von Verträgen werden sowohl Angestellte als auch insbesondere die Führungsebenen eines Unternehmens häufig konfrontiert. Da Vertragsverhandlungen nicht selten so geführt werden, dass jede Partei noch ein wenig mehr für sich selbst herausholen möchte, werden die Angebote immer wieder verändert bzw. nachgebessert. Gerade wenn die Verhandlungen alle mündlich oder am Telefon geführt werden, streiten die Parteien später teilweise darüber, ob überhaupt und wenn ja zu welchen Konditionen ein Vertrag zustande gekommen ist. Um dann gut argumentieren zu können, ist es hilfreich, die allgemeine Definition für das Zustandekommen eines Vertrages zu kennen und sodann – wie in dem vorliegenden Fall – sorgfältig zwischen den einzelnen Willenserklärungen zu differenzieren. Dabei müssen die Bearbeiter die Vorschriften der §§ 148 und 150 BGB zu befristeten Angeboten, zur verspäteten Annahme und zu geänderten Konditionen kennen.

4. Literaturempfehlung

Führich, Ernst, Wirtschaftsprivatrecht, 13. Auflage 2017, S. 57–84, S. 106–115.
Gildeggen, Rainer/Lorinser, Barbara/Willburger, Andreas u. a., Wirtschaftsprivatrecht,
    Kompaktwissen für Betriebswirte, 3. Auflage 2016, S. 25, S. 41–50, S. 74–95.
Lange, Knut Werner, Basiswissen Ziviles Wirtschaftsrecht – Ein Lehrbuch für
    Wirtschaftswissenschaftler, 7. Auflage 2015, S. 30–36, S. 56–60.
Mehrings, Jos, Grundzüge des Wirtschaftsprivatrechts, 3. Auflage 2015, S. 21–50, S. 129–142.
Ullrich, Norbert, Wirtschaftsrecht für Betriebswirte, 8. Auflage 2015, S. 5–12, S. 28 f., S. 32–37.

Aufgabe 80: Fristen und Verjährung

Wissen, Verstehen, Anwendung, Transfer
20 Minuten

---

1. Aufgabenstellung

K kauft von V, einem gewerblichen Händler, am 05.09.2016 ein internetfähiges Smart-TV zum Preis von 2.500 EUR zum privaten Gebrauch.
a) Wann verjährt der Kaufpreisanspruch?
b) V setzt K eine letzte Zahlungsfrist von 14 Tagen. Das Schreiben geht dem K am 17.09.2016 zu. Wann endet die Frist?
c) V setzt K am 31.10.2016 eine 1-Monatsfrist zur Begleichung der Forderung. Wann endet die Frist?

Bitte begründen Sie jeweils Ihre Antwort und geben Sie die einschlägigen Rechtsvorschriften an!

2. Lösungen

Zu a) Für die Verjährung des Kaufpreisanspruchs gilt die regelmäßige Verjährungsfrist von 3 Jahren nach § 195 BGB. Die regelmäßige Verjährungsfrist beginnt nach § 199 Abs. 1 BGB mit dem Schluss des Jahres, in dem der Anspruch entstanden ist. Sodass hier die Frist am 31.12.2016 um 24:00 Uhr zu laufen beginnt. Der Anspruch verjährt somit 3 Jahre später am 31.12.2019 um 24:00 Uhr.

Zu b) Es handelt sich um eine Ereignisfrist nach § 187 Abs. 1 BGB. Der Tag des fristauslösenden Ereignisses – hier der Zugang der Fristsetzung – wird bei der Fristberechnung nicht mitgerechnet. Die Frist beginnt hier mit dem Beginn des nächsten Tages, am 18.09.2016 um 0:00 Uhr. Eine nach Tagen bemessene Ereignisfrist endet nach § 188 Abs. 1 BGB mit Ablauf des letzten Tages der Frist. Dies ist an sich Samstag, der 01.10.2016. Wenn eine Frist an einem Samstag, Sonntag oder bundeseinheitlich anerkannten Feiertag endet, ist das Fristende der Ablauf des nächsten Werktages, § 193 BGB. Da der 01.10.2016 ein Samstag und der 03.10.2016 ein bundeseinheitlich anerkannter Feiertag ist, endet die Frist am Dienstag, den 04.10.2016 um 24:00 Uhr.

Zu c) Wiederum wird eine Ereignisfrist nach § 187 Abs. 1 BGB gesetzt. Der Tag der Fristsetzung wird nicht mitgerechnet. Die Frist beginnt hier mit dem Beginn des nächsten Tages, am 01.11.2016 um 0:00 Uhr. Eine nach Monaten bestimmte Frist endet nach § 188 Abs. 2 1. Alt. BGB an dem Tag, dessen Benennung oder dessen Zahl demjenigen Tag entspricht, in welchem das Ereignis oder der Zeitpunkt fiel. Hier beträgt die Frist einen Monat, sodass die Frist – wenn es den Tag geben würde – mit Ablauf des 31.11.2016 (24:00 Uhr) endet. Da es diesen Tag nicht gibt, endet die Frist gem. § 188 Abs. 3 BGB am letzten Tag des Monats, nämlich am 30.11.2016.

3. Hinweise zur Lösung

Die Bestimmung bzw. Berechnung von Fristen, sowie die Kenntnis der wesentlichen Verjährungsregelungen ist auch für den Nichtjuristen von enorm wichtiger Bedeutung. Beherrscht werden muss sowohl die Berechnung des Fristbeginns als auch die des Fristendes. Die Regelung des § 193 BGB zu Samstagen, Sonntagen und Feiertagen als Fristende hat eine hohe praktische Bedeutung. Sie gilt aber nicht für den Fristbeginn, sondern nur für das Fristende.

Wenn Fristen nicht richtig eingehalten werden, kann der Schuldner in Verzug geraten. Er muss dann auch einen etwaigen Verzugsschaden sowie Verzugszinsen zahlen. Der Gläubiger muss wissen, wann der Schuldner in Schuldnerverzug gerät, damit er entsprechend einen Verzugsschaden und Verzugszinsen geltend machen kann.

Verjährung wird nur berücksichtigt, wenn sie vom Schuldner geltend gemacht wird. Sie führt nicht etwa automatisch zum Erlöschen des Anspruchs, sondern begründet nur eine Einrede, § 214 Abs. 1 BGB. Das gilt auch im Prozess. Das auf einen verjährten Anspruch Geleistete kann nicht zurückgefordert werden, § 214 Abs. 2 BGB.

4. Literaturempfehlung

Führich, Ernst, Wirtschaftsprivatrecht, 13. Auflage 2017, S. 123–130.
Gildeggen, Rainer/Lorinser, Barbara/Willburger, Andreas u. a., Wirtschaftsprivatrecht,
    Kompaktwissen für Betriebswirte, 3. Auflage 2016, S. 140–146.
Lange, Knut Werner, Basiswissen Ziviles Wirtschaftsrecht – Ein Lehrbuch für
    Wirtschaftswissenschaftler; 7. Auflage 2015, S. 18–20.
Mehrings, Jos, Grundzüge des Wirtschaftsprivatrechts, 3. Auflage 2015, S. 158–165.
Ullrich, Norbert, Wirtschaftsrecht für Betriebswirte, 8. Auflage 2015, S. 28 f.

3.3 Kaufrechtliche Gewährleistung

Aufgabe 81: Voraussetzungen der kaufrechtlichen Gewährleistung

---

Wissen
15 Minuten

---

1. Aufgabenstellung

a) Wann hat ein Käufer kaufrechtliche Gewährleistungsansprüche?

b) Was ist ein Sachmangel und welche Fallgruppen gibt es? Nennen Sie bitte für jede Fallgruppe ein Beispiel!

c) Was verstehen Sie unter „Gefahrenübergang" und wann findet dieser statt?

2. Lösungen

a) Die Geltendmachung von Gewährleistungsrechten setzt insbesondere das Vorliegen eines Mangels im Zeitpunkt des Gefahrenübergangs voraus. Zu unterscheiden sind der Sachmangel und der Rechtsmangel, der hier außen vor bleibt.

b) Ein Sachmangel ist jede negative Abweichung der Ist- von der Sollbeschaffenheit.

§ 434 BGB normiert folgende Fallgruppen:

- Nicht vereinbarte Beschaffenheit, § 434 Abs. 1 S. 1 BGB
  Die Kaufvertragsparteien vereinbaren bei Kauf eines neuen Dienstwagens, dass dieser über eine Sitzheizung verfügt.
- Nicht nach Vertrag vorausgesetzter Verwendung geeignet, § 434 Abs. 1 S. 2 Nr. 1 BGB
  Das Fahrzeug springt nicht an.
- Für gewöhnliche Verwendung ungeeignet und Nichtvorhandensein der üblichen erwarteten Beschaffenheit, § 434 Abs. 1 S. 2 Nr. 2 BGB
  Das Fernlicht des Fahrzeugs funktioniert nicht.
- Für die Beschaffenheitsanforderungen sind die eigenen Werbeaussagen und diejenigen dem Verkäufer zurechenbarer Dritter entscheidend, § 434 Abs. 1 S. 3 BGB
  Der Händler wirbt beim Dieselfahrzeug mit einem durchschnittlichen Verbrauch in der Stadt von 5 Litern auf 100 km. Tatsächlich liegt dieser bei 6,5 L.
- Unsachgemäße Montage, § 434 Abs. 2 S. 1 BGB
  Die Reifen lösen sich, weil sie nicht richtig montiert sind.
- Mangelhafte Montageanleitung, § 434 Abs. 2 S. 2 BGB
  Die Anleitung zum Selbsteinbau des mobilen Navigationssystems weist Fehler auf, so dass eine Montage nach Anleitung nicht zum Ziel führt.

– Lieferung einer anderen Sache, § 434 Abs. 3 1. Alt. BGB
  Statt eines Sportwagens wird ein Combi geliefert.
– Lieferung einer Mindermenge, § 434 Abs. 3 2. Alt. BGB
  Es werden 10 neue Dienstfahrzeuge bestellt, aber nur 9 geliefert.

c) Der Mangel muss im Zeitpunkt des Gefahrenübergangs vorliegen. Der Gefahrenübergang regelt, wer das Risiko des zufälligen Untergangs und der zufälligen Verschlechterung einer Sache trägt. Wenn die Gefahr bereits auf den Käufer übergegangen ist, muss er im Falle des zufälligen Untergangs der Sache den vollen Kaufpreis zahlen und bekommt keine neue Sache.

Der Zeitpunkt des Gefahrenübergangs richtet sich nach der Schuldart.

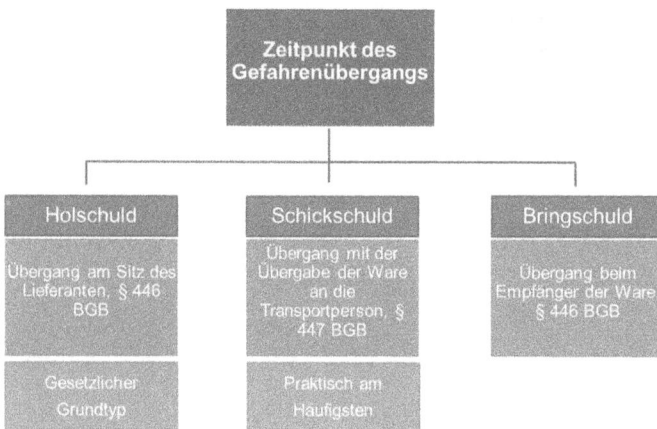

Abbildung 41: Zeitpunkt des Gefahrenübergangs

Der Sonderfall des Verbrauchsgüterkaufs nach § 474 Abs. 1 BGB knüpft an einen Kaufvertrag über eine bewegliche Sache zwischen Unternehmer (§ 14 BGB) und Verbraucher (§ 13 BGB) an. Hierbei greift insbesondere die Beweislastumkehr nach § 476 BGB, wonach innerhalb der ersten sechs Monate nach Gefahrenübergang vermutet wird, dass der Mangel bereits bei Gefahrenübergang vorlag. Es verschiebt sich aber auch der Gefahrenübergang beim Versendungskauf: die Gefahr geht grundsätzlich erst mit der Übergabe der Ware an den Käufer über, § 474 Abs. 4 BGB.

3. Hinweise zur Lösung

Im Wirtschaftsleben kommt es häufig vor, dass die Kaufsache einen Mangel aufweist. Das Vorliegen eines Mangels ist die wesentliche Voraussetzung des Bestehens von Gewährleistungsansprüchen. Die Studierenden sollten daher die allgemeine Definition eines Sachmangels kennen und wissen, dass die einzelnen Fallgruppen in § 434 BGB geregelt sind.

Zudem müssen der Begriff und die Grundsätze des Gefahrenübergangs bekannt sein, denn der Mangel muss im Zeitpunkt des Gefahrenübergangs vorliegen. Hierfür trägt grundsätzlich der Käufer die Darlegungs- und Beweislast.

Zudem ist es wichtig, die Unterscheidung zwischen einem Kauf zwischen zwei Unternehmern und einem Verbrauchsgüterkauf zu kennen. Für diesen gelten Sonderreglungen, die eben auch von jedem Unternehmer zu beachten sind, der an einen Verbraucher verkauft:

Wie bereits erwähnt wird beim Verbrauchsgüterkauf, in den ersten 6 Monaten nach Gefahrenübergang vermutet, dass der Mangel bereits im Zeitpunkt des Gefahrenübergangs vorlag, § 476 BGB.

Beim Verbrauchsgüterkauf erfolgt der Gefahrenübergang bei der Schickschuld erst mit der Übergabe der Kaufsache an den Käufer, § 474 Abs. 4 BGB.

Die Gewährleistungsvorschriften können grundsätzlich nicht zum Nachteil des Verbrauchers abbedungen werden, § 475 BGB.

Aufgabe 82: Rechtsfolgen der kaufrechtlichen Gewährleistung

Wissen
5 Minuten

1. Aufgabenstellung

Welche Gewährleistungsansprüche bestehen im Falle eines Mangels der Kaufsache?

2. Lösungen

Gemäß § 437 BGB kann der Käufer, wenn die Sache bei Gefahrenübergang mangelhaft ist,	Die Nacherfüllung ist grundsätzlich das vorrangige Gewährleistungsrecht
• nach § 439 BGB Nacherfüllung (Beseitigung des Mangels oder die Lieferung einer mangelfreien Sache) verlangen • nach §§ 440, 323 und 326 Abs. 5 BGB vom Vertrag zurücktreten • oder nach §§ 440, 280, 281, 283 und 311a BGB Schadensersatz, oder nach § 284 Ersatz vergeblicher Aufwendungen verlangen.	• 2 Versuche • Käufer hat das Wahlrecht, Nachbesserung (Reparatur) oder Neulieferung einer mangelfreien Kaufsache, § 439 Abs. 1 BGB • Verkäufer kann hinsichtlich der Wahl allerdings Unverhältnismäßigkeit der Kosten einwenden, § 439 Abs. 3 BGB.

Abbildung 42: Gewährleistungsrechte des Käufers

3. Hinweise zur Lösung

Die Kenntnis der Rechtsfolgen der Gewährleistungsansprüche ist ebenso wichtig, wie die Kenntnis der Voraussetzungen. Diesbezüglich besteht in der Bevölkerung, aber teilweise auch bei den Teilnehmern im Wirtschaftsleben nicht selten eine falsche Vorstellung.

Bei Vorliegen eines Sachmangels kann nicht etwa sofort der Kaufpreis zurückgefordert werden. Der Vorrang der zweimaligen Nacherfüllung (sog. „Recht zur zweiten Andienung") sollte jedenfalls den Teilnehmern im Wirtschaftsleben bekannt sein.

Aufgabe 83: Geltendmachung eines Nacherfüllungsanspruchs

Wissen, Verstehen, Anwendung, Transfer
20 Minuten

1. Aufgabenstellung

K, der in der Eifel wohnt, möchte sich eine Wärmepumpe kaufen. Er geht am 28.09.2015 zum Großhändler V und schaut sich verschiedene Modelle an. K weist darauf hin, dass es ihm wichtig sei, dass die Pumpe auch in kalten Wintern gut funktioniert. V sagt, all seine Pumpen würden – wie dies inzwischen in Nord- und Mitteleuropa üblich sei – bis minus 20 Grad einwandfrei funktionieren. Er entscheidet sich für das Modell WP A 2016. Es kostet 3.575 EUR. Anfang Januar 2016 ist es sehr kalt, nachts minus 15 Grad. Die Wärmepumpe fällt am 22.01.2016 ganz aus. Es erscheint eine Fehleranzeige. K ruft bei V an und fordert ihn auf, dass V innerhalb der nächsten Woche eine neue Wärmepumpe liefert. V lehnt dies ab – der Fehler sei sicherlich wegen der eigenen Montage aufgetreten. Außerdem sei es jetzt ohnehin zu spät, denn die Wärmepumpe habe ja fast 4 Monate einwandfrei funktioniert.

Hat K gegen V einen Anspruch auf Lieferung einer neuen Wärmepumpe?

2. Lösungen

Anspruch des K → V auf Lieferung einer neuen Wärmepumpe nach §§ 437 Nr. 1, 439 Abs. 1 BGB?

1. Schuldverhältnis
Voraussetzung ist hier zunächst, dass zwischen K und V ein Schuldverhältnis besteht. Dieses ist hier unproblematisch in Gestalt eines Kaufvertrags nach § 433 BGB gegeben.

K und V schließen einen Kaufvertrag über eine Wärmepumpe Modell WP A 2016 zum Preis von 3.575 EUR.

2. Vorliegen eines Sachmangels

Allgemein definiert ist ein Sachmangel jede negative Abweichung der Ist- von der Sollbeschaffenheit. Die einzelnen Fallgruppen sind in § 434 BGB erfasst. In Betracht kommt ein Sachmangel im Sinne des § 434 Abs. 1 S. 1 BGB. Dieser liegt dann vor, wenn die Sache bei Gefahrenübergang nicht die vereinbarte Beschaffenheit aufweist. Vorliegend wurde der K von dem V dahingehend informiert, dass alle seine Pumpen bis zu einer Temperatur von minus 20 Grad Celsius funktionieren würden. Das von V an K verkaufte Modell WP A 2016 stellt jedoch bereits ab einer Temperatur von minus 15 Grad Celsius im Januar 2016 den Dienst ein, es erscheint eine Fehlermeldung. Die Wärmepumpe weist daher nicht die im Verkaufsgespräch vereinbarte Beschaffenheit auf, ein Sachmangel liegt damit vor.

3. Vorliegen des Mangels bei Gefahrenübergang

Dieser Sachmangel müsste auch bereits bei Gefahrenübergang vorgelegen haben. Das Vorliegen dieser Voraussetzung lässt sich nicht eindeutig feststellen: der Mangel trat erst nach 4 Monaten nach Lieferung das erste Mal auf. Das könnte unproblematisch sein, wenn es sich um einen Verbrauchsgüterkauf nach § 474 Abs. 1 BGB handelt. Dann würde nämlich die Beweislastumkehr des § 476 BGB greifen, nach der vermutet würde, dass innerhalb eines Zeitraums von 6 Monaten nach Gefahrenübergang, der Mangel bereits bei Gefahrenübergang vorlag. Dies ist hier der Fall, denn bei K handelt es sich um einen Verbraucher nach § 13 BGB und bei V handelt es sich um einen Unternehmer nach § 14 BGB.

4. Nachfristsetzung

Der K muss dem V eine angemessene Nachfrist von 1–2 Wochen setzen.

5. Wahlrecht

Nacherfüllung bedeutet Neulieferung oder Nachbesserung (Reparatur). Grundsätzlich besteht ein Wahlrecht des Käufers zwischen Neulieferung und Nachbesserung, § 439 Abs. 1 BGB. Eine Grenze ergibt sich aus § 439 Abs. 3 BGB, insbesondere im Falle unverhältnismäßig hoher Kosten. Vorliegend ist davon auszugehen, dass K die Neulieferung wählen wird.

6. Kein Ausschluss der Gewährleistung

Die Gewährleistung darf nicht ausgeschlossen sein. Beim hier vorliegenden Verbrauchsgüterkauf kann die Gewährleistung gar nicht vollständig ausgeschlossen werden, § 475 Abs. 1 BGB.

7. Keine Verjährung

Die kaufrechtliche Gewährleistung hat eine eigene Verjährungsregelung. Beim Kauf beweglicher Sachen verjähren die Ansprüche 2 Jahre nach Ablieferung, § 438 Abs. 1 Nr. 3 BGB. Seit dem Kauf am 28.09.2015 sind erst knappe 4 Monate vergangen.

8. Ergebnis: K hat somit einen Anspruch → V auf Lieferung einer neuen Wärmepumpe nach §§ 437 Nr. 1, 439 Abs. 1 BGB.

3. Hinweise zur Lösung

Die Abwicklung von Gewährleistungsansprüchen spielt im Wirtschaftsleben eine wesentliche Rolle. Sowohl als Verkäufer als auch als Käufer von Waren sollte man wissen, welche Voraussetzungen der vorrangig bestehende Nacherfüllungsanspruch hat, damit er richtig von Verkäuferseite aus abgewickelt bzw. von Käuferseite aus geltend gemacht werden kann.

Wichtig ist es, immer alle Anspruchsvoraussetzungen durchzuprüfen. In einem etwaigen Rechtsstreit ist es denkbar, dass der urteilende Richter das Vorliegen eines Tatbestandsmerkmals anders beurteilt und es daher sinnvoll ist, sich möglicherweise auf eine weitere Argumentationsschiene stützen zu können.

4. Literaturempfehlung

Führich, Ernst, Wirtschaftsprivatrecht, 13. Auflage 2017, S. 267–287.
Gildeggen, Rainer/Lorinser, Barbara/Willburger, Andreas u. a., Wirtschaftsprivatrecht,
    Kompaktwissen für Betriebswirte, 3. Auflage 2016, S. 177–205.
Lange, Knut Werner, Basiswissen Ziviles Wirtschaftsrecht – Ein Lehrbuch für
    Wirtschaftswissenschaftler, 7. Auflage 2015, S. 140–144.
Mehrings, Jos, Grundzüge des Wirtschaftsprivatrechts, 3. Auflage 2015, S. 253–291.
Ullrich, Norbert, Wirtschaftsrecht für Betriebswirte, 8. Auflage 2015, S. 66–70.

3.4 Der Werkvertrag

Aufgabe 84: Begriff des Werkvertrages

Wissen
8 Minuten

---

1. Aufgabenstellung

a) Was ist ein Werkvertrag? Beachten Sie bei der Erläuterung, wodurch sich ein Werkvertrag vom Dienstvertrag unterscheidet. Erläutern Sie bitte auch, wann und in welcher Höhe für den Besteller eine Vergütungspflicht besteht.

b) Sind folgende Verträge Werk- oder Dienstleistungsverträge? Erläutern Sie kurz Ihre Antwort.
– ärztliche Behandlungsverträge
– Architektenverträge
– Unterrichtsverträge
– Entwicklung von Individual-Software

2. Lösungen

Zu a) Bei einem Werkvertrag gem. § 631 BGB verpflichtet sich der Unternehmer zur Herstellung des versprochenen Werkes und der Besteller zu Entrichtung der vereinbarten Vergütung.

Bei einem Dienstvertrag gem. § 611 BGB verpflichtet sich der Dienstverpflichtete zur Leistung der versprochenen Dienste und der Dienstberechtigte zur Gewährung der vereinbarten Vergütung.

Wesentlicher Unterschied ist hier, dass bei einem Werkvertrag ein Erfolg geschuldet wird. Bei einem Dienstvertrag wird allein die Tätigkeit geschuldet, unabhängig vom Ergebnis.

Eine Vergütungspflicht besteht gem. § 631 Abs. 1 BGB. Die Vergütung ist mit der Abnahme des Werkes gem. § 641 Abs. 1 BGB fällig. Das bedeutet, der Unternehmer ist vorleistungspflichtig. Die Höhe der Vergütung bestimmt sich nach § 632 BGB. Wenn keine spezielle Vergütung vereinbart wurde, gilt für die Höhe die taxmäßige (z. B. berufsständische Vergütungsordnungen – etwa HOAI) oder die übliche Vergütung.

Zu b) Ärztliche Behandlungsverträge sind Dienstverträge. Der Arzt kann keinen Behandlungserfolg garantieren, er schuldet lediglich die Tätigkeit der Behandlung.

Architektenverträge sind Werkverträge. Der Architekt schuldet einen Erfolg, z. B. in der Form, dass das Haus bei starkem Wind standfest oder auch grundsätzlich bewohnbar ist.

Unterrichtsverträge sind Dienstverträge. Ein Lehrender schuldet nicht den Erfolg, dass alle Schüler/Studenten die Prüfung bestehen.

Die Herstellung von Individual-Software ist anders als der Verkauf von Standardsoftware ein Werkvertrag. Der Unternehmer verspricht nicht die Eigentumsverschaffung an einem von den Wünschen des Bestellers unabhängig vorgefertigten Gegenstand, sondern die Erstellung eines den vertraglichen Vorgaben genügenden Werks. Die Überlassung von Standardsoftware erfolgt hingegen auf der Grundlage eines Kaufvertrages.

3. Hinweise zur Lösung

Der Werkvertrag ist neben dem Kaufvertrag eine der wichtigsten Vertragsarten im Wirtschaftsleben. Um mit dieser Vertragsart rechtssicher umgehen zu können ist es wesentlich, zu erkennen, dass ein Werkvertrag vorliegt.

Klar sein muss den Parteien des Werkvertrages insbesondere auch, wann der Besteller die Vergütung bezahlen muss bzw. der Unternehmer sie verlangen kann. Aufgrund der Vorleistungspflicht des Unternehmers kann es für diesen bei größeren Projekten sehr wichtig sein, einen Zahlungsplan mit entsprechenden Abschlagszahlungen aufzustellen.

4. Literaturempfehlung

Führich, Ernst, Wirtschaftsprivatrecht, 13. Auflage 2017, S. 341ff.
Gildeggen, Rainer/Lorinser, Barbara/Willburger, Andreas u. a., Wirtschaftsprivatrecht, Kompaktwissen für Betriebswirte, 3. Auflage 2016, S. 206–223
Lange, Knut Werner, Basiswissen Ziviles Wirtschaftsrecht – Ein Lehrbuch für Wirtschaftswissenschaftler, 7. Auflage 2015, S. 151f.
Mehrings, Jos, Grundzüge des Wirtschaftsprivatrechts, 3. Auflage 2015, S. 343–354.
Ullrich, Norbert, Wirtschaftsrecht für Betriebswirte, 8. Auflage 2015, S. 73f.

Aufgabe 85: Werkvertragliche Gewährleistung

Wissen, Verstehen, Anwenden
20 Minuten

1. Aufgabenstellung

Der Informatikstudent I macht sich nach dem Studium selbständig und entwickelt Software für kleine private Hochschulen, die jeweils speziell auf die Bedürfnisse der einzelnen Hochschule zugeschnitten ist. Ein wesentlicher Schwerpunkt liegt dabei immer auf den Anforderungen für die Planung von Prüfungen sowie der Erfassung der Ergebnisse.

I erstellt im Februar 2014 ein Programm für die junge Hochschule S. Träger der Hochschule und damit sein Vertragspartner ist die S-GmbH. Als Entgelt haben sie 15.000 EUR vereinbart. Die Installation des Programms findet am 13. und 14. März 2014 statt. Die Hochschule bietet vielfach in ihren Modulen Teilprüfungen an. I hat zugesagt, dass das Programm automatisch eine Endnote erstellt. Als die Hochschule am 11.03.2016 zum ersten Mal Bachelorzeugnisse erstellt, fällt ihr auf, dass alle Modulnoten, denen mehrere Teilprüfungen zugrunde lagen, falsch berechnet sind.

a) Die S-GmbH fordert I auf, diesen Fehler innerhalb einer Woche zu beheben. I lehnt dies ab, denn dafür sei es zu spät. S habe das Programm sofort auch diesbezüglich testen und etwaige Mängel reklamieren müssen. Muss I den Fehler beheben?

b) Kann die S-GmbH auch bereits jetzt Schadensersatz geltend machen, weil sie fürchtet, dass sich diese Panne rumspricht und sich daher künftig weniger Studierende an ihrer Hochschule einschreiben?

2. Lösungen

Zu a) Anspruch der S-GmbH → I auf Nacherfüllung gem. §§ 635, 634 Nr. 1 BGB?
1. Schuldverhältnis
   Voraussetzung ist hierzu zunächst, dass zwischen der S-GmbH und dem I ein Schuldverhältnis besteht. Vorliegend besteht zwischen der S-GmbH und dem I ein Werkvertrag nach § 631 BGB, da es sich um die Herstellung einer Individualsoftware handelt. Es wird insoweit ein konkreter Erfolg geschuldet.
2. Vorliegen eines Sachmangels
   Ferner müsste ein Sachmangel nach § 633 BGB vorliegen. In Betracht kommt hier ein Sachmangel nach § 633 Abs. 2 S. 1 BGB. Dieser liegt vor, wenn das Werk nicht die vereinbarte Beschaffenheit hat. Die S-GmbH hat mit dem I vereinbart, dass die Software die Endnote automatisch berechnen soll. Dies funktioniert jedoch nicht, die Endnoten werden falsch berechnet. Die Software weist so-mit nicht die vereinbarte Beschaffenheit auf, ein Sachmangel liegt vor.
3. Vorliegen des Sachmangels bei Gefahrenübergang
   Der Sachmangel müsste zudem bei Gefahrenübergang vorliegen. Der Gefahrenübergang liegt in der Abnahme nach §§ 640, 644 BGB. Die Abnahme erfolgt mit der Installation im März 2014. Es ist davon auszugehen, dass die Endnote sich bereits bei Abnahme nicht berechnete.
   Der Besteller hat dieses Tatbestandsmerkmal im Streitfall zu beweisen und muss dazu möglicherweise ein Sachverständigengutachten einholen.
4. Nachfristsetzung
   Zudem müsste die S-GmbH eine Frist zur Nacherfüllung gesetzt haben. Die S-GmbH hat eine Frist von einer Woche gesetzt.

5. Kein Ausschluss des Gewährleistungsanspruchs

    Der Gewährleistungsanspruch dürfte zudem nicht wirksam ausgeschlossen worden sein. Die Gewährleistungsansprüche wurden weder vertraglich noch gesetzlich ausgeschlossen. § 377 HGB findet keine Anwendung auf Softwareherstellungsverträge.

    Er gilt lediglich für Kaufverträge zwischen zwei Kaufleuten.

6. Keine Verjährung

    Der Anspruch der S-GmbH dürfte zudem nicht verjährt sein. Fraglich ist hier, ob es sich bei der Individualsoftware um eine Sache handelt. Die Verjährungsfrist beträgt dann nach § 634a Abs. 1 Nr. 1 BGB zwei Jahre. Verneint man die Eigenschaft als Sache, beträgt sie nach § 634a Abs. 1 Nr. 3 BGB drei Jahre (regelmäßige Verjährungsfrist nach § 195 BGB). Hier wird die Auffassung vertreten, dass es sich bei der Software um eine Sache handelt. Zwar ist Software kein körperlicher Gegenstand, aber wie ein solcher handelbar. Demnach beträgt die Verjährungsfrist nach § 634a Abs. 1 Nr. 1 BGB zwei Jahre ab Abnahme, § 634a Abs. 2 BGB. Würde man Software nicht als Sache qualifizieren, würde die regelmäßige Verjährungsfrist nach § 195 BGB gem. § 199 Abs. 1 BGB mit dem Ablauf des 31.12.2014 beginnen.

    Die Abnahme erfolgt im März 2014, der Fehler wurde jedoch erst im Mai 2016 bemerkt. Der Anspruch der S-GmbH ist daher im März 2016 verjährt gewesen. I hat ein Leistungsverweigerungsrecht nach § 214 Abs. 1 BGB gegenüber der S-GmbH.

7. Ergebnis: Die S-GmbH hat → I keinen Anspruch auf Nacherfüllung gem. §§ 635, 634 Nr. 1 BGB, wenn I die Einrede der Verjährung geltend macht.

Zu b)

Schadensersatz kann nur bei einem kausalen Schaden geltend gemacht werden. Anspruchsgrundlage für diesen Schadensersatz neben der Leistung wäre § 280 Abs. 1 BGB. Hier liegt noch gar kein Schaden vor. Zudem wären die Höhe eines Imageschadens und die Kausalität schwer festzustellen. Insbesondere gilt aber, dass auch dieser Anspruch nach § 634a Abs. 1 Nr. 1 BGB verjährt ist.

3. Hinweise zur Lösung

Auch bei Werkverträgen kommt es häufig vor, dass das zu erstellende Werk sachmängelbehaftet ist. Vielfach werden die Vertragsparteien unproblematisch untereinander regeln wie der Sachmangel beseitigt wird. Nicht selten kommt es aber auch zu Unstimmigkeiten zwischen den Vertragsparteien und es ist sehr hilfreich, wenn diese die Rechtslage kennen. Auch im Werkvertragsrecht gilt der Vorrang der Nacherfüllung. Zudem sollten – wie der Fall zeigt – unbedingt beiden Parteien die speziellen Verjährungsregeln bekannt sein: der Besteller muss seine Rechte rechtzeitig geltend machen, der Unternehmer muss im Falle der Verjährung entscheiden, ob er dennoch die Nacherfüllung, aus Kulanz und um den Kunden zu behalten, durchführt, oder ob er sich auf die Verjährung beruft.

4. Literaturempfehlung

Führich, Ernst, Wirtschaftsprivatrecht, 13. Auflage 2017, S. 345–348.
Gildeggen, Rainer/Lorinser, Barbara/Willburger, Andreas u. a., Wirtschaftsprivatrecht,
    Kompaktwissen für Betriebswirte, 3. Auflage 2016, S. 213–217.
Lange, Knut Werner, Basiswissen Ziviles Wirtschaftsrecht – Ein Lehrbuch für
    Wirtschaftswissenschaftler, 7. Auflage 2015, S. 154–157.
Mehrings, Jos, Grundzüge des Wirtschaftsprivatrechts, 3. Auflage 2015, S. 354–358 f.
Ullrich, Norbert, Wirtschaftsrecht für Betriebswirte, 8. Auflage 2015, S. 74 f.

3.5 Wettbewerbsrecht

Aufgabe 86: Grundsätze des Wettbewerbsrechts

Wissen
12 Minuten

1. Aufgabenstellung

Sie arbeiten nach Ihrem Bachelorabschluss in einem mittelständischen Unternehmen der Energiebranche. Das Unternehmen will Werbung machen. Der Geschäftsführer hat gehört, dass Sie in Ihrem Studium auch die Vorlesung „BWL und Recht" gehört haben und dort auch Grundsätze des Wettbewerbsrechts erlernt haben.

Der Geschäftsführer weiß lediglich, dass das einschlägige Gesetz das UWG ist. Er bittet Sie um folgende Informationen:

a) Warum wird Werbung überhaupt durch das Wettbewerbsrecht reglementiert und ist nicht vollkommen frei?

b) Schauen Sie sich bitte das Inhaltsverzeichnis des UWG an und erläutern anhand dessen wie das UWG aufgebaut ist.

c) Das UWG bezieht sich auf " geschäftliche Handlungen". Erläutern Sie bitte diesen Begriff.

d) Durch das UWG soll der Verbraucher geschützt werden. Welches Verbraucherleitbild liegt dem Wettbewerbsrecht zugrunde?

2. Lösungen

Zu a) Das UWG verfolgt nach § 1 UWG den Zweck, Mitbewerber, Verbraucher und sonstige Marktteilnehmer vor unlauteren geschäftlichen Handlungen zu schützen. Ferner soll das Interesse der Allgemeinheit an einem unverfälschten Wettbewerb geschützt werden. Um dieses Ziel zu erreichen, kann nicht jede Art von Werbung erlaubt sein. Nicht zulässig ist zum Beispiel Werbung, die Verbraucher durch falsche Versprechen in die Irre führt, oder die Mitbewerber durch vergleichende Werbung in der öffentlichen Wahrnehmung herabsetzt.

Zu b) Das UWG zeichnet sich durch seinen strukturierten Aufbau aus. In § 2 UWG finden sich eine Reihe von Definitionen. Hier werden die wichtigsten Begriffe des UWG näher erläutert. In § 3 UWG findet sich das Verbot unlauterer geschäftlicher Handlungen. Das Gesetz gibt ferner in den §§ 3a, 4, 4a, 5, 5a, und 6 UWG konkrete Beispiele für unlauteres Handeln. § 7 UWG stellt dabei eine eigenständige Verbotsnorm im Falle der unzumutbaren Belästigung dar. Im Anhang des UWG findet sich die sog. „schwarze Liste". Die dort genannten Handlungen sind gegenüber Verbrauchern stets verboten. In den §§ 8–11 UWG finden sich die Rechtsfolgen, wobei für die Praxis hier am häufigsten der Unterlassungsanspruch nach § 8 Abs. 1 UWG zum Tragen kommt.

Übersicht über die Systematik des UWG

Abbildung 43: Aufbau des UWG

Zu c) Nach § 2 Abs. 1 Nr. 1 UWG ist eine „geschäftliche Handlung" jedes Verhalten einer Person zugunsten des eigenen oder eines fremden Unternehmens, bei oder nach einem Geschäftsabschluss, das mit der Förderung des Absatzes oder des Bezugs von Waren oder Dienstleistungen, oder mit dem Abschluss oder der Durchführung eines Vertrags über Waren oder Dienstleistungen objektiv zusammenhängt; als Waren gelten auch Grundstücke, als Dienstleistungen auch Rechte und Verpflichtungen. Jede Werbemaßnahme ist eine „geschäftliche Handlung".

Als Kurzdefinition lässt sich merken: Geschäftliche Handlungen dienen der Absatzförderung.

Zu d) Nach § 3 Abs. 4 UWG ist auf den „durchschnittlichen Verbraucher" abzustellen: EuGH C-104/01, GRUR 2003, 604 (607).

3. Hinweise zur Lösung

Insbesondere auf Märkten mit einer hohen Wettbewerbsintensität sind Grundkenntnisse auf dem Gebiet des Wettbewerbsrechts wichtig. Zur Sicherung der Qualität des Wettbewerbs normiert das UWG eine Reihe von Instrumenten. Geschützt werden sollen:

- die Mitbewerber
- die Verbraucher und sonstigen Marktteilnehmer
- die Allgemeinheit, sog. Schutzzwecktrias.

Eine zentrale Rolle nimmt hierbei der Unterlassungsanspruch nach § 8 Abs. 1 UWG ein. Besonders an diesem Gesetz ist, dass die wesentlichen Definitionen im Gesetz bereits vom Gesetzgeber vorangestellt worden sind. So findet sich in § 2 UWG ein Katalog der wichtigsten Definitionen des Wettbewerbsrechts, der sehr zur Erfassung und leichteren Anwendung des Gesetzes auch für Nichtjuristen beiträgt.

Mit dem 10.12.2015 ist die Neufassung des UWG in Kraft getreten. Der Gesetzgeber musste hier einige strukturelle Änderungen vornehmen, da die bisherige Umsetzung der UGP-RL 2009 (Unlautere Geschäftspraktiken Richtlinie) insbesondere von der Europäischen Kommission als unzureichend beanstandet wurde. Da auch bisher eine richtlinienkonforme Anwendung erfolgte, sind die Änderungen im Wesentlichen nicht inhaltlicher Art.

Die wichtigsten Änderungen dabei sind:

1. Neue Definitionen in § 2 Abs. 1 Nr. 8 und 9 UWG: „wesentliche Beeinflussung des wirtschaftlichen Verhaltens" und „geschäftliche Entscheidung". Auch § 2 Abs. 1 Nr. 7 UWG lautet nun „unternehmerische Sorgfalt" nicht mehr „fachliche Sorgfalt".
2. Der § 3 UWG wurde neugefasst. Nunmehr enthält § 3 Abs. 1 UWG keine eigene Spürbarkeitsschwelle mehr, sondern stellt lediglich fest, dass unlautere Handlungen unzulässig sind. Es normiert aber § 3 Abs. 2 UWG eine Wesentlichkeitsschwelle für Verbraucher: Unlauterkeit gegenüber einem Verbraucher setzt nicht nur voraus, dass die geschäftliche Handlung nicht der unternehmerischen Sorgfalt entspricht. Zugleich muss sie dazu geeignet sein, das wirtschaftliche Verhalten des Verbrauchers wesentlich zu beeinflussen.
3. Der besonders praxisrelevante § 4 Nr. 11 UWG a. F. (Zuwiderhandeln gegen eine gesetzliche Vorschrift, die auch dazu bestimmt ist, im Interesse der Marktteilneh-

mer das Marktverhalten zu regeln) wurde in eine eigene Norm, dem § 3a UWG, überführt. Zusätzlich erhielt dieser eine eigene Spürbarkeitsklausel.
4. Die Merkmale der Unlauterkeit nach § 3 Abs. 1 UWG ergeben sich in der aktuellen Fassung aus den Spezialtatbeständen der §§ 3a, 4, 4a, 5, 5a und 6 UWG.
5. Der § 4a UWG wurde neu eingefügt. Mit dieser Vorschrift sollen aggressive geschäftliche Handlungen, insbesondere durch Nötigung, Druck oder Ausnutzung einer Machtposition, verhindert werden. Die Vorschrift gilt dabei sowohl im Verhältnis von Unternehmern zu Verbrauchern (B2C) als auch zwischen sonstigen Marktteilnehmern.

4. Literaturempfehlung

Eisenmann, Hartmut/Jautz, Ulrich, Grundriss Gewerblicher Rechtschutz und Urheberrecht, 10. Auflage 2015, S. 178 ff., S. 304 f.
Heße, Manfred, Wettbewerbsrecht – Schnell erfasst, 2. Auflage 2011, S. 20–23.
Köhler, Helmut, Das neue UWG 2015: Was ändert sich für die Praxis?, NJW 2016, 593.
Müssig, Peter, Wirtschaftsprivatrecht – Rechtliche Grundlagen wirtschaftlichen Handelns, 19. Auflage 2016, S. 488–493.
Ohly, Ansgar, Das neue UWG im Überblick, GRUR 2016, 3.

Aufgabe 87: Wettbewerbsrechtlicher Unterlassungsanspruch

Wissen, Verstehen, Anwenden
40 Minuten

1. Aufgabenstellung

100 % Ökostrom (nach OLG Karlsruhe BeckRS 2009, 00409)
Die EWR AG (E) ist ein großer Energieversorger im Herzen des Ruhrgebiets. Da das Unternehmen zunehmend mit Kundenabwanderung zu kämpfen hat, plant die Marketingabteilung eine neue Produktstrategie.

E bietet dazu den neuen Stromtarif „Green Power" an. Für den neuen Tarif verpflichtet sich E, in dem Umfang, in dem ihre Kunden Strom abnehmen, Strom in das Netz einzuspeisen, der aus erneuerbaren Energien gewonnen wird.

Um den Bekanntheitsgrad des neuen Stromtarifs zu erhöhen, entwickeln die Marketingfachleute einen neuen kurzen Werbespot. In diesem heißt es unter anderem: „Bei einem Wechsel in unseren neuen Stromtarif Green Power bieten wir Ihnen eine sichere Versorgung mit 100 % Ökostrom".

Als der TV-Spot ausgestrahlt wird, sieht zufällig der Vorstandsvorsitzende der NOE AG (N), ein Energieversorger, diesen Fernsehspot und ist erbost. Am nächsten

Tag kommt dieser zu Ihnen in die Abteilung und möchte wissen, ob es eine Möglichkeit gibt, die weitere Ausstrahlung wettbewerbsrechtlich zu untersagen. Er meint, dass auch nach einem Wechsel auf den Stromtarif „Green Power" kein anderer Strom aus der Steckdose komme. Zudem behauptet er, dass E in seinem Werbespot über seinen Energieträgermix informieren müsse.

Kann N einen Unterlassungsanspruch geltend machen? Bitte erörtern Sie dabei zwei in Betracht kommende Verbotstatbestände.

Die Vorschrift des § 42 EnWG ist einzubeziehen!

§ 42 Stromkennzeichnung, Transparenz der Stromrechnungen, Verordnungsermächtigung

(1) Elektrizitätsversorgungsunternehmen sind verpflichtet, in oder als Anlage zu ihren Rechnungen an Letztverbraucher und in an diese gerichtetem Werbematerial sowie auf ihrer Website für den Verkauf von Elektrizität anzugeben:

1. den Anteil der einzelnen Energieträger (Kernkraft, Kohle, Erdgas und sonstige fossile Energieträger, erneuerbare Energien, gefördert nach dem Erneuerbare-Energien-Gesetz, sonstige erneuerbare Energien) an dem Gesamtenergieträgermix, den der Lieferant im letzten oder vorletzten Jahr verwendet hat; spätestens ab 1. November eines Jahres sind jeweils die Werte des vorangegangenen Kalenderjahres anzugeben;

2. Informationen über die Umweltauswirkungen zumindest in Bezug auf Kohlendioxidemissionen (CO_2-Emissionen) und radioaktiven Abfall, die auf den in Nummer 1 genannten Gesamtenergieträgermix zur Stromerzeugung zurückzuführen sind.

(2) Die Informationen zu Energieträgermix und Umweltauswirkungen sind mit den entsprechenden Durchschnittswerten der Stromerzeugung in Deutschland zu ergänzen und verbraucherfreundlich und in angemessener Größe in grafisch visualisierter Form darzustellen.

(3) Sofern ein Elektrizitätsversorgungsunternehmen im Rahmen des Verkaufs an Letztverbraucher eine Produktdifferenzierung mit unterschiedlichem Energieträgermix vornimmt, gelten für diese Produkte sowie für den verbleibenden Energieträgermix die Absätze 1 und 2 entsprechend. Die Verpflichtungen nach den Absätzen 1 und 2 bleiben davon unberührt.

(4) Bei Strommengen, die nicht eindeutig erzeugungsseitig einem der in Absatz 1 Nummer 1 genannten Energieträger zugeordnet werden können, ist der ENTSO-E-Energieträgermix für Deutschland unter Abzug der nach Absatz 5 Nummer 1 und 2 auszuweisenden Anteile an Strom aus erneuerbaren Energien zu Grunde zu legen. Soweit mit angemessenem Aufwand möglich, ist der ENTSO-E-Mix vor seiner Anwendung so weit zu bereinigen, dass auch sonstige Doppelzählungen von Strommengen vermieden werden. Zudem ist die Zusammensetzung des nach Satz 1 und 2 berechneten Energieträgermixes aufgeschlüsselt nach den in Absatz 1 Nummer 1 genannten Kategorien zu benennen.

(5) Eine Verwendung von Strom aus erneuerbaren Energien zum Zweck der Stromkennzeichnung nach Absatz 1 Nummer 1 und Absatz 3 liegt nur vor, wenn das Elektrizitätsversorgungsunternehmen

1. Herkunftsnachweise für Strom aus erneuerbaren Energien verwendet, die durch die zuständige Behörde nach § 79 Absatz 4 des Erneuerbare-Energien-Gesetzes entwertet wurden,

2. Strom, der nach dem Erneuerbare-Energien-Gesetz gefördert wird, unter Beachtung der Vorschriften des Erneuerbare-Energien-Gesetzes ausweist oder

3. Strom aus erneuerbaren Energien als Anteil des nach Absatz 4 berechneten Energieträgermixes nach Maßgabe des Absatz 4 ausweist.

(6) Erzeuger und Vorlieferanten von Strom haben im Rahmen ihrer Lieferbeziehungen den nach Absatz 1 Verpflichteten auf Anforderung die Daten so zur Verfügung zu stellen, dass diese ihren Informationspflichten genügen können.

(7) Elektrizitätsversorgungsunternehmen sind verpflichtet, einmal jährlich zur Überprüfung der Richtigkeit der Stromkennzeichnung die nach den Absätzen 1 bis 4 gegenüber den Letztverbrauchern anzugebenden Daten sowie die der Stromkennzeichnung zugrunde liegenden Strommengen der Bundesnetzagentur zu melden. Die Bundesnetzagentur übermittelt die Daten, soweit sie den Anteil an erneuerbaren Energien betreffen, an das Umweltbundesamt. Die Bundesnetzagentur kann Vorgaben zum Format, Umfang und Meldezeitpunkt machen. Stellt sie Formularvorlagen bereit, sind die Daten in dieser Form elektronisch zu übermitteln.

(8) Die Bundesregierung wird ermächtigt, durch Rechtsverordnung, die nicht der Zustimmung des Bundesrates bedarf, Vorgaben zur Darstellung der Informationen nach den Absätzen 1 bis 4, insbesondere für eine bundesweit vergleichbare Darstellung, und zur Bestimmung des Energieträgermixes für Strom, der nicht eindeutig erzeugungsseitig zugeordnet werden kann, abweichend von Absatz 4 sowie die Methoden zur Erhebung und Weitergabe von Daten zur Bereitstellung der Informationen nach den Absätzen 1 bis 4 festzulegen. Solange eine Rechtsverordnung nicht erlassen wurde, ist die Bundesnetzagentur berechtigt, die Vorgaben nach Satz 1 durch Festlegung nach § 29 Absatz 1 zu bestimmen.

2. Lösungen

Anspruch des N → E auf Unterlassung gem. §§ 8 Abs. 1, 3 Abs. 1 i.V.m 5, 3a UWG?

1. Aktivlegitimation (Anspruchsberechtigung) des N
Zur Geltendmachung eines Unterlassungsanspruchs nach § 8 Abs. 1 UWG müsste N zunächst berechtigt sein. N könnte nach § 8 Abs. 3 Nr. 1 UWG Mitbewerber von E sein. Nach § 2 Abs. 1 Nr. 3 UWG ist ein Mitbewerber jeder Unternehmer, der mit einem oder mehreren Unternehmen als Anbieter oder Nachfrager von Waren oder Dienstleistungen in einem konkreten Wettbewerbsverhältnis steht. Vorliegend ist N ebenfalls

als Energieversorger tätig und insoweit Mitbewerber nach § 2 Abs. 1 Nr. 3 UWG. N ist danach berechtigt, einen Anspruch nach § 8 Abs. 1 UWG gem. § 8 Abs. 3 Nr. 1 UWG geltend zu machen.

2. Geschäftliche Handlung

Ferner müsste eine unlautere geschäftliche Handlung vorliegen. Eine geschäftliche Handlung stellt jedes Verhalten einer Person zugunsten des eigenen oder eines fremden Unternehmens, bei oder nach einem Geschäftsabschluss, dar, dass mit der Förderung des Absatzes oder des Bezugs von Waren oder Dienstleistungen, oder mit dem Abschluss oder der Durchführung eines Vertrags über Waren oder Dienstleistungen objektiv zusammenhängt, § 2 Abs. 1 Nr. 1 UWG. Vorliegend dient die Werbeaktion der Absatzsteigerung, eine geschäftliche Handlung liegt somit vor.

3. Unlauterkeit nach §§ 3 Abs. 1 i. V. m. 5 Abs. 1 UWG

Diese Handlung müsste zudem unlauter sein. In Betracht kommt eine Unlauterkeit nach §§ 3 Abs. 1 i. V. m. 5 Abs. 1 UWG. Eine geschäftliche Handlung ist demnach unlauter, wenn sie irreführend ist. Es müsste daher eine unwahre Angabe vorliegen, die geeignet ist, den Verbraucher zu einer Entscheidung zu veranlassen, die er andernfalls nicht getroffen hätte.

Der Endabnehmer bezieht auch nach Abschluss des neuen Tarifs Strom aus dem Netz, in das die verschiedenen Energieversorger Strom aus unterschiedlicher Herkunft – auch aus fossilen Energieträgern, aus Kernkraft und erneuerbaren Energien einspeisen.

Die Aussage der E, dass bei Wechsel in den neuen Tarif 100 % Ökostrom bezogen wird, ist daher unwahr.

Fraglich ist jedoch, ob die unwahre Angabe auch irreführend ist.

Zur Beurteilung ist hierzu nach § 3 Abs. 4 UWG auf den durchschnittlichen Verbraucher abzustellen. Unter diesen Umständen ist es unwahrscheinlich, dass mehr als nur ein geringer Teil der angesprochenen Verkehrskreise beim Betrachten des Werbespots zu der Ansicht gelangen, dass die von der E vertriebenen Energie unmittelbar und nur aus erneuerbaren Energien stammt.

Daher wird eine Irreführung nach der hier vertretenen Auffassung verneint. Eine andere Auffassung ist durchaus vertretbar.

4. Wettbewerbsrechtliche Relevanz

Sofern man die Irreführung bejaht, müsste diese jedoch relevant sein. Dies setzt voraus, dass die Irreführung geeignet ist, den Verbraucher zum Vertragsschluss zu beeinflussen. Für den Verbraucher, der Ökostrom wählt, ist es entscheidend, dass er mit seiner Tarifwahl einen Beitrag zum Umweltschutz leistet. Diesen Beitrag leistet er, da sich E zur Einspeisung von Strom aus erneuerbaren Energien verpflichtet hat.

5. Unlauterkeit nach §§ 3 Abs. 1 i. V. m. 3a UWG

Unlauter handelt auch, wer einer gesetzlichen Vorschrift zuwiderhandelt, die auch dazu bestimmt ist, im Interesse der Marktteilnehmer das Marktverhalten zu regeln. In Betracht kommt hier ein Verstoß gegen § 42 EnWG. Hiernach sind Elektrizitätsversorgungsunternehmen dazu verpflichtet, in an Letztverbraucher gerichtetes Werbematerial den jeweiligen Anteil der einzelnen Energieträger, sowie Informationen über die Umweltauswirkungen der Stromerzeugung anzugeben. Der Wortlaut suggeriert hier zunächst, dass jede Art von Werbematerial umfasst wird, so auch wohl Werbespots. Sinn und Zweck des § 42 EnWG besteht jedoch darin, den Verbraucher umfassend über die Zusammensetzung des Stroms, sowie die Umweltauswirkungen der Stromerzeugung zu informieren. Dies vermag ein eher flüchtiger Werbespot nicht zu leisten. Derartig flüchtige Medien müssen daher nicht die Informationspflichten des § 42 EnWG erfüllen.

Ein Verstoß gegen § 42 EnWG liegt damit nicht vor, der Werbespot ist dahingehend nicht unlauter.

6. Ergebnis: Die Werbung der E ist nicht unlauter. N hat keinen Anspruch gegen E auf Unterlassung nach §§ 8 Abs. 1, 3 Abs. 1 i. V. m. 5, 3 Abs. 1 i. V. m. 3a UWG.

3. Hinweise zur Lösung

Der wettbewerbsrechtliche Unterlassungsanspruch nach § 8 Abs. 1 UWG hat eine hohe praktische Relevanz. Zunächst ist jedoch festzustellen, dass nicht jedem Ansprüche auf Unterlassung zustehen. Verbraucher können nämlich keine individuellen Ansprüche hieraus ableiten. Lediglich die in § 8 Abs. 3 UWG genannten Anspruchsberechtigten haben einen solchen Unterlassungsanspruch. Dies können zum Beispiel Mitbewerber oder auch Verbände, wie etwa die Verbraucherzentrale sein (sog. „Verbandsklagebefugnis"). Dementsprechend haben sich Verbraucher an Verbraucherverbände zur Geltendmachung der Ansprüche zu richten. Wenn jeder Verbraucher selbst gegen wettbewerbswidrige Werbung vorgehen könnte, könnten dadurch die werbenden Unternehmen mehr oder wenig „lahm gelegt werden", was wirtschaftlich nicht wünschenswert ist.

Um als Mitbewerber beurteilen zu können, ob die Geltendmachung eines Unterlassungsanspruch Aussicht auf Erfolg hat, ist es wichtig, die Anspruchsvoraussetzungen zu kennen, s. Prüfungsschemata.

1. Anspruchsberechtigung

2. Geschäftliche Handlung i.S.d. § 2 Abs. 1 Nr. 1 UWG

3. Unlauterkeit

- a. Unlauterkeit nach § 3 Abs. 1 i.V.m. §§ 3a - 6 UWG
- b. Spezialfall des § 7 UWG
- c. Schwarze Liste gegenüber Verbrauchern, § 3 Abs. 3 i.V.m. dem Anhang UWG
- d. Generalklausel des § 3 Abs. 1, 2 UWG

4. Bei geschäftlichen Handlungen gegenüber Verbrauchern: Eignung, das wirtschaftliche Verhalten der Verbraucher wesentlich zu beeinflussen.

Abbildung 44: Der Aufbau des wettbewerbsrechtlichen Unterlassungsanspruchs

Hierbei ist zunächst immer zu prüfen, ob eine geschäftliche Handlung vorliegt und ob diese unlauter im Sinne des § 3 UWG ist. Zur Prüfung, ob eine konkrete Handlung unlauter ist, stellt der Gesetzgeber einen Katalog an Beispieltatbeständen zur Verfügung. Unzulässig ist auch eine unzumutbare Belästigung i. S.d § 7 UWG. Besonders ist im Rahmen des UWG die sog. „schwarze Liste" im Anhang des UWG, die eine Reihe von Tatbeständen enthält, die gegenüber Verbrauchern in jedem Fall ohne weitere Wertungsmöglichkeit unzulässig sind.

Eine Besonderheit an der vorstehenden Aufgabe war, dass hierbei auch – wie in der Praxis häufig – eine andere gesetzliche Norm – § 42 EnWG – als Verbotstatbestand in Frage kam. Dies ist nämlich dann möglich, wenn nach § 3a UWG gegen eine Vorschrift verstoßen wird, die auch dazu bestimmt ist, im Interesse der Marktteilnehmer das Marktverhalten zu regeln.

4. Literaturempfehlung

Eisenmann, Hartmut/Jautz, Ulrich, Grundriss Gewerblicher Rechtschutz und Urheberrecht, 10. Auflage 2015, S. 240–259, S. 234 f.
Heße, Manfred, Wettbewerbsrecht – Schnell erfasst, 2. Auflage 2011, S. 96–107, S. 78–80, 126–131.
Köhler, Helmut, Das neue UWG 2015: Was ändert sich für die Praxis?, NJW 2016, 593.
Müssig, Peter, Wirtschaftsprivatrecht – Rechtliche Grundlagen wirtschaftlichen Handelns, 19. Auflage 2016, S. 488–493.
Ohly, Ansgar, Das neue UWG im Überblick, GRUR 2016, 3.

Aufgabe 88: Feststellung der Unlauterkeit

Anwenden
14 Minuten

1. Aufgabenstellung

Bitte entscheiden Sie, ob die nachfolgenden geschäftlichen Handlungen „unlauter" i. S.d UWG sind. Schauen Sie bitte, welcher Verbotstatbestand in Frage kommt und begründen Sie mit einigen Sätzen, ob dieser Ihrer Meinung nach durchgreift oder nicht.

a. „Zeugnisaktion" (nach BGH, Urteil vom 3. 4. 2014 – I ZR 96/13)

Bei der M-GmbH handelt es sich um eine große Elektronikhandelskette aus Köln. Um nun auch jüngere Käuferschichten anzusprechen, hat sich die Marketingabteilung folgende Werbeanzeige überlegt: „Man lernt nicht nur für die Schule, sondern für die Tiefpreise! Mit jedem Einser des aktuellen original Sommer-Zeugnisses kannst du bares Geld sparen! Komm damit zur M-GmbH und kassier beim Kauf eines Produktes deiner Wahl für jede Eins 2 € Ermäßigung auf deinen Einkauf."

b. Die Studentin S bestellt im Mai per Internet bei dem Modekaufhaus Vattampo (V) zwei neue Sommerkleider. Von nun an erhält Sie wöchentlich per Mail von V Kaufvorschläge für weitere Kleider, aber auch Hosen und Röcke. Sie fühlt sich durch die Mails unzumutbar belästigt.

2. Lösungen

Zu a) Denkbar wäre hier zunächst eine Unlauterkeit nach § 3 Abs. 3 i.V.m Nr. 28 des Anhangs UWG. Hiernach wäre eine in eine Werbung einbezogene, unmittelbare Aufforderung an Kinder, selbst die beworbene Ware zu erwerben, oder ihre Eltern oder andere Erwachsene dazu zu veranlassen unzulässig. Dies ist jedoch hier zu verneinen, da sich der Kaufappell nicht auf eine konkrete Ware bezieht, sondern auf das gesamte Warensortiment der M-GmbH.

Ferner könnte sich eine Unlauterkeit aus §§ 3 Abs. 1 i. V. m. 4a Abs. 2 Nr. 3 UWG ergeben. Hierbei geht es darum, dass der Verwender der Werbung die geschäftliche Unerfahrenheit, die sich insbesondere auch aus dem Alter ergeben kann, ausnutzt. Aufgrund der Tatsache, dass Kindern und Jugendlichen häufig die Erfahrung fehlt, um angebotene Waren und Leistungen in Bezug auf Bedarf, Preiswürdigkeit und finanzielle Folgen zu bewerten, sind hier höhere Anforderungen an die Transparenz von Werbemaßnahmen zu stellen. Bei dem Inhalt dieser Werbeanzeige bleibt das jeweilige Schulkind jedoch nicht im Unklaren, welche Ermäßigung es aufgrund seines Zeugnisses erlangen kann. Zudem ist hier nicht ersichtlich, dass die angesprochenen Kinder durch eine Ermäßigung, die sich in den meisten Fällen in einer Größenordnung von 2 bis 10 € bewegen wird, zum Erwerb von hochpreisigen Produkten verlasst würden. Damit liegt auch keine Unlauterkeit nach §§ 3 Abs. 1 i. V. m. 4a Abs. 2 Nr. 3 UWG vor.

Die Werbeanzeige wäre rechtlich nicht zu beanstanden.

Zu b) Grundsätzlich ist unaufgeforderte Werbung per Mail unzulässige Werbung gem. § 7 Abs. 2 Nr. 3 UWG. Es handelt sich um die Fallgruppe einer unzumutbaren Belästigung. Zulässigkeit kann grundsätzlich nur durch Einwilligung erreicht werden.

Aber aufgrund der vorausgegangenen Bestellung ist die Werbung möglicherweise zulässig nach § 7 Abs. 3 UWG. § 7 Abs. 3 UWG erklärt die sog. Profilwerbung unter folgenden Voraussetzungen für zulässig:

- wenn ein Unternehmer im Zusammenhang mit dem Verkauf einer Ware oder Dienstleistung von dem Kunden dessen elektronische Postadresse erhalten hat,
- der Unternehmer die Adresse zur Direktwerbung für eigene ähnliche Waren oder Dienstleistungen verwendet,
- der Kunde der Verwendung nicht widersprochen hat und
- der Kunde bei Erhebung der Adresse und bei jeder Verwendung klar und deutlich darauf hingewiesen wird, dass er der Verwendung jederzeit widersprechen kann, ohne, dass hierfür andere als die Übermittlungskosten nach den Basistarifen entstehen.

Vorliegend ist davon auszugehen, dass V die Mailadresse von S im Rahmen der ersten Internetbestellung erhalten hat. Hosen und Röcke sind ähnliche Waren wie Kleider i. S.d § 7 Abs. 3 Nr. 2 UWG. Auch ist anzunehmen, dass S der Verwendung der Mailadresse nicht widersprochen hat. Allerdings hat V die S bei jeder Verwendung auf ihre Widerspruchsmöglichkeit hinzuweisen und von diesem Widerspruchsrecht i. S.d § 7 Abs. 3 Nr. 4 UWG kann S auch jederzeit Gebrauch machen.

3. Hinweise zur Lösung

Wer selbst Werbemaßnahmen vornimmt oder gegen die Werbung von Konkurrenten vorgehen möchte, muss mit den einzelnen Tatbeständen der Unlauterkeit des UWG umgehen können. Es zeigt sich, dass die Einordnung als „unlauter" oder aber „zulässig" häufig eine subjektive Wertungsfrage ist. Von Bedeutung ist es zu erlernen, Argumente für und gegen die wettbewerbsrechtliche Zulässigkeit herauszuarbeiten.

Im Rahmen des eigenen Unzulässigkeitstatbestandes der „Unzumutbaren Belästigung" nach § 7 UWG ist es wichtig, das System zwischen der Regel der Unzulässigkeit der Telefon- oder E-Mailwerbung ohne entsprechende Einwilligung und der Ausnahme der E-Mail-Profilwerbung nach § 7 Abs. 3 UWG verstanden zu haben. Zudem soll den Studierenden bewusst werden, dass der weiteren Verwendung der selbst übermittelten Daten für eine Profilwerbung gem. § 7 Abs. 3 Nr. 4 UWG jederzeit widersprochen werden kann.

4. Literaturempfehlung

Eisenmann, Hartmut/Jautz, Ulrich, Grundriss Gewerblicher Rechtschutz und Urheberrecht,
    10. Auflage 2015, S. 240–259, S. 234 f.
Heße, Manfred, Wettbewerbsrecht – Schnell erfasst, 2. Auflage 2011, S. 96–107, S. 78–80, 126–131.
Müssig, Peter, Wirtschaftsprivatrecht – Rechtliche Grundlagen wirtschaftlichen Handelns,
    19. Auflage 2016, S. 488–493.

3.6 Gesellschaftsrecht

Aufgabe 89: Rechtsformwahl

Wissen, Anwenden
15 Minuten

1. Aufgabenstellung

Sie haben Ihren Bachelor-Abschluss geschafft und überlegen nun sich selbständig zu machen. Folgende Geschäftsidee wollen Sie verwirklichen:

Sie wollen ein Carsharing-System für Elektroautos aufbauen. Sie haben wenig Eigenkapital, aber Ihr Vater will Sie finanziell unterstützen. Allerdings sind seine finanziellen Kapazitäten aber auch nicht unbegrenzt, weil sie drei Geschwister haben. Sie selbst verfügen nach Ihrem Studium über das technische Knowhow. Da Ihnen aber die technischen Kenntnisse fehlen, wollen Sie einen Kommilitonen aus dem Fachbereich der Betriebswirtschaft in Ihr Unternehmen einbeziehen. In der Ausgestaltung aller Abläufe möchten Sie möglichst frei sein. Sie werden demnächst von ihrer wohlhabenden Großmutter ein Haus erben und möchten nicht, dass dieses auch für die Verbindlichkeiten ihres Unternehmens haftet. Falls das Unternehmen nach drei Jahren keine schwarzen Zahlen schreibt, wollen sie sich eine Stelle als Angestellter in einem anderen Unternehmen suchen.

Überlegen Sie, in welcher Rechtsform Sie das Unternehmen betreiben wollen. Stellen Sie – gerne anhand einer Tabelle – die Überlegungen, die für und gegen die jeweilige Rechtsform sprechen, gegenüber. In Betracht ziehen sollten Sie eine OHG, eine KG, eine Unternehmergesellschaft haftungsbeschränkt, eine GmbH und eine Aktiengesellschaft (AG).

2. Lösungen

	OHG	KG	UG (haftungs-beschränkt)	GmbH	AG
Grundlage	Gesellschafter-vertrag	Gesellschafter-vertrag	Gesellschafts-vertrag (Satzung) Notari-elle Form, § 2 GmbHG	Gesellschafts-vertrag (Satzung) Notari-elle Form, § 2 GmbHG	Gesellschafts-vertrag (Satzung) Notarielle Form, § 23 Abs. 1 AktG
Haftung	Gesellschaf-ter haften unbeschränkt und gesamt-schuldnerisch, § 128 HGB	Komplemen-tär haftet unbeschränkt, §§ 128 i. V. m. 161 Abs. 2 HGB, Komman-ditist haftet lediglich mit Einlage, sofern eingezahlt, § 171 Abs. 1 HGB	Nur Haftung des Gesell-schaftsver-mögens, § 13 Abs. 2 GmbHG	Nur Haftung des Gesell-schaftsver-mögens, § 13 Abs. 2 GmbHG	Nur Haftung des Gesellschafts-vermögens, § 1 Abs. 1 AktG
Einfluss der Gesell-schafter (Geschäfts-führung, Vertretung)	Jeder Gesell-schafter bestimmt mit, Grundsatz der Selbstorgan-schaft	Mitbestim-mung des Kom-manditisten beschränkt	Gesellschafter-versammlung als oberstes Organ Vertre-tung durch Geschäfts-führer	Gesellschafter-versammlung als oberstes Organ Vertre-tung durch Geschäfts-führer	Hauptversamm-lung als oberstes Organ Vertretung durch Vorstand Kontrolle durch den Aufsichtsrat
Kapital	Kein Min-destkapital erforderlich	Kein Min-destkapital erforderlich	1 €, aber The-saurierungs-pflicht i. S.d § 5 a Abs. 3 GmbHG (Rück-lagen in Höhe von ¼ des Jahresüber-schusses	25.000 €, § 5 Abs. 1 GmbHG	50.000 €, § 7 AktG

Vorliegend muss ein Kompromiss zwischen den möglichen Haftungsgefahren, der Ein-flussnahme von Dritten und der notwendigen Kapitalausstattung gefunden werden. Hinsichtlich der Kapitalaufbringung ist zu sagen, dass eine AG vermutlich ausschei-det, da die finanziellen Möglichkeiten, trotz Hilfe durch den Vater, beschränkt sind.

Allerdings müssen bei der Geschäftsidee ohnehin Elektroautos angeschafft werden, die als Sacheinlage eingebracht werden können, § 27 AktG.

Für die freie Ausgestaltung der Abläufe können sich allerdings die starren Regelungen und zahlreichen Vorgaben zur Organisation bei einer AG als wenig wünschenswert gestalten. Hierzu wären die anderen Gesellschaftsformen die bessere Wahl.

Im Hinblick auf die Haftung ist eine unbeschränkte Haftung in das Privatvermögen, auch gerade durch die bevorstehende Erbschaft, nicht gewünscht. Das Haftungsrisiko ist bei der konkreten Geschäftsidee als nicht gering einzuschätzen. Es kann zu verschiedenen Schadensersatzforderungen, insbesondere durch Unfälle kommen. Diese können zwar durch Versicherungen abgedeckt werden, welche aber regelmäßig Haftungsobergrenzen haben.

Damit stehen noch drei Gesellschaftsformen zur Verfügung. Eine KG wäre grundsätzlich möglich, jedoch wird hierbei die Haftung lediglich beim Kommanditisten auf seine Einlage beschränkt, der Komplementär haftet unbeschränkt. Bei der UG (haftungsbeschränkt) handelt es sich grundsätzlich um eine GmbH, allerdings mit der Beschränkung, dass das Mindestkapital lediglich 1 € beträgt.

Besonders ist hierbei, dass die UG (haftungsbeschränkt) nach § 5a GmbHG die Verpflichtung trifft, jedes Jahr 25 % vom Jahresüberschuss in die Rücklage einzustellen, bis das Stammkapital erreicht ist. Problematisch ist aber, dass die UG (haftungsbeschränkt) in ihrer Außenwirkung häufig nicht besonders angesehen ist, dies hängt insbesondere mit dem niedrigen Haftungsvermögen zusammen. Sie ist wenig kreditwürdig.

Im Ergebnis sollte daher für das Vorhaben die GmbH gewählt werden. Die Haftung ist auf das Gesellschaftsvermögen beschränkt. Eine GmbH ist kreditwürdiger als eine UG (haftungsbeschränkt). Das Stammkapital ist mit Unterstützung des Vaters aufbringbar. Eine Beteiligung von Ihrem Kommilitonen und Ihnen als Gesellschafter ist unproblematisch. Bei der Auswahl des Geschäftsführers, der die Gesellschaft nach außen vertritt, ist sorgfältig vorzugehen.

3. Hinweise zur Lösung

Für jedes unternehmerische Vorhaben sollte man sich intensiv mit der Wahl der am besten geeigneten Rechtsform beschäftigen. Im Gesellschaftsrecht gilt der sogenannte Typenzwang. Das heißt, dass der Gesetzgeber einen Katalog, aus unterschiedlichen Gesellschaftsformen zur Verfügung gestellt hat, aus diesem ist dann die am besten passende auszuwählen.

Kriterien für die Auswahl können zum Beispiel die Haftung der Gesellschafter, die Einflussmöglichkeit der Eigentümer, oder auch der Gründungsaufwand sein. Gerade bei risikobehafteten Vorhaben empfiehlt es sich hierbei, eine Rechtsform zu wählen, die das Risiko eines Zugriffs in das private Vermögen der Gesellschafter minimiert.

4. Literaturempfehlung

Führich, Ernst, Wirtschaftsprivatrecht, 13. Auflage 2017, S. 31–33, S. 401–492.

Gildeggen, Rainer/Lorinser, Barbara/Willburger, Andreas u. a.; Wirtschaftsprivatrecht, Kompaktwissen für Betriebswirte, 3. Auflage 2016, S. 259–273.

Lange, Knut Werner, Basiswissen Ziviles Wirtschaftsrecht – Ein Lehrbuch für Wirtschaftswissenschaftler, 7. Auflage 2015, S. 265–266 f.

Mehrings, Jos, Grundzüge des Wirtschaftsprivatrechts, 3. Auflage 2015, S. 106–110.

Ullrich, Norbert, Wirtschaftsrecht für Betriebswirte, 8. Auflage 2015, S. 119 f.

Aufgabe 90: Gesellschaftsrechtliche Haftung

Wissen, Verstehen, Anwenden
30 Minuten

1. Aufgabenstellung

a) A und B betreiben die im Handelsregister eingetragene C-KG zur Wartung und Instandhaltung von Großmaschinen. A ist Kommanditist. B ist Komplementär. A hat die vereinbarte Einlage von 50.000 EUR bereits erbracht. B hat die vereinbarten 50.000 EUR noch nicht eingezahlt. Der Angestellte G der C-KG macht bei einer vertraglich vereinbarten Wartung einer Maschine des E aufgrund von Alkoholkonsum einen Fehler. E entsteht ein Schaden in Höhe von 60.000 EUR. Wen kann E in Anspruch nehmen?

b) Wie wäre der Fall zu beurteilen, wenn A und B das Unternehmen in der Rechtsform einer GmbH oder einer AG betreiben würden?

2. Lösungen

Zu a)

I. Anspruch des E → C-KG auf Zahlung von Schadensersatz (60.000 €) aus §§ 280 Abs. 1, 241 Abs. 2 BGB.

1. C-KG als Anspruchsgegnerin
   Die C-KG ist nach § 124 HGB teilrechtsfähig und somit Träger eigener Rechte und Pflichten. Mithin taugliche Anspruchsgegnerin.
2. Schuldverhältnis
   Ferner müsste zwischen E und der C-KG ein Schuldverhältnis bestehen. Hier liegt unzweifelhaft ein Schuldverhältnis in Gestalt eines Wartungsvertrags zwischen der C-KG und dem E vor.

3. Pflichtverletzung, § 241 Abs. 2 BGB

   Des Weiterem müsste eine Pflicht aus diesem Schuldverhältnis verletzt worden sein. § 241 Abs. 2 BGB begründet Schutzpflichten gegenüber den Rechtsgütern des anderen Teils. Hier wurde in Folge von Alkoholkonsum des Mitarbeiters G eine Maschine des E bei der Wartung beschädigt.

4. Vertretenmüssen und Zurechnung, §§ 276, 278 BGB

   Die C-KG müsste die Pflichtverletzung auch zu vertreten haben Der Schuldner hat grundsätzlich nach § 276 BGB Fahrlässigkeit und Vorsatz zu vertreten. Da die C-KG lediglich durch ihren Komplementär sowie durch Mitarbeiter handeln kann, ist eine Zurechnung der Pflichtverletzung des Mitarbeiters G vorzunehmen. G ist Erfüllungsgehilfe der C-KG. Eine Zurechnung der Pflichtverletzung erfolgt nach § 278 BGB. Die C-KG muss daher für das Verhalten des Mitarbeiters G einstehen. Die fehlerhafte Wartung aufgrund von Alkoholkonsum ist fahrlässig i.S.d § 276 Abs. 2 BGB.

5. Schaden

   Es ist ein Schaden in Höhe von 60.000 EUR entstanden.

6. Ergebnis

   E hat einen Anspruch → C-KG auf Schadensersatz aus §§ 280 Abs. 1, 241 Abs. 2 BGB.

II. Anspruch des E → A aus § 171 Abs. 1 HGB

E könnte gegenüber dem Kommanditisten A einen Anspruch auf Zahlung von Schadensersatz aus § 171 Abs. 1 HGB i. V. m. § 280 Abs. 1, 241 Abs. 2 BGB haben.

Fraglich ist, bis zu welcher Höhe der Kommanditist A gegenüber E haftet. Grundsätzlich haftet der Kommanditist nur bis zu Höhe seiner Einlage, § 171 Abs. 1 HGB. Hier hat A seine Einlage zur Höhe von 50.000 € bereits vollständig erbracht und haftet daher nicht mehr persönlich.

3. Ergebnis

E hat → A keinen Anspruch aus § 171 Abs. 1 HGB auf Zahlung von 50.000 €.

III. Anspruch des E → B aus §§ 161 Abs. 2, 128 HGB

E könnte gegenüber dem Komplementär B einen Anspruch auf Zahlung von Schadensersatz aus §§ 161 Abs. 2, 128 HGB i.V.m. §§ 280 Abs. 1, 241 Abs. 2 BGB haben.

1. Anspruch des E gegenüber der C-KG

   Hierzu müsste zunächst ein Anspruch seitens E gegenüber der C-KG bestehen. Wie bereits weiter oben ausgeführt, besteht ein Anspruch des E gegenüber der C-KG auf Zahlung von Schadensersatz aus §§ 280 Abs. 1, 241 Abs. 2 BGB.

2. Umfang der Komplementärhaftung

   Fraglich ist, bis zu welcher Höhe der Komplementär B gegenüber E haftet. Grundsätzlich haften Komplementäre unbeschränkt und persönlich gegenüber Gläubigern der KG, § 128 HGB. Da B Komplementär ist, haftet er persönlich und unbeschränkt gegenüber E.

3. Ergebnis

E hat → B einen Anspruch aus §§ 161 Abs. 2, 128 HGB i.V.m. §§ 280 Abs. 1, 241 Abs. 2 BGB auf Zahlung der 60.000 €.

IV. Anspruch des E → G auf Schadensersatz nach § 823 Abs. 1 BGB

1. Rechtsgutverletzung des G

Hierzu müsste G ein Rechtsgut des E verletzt haben. Eine Rechtsgutverletzung liegt vor, da G durch einen Fehler bei der Wartung der Maschine einen Fehler gemacht hat. Dadurch ist das Eigentum durch eine Handlung des G verletzt worden.

2. Rechtswidrigkeit

Die Verletzungshandlung des G rechtswidrig erfolgt sein. Die Verwirklichung des Tatbestands indiziert die Rechtswidrigkeit. Ein Rechtfertigungsgrund ist zudem nicht ersichtlich.

3. Verschulden

G müsste die Rechtsgutverletzung auch zu vertreten haben. Wie bereits dargestellt, hat er fahrlässig i. S.d § 276 Abs. 2 BGB gehandelt.

4. Schaden und haftungsausfüllende Kausalität

Ein Schaden in Höhe von 60.000 € liegt vor.

5. Ergebnis

E hat einen Anspruch → G aus § 823 Abs. 1 BGB auf Zahlung von Schadensersatz in Höhe von 60.000 €.

Zu b)

Bei der AG und der GmbH gestaltet sich die Haftung wie folgt: Nach § 1 Abs. 1 AktG haftet die Aktiengesellschaft lediglich mit ihrem Gesellschaftsvermögen. Die AG hat jedenfalls ein Grundkapital zur Höhe von 50.000 €, welches haftet. Sofern mehr Gesellschaftsvermögen vorhanden ist, so kann auch dieses für die Haftung herangezogen werden.

Für die GmbH gilt, dass diese ebenfalls lediglich mit ihrem Gesellschaftsvermögen haftet, § 13 Abs. 2 GmbHG.

3. Hinweise zur Lösung

Aufgrund des Typenzwangs im Gesellschaftsrecht gibt es eine überschaubare Zahl von unterschiedlichen Rechtsformen. Hierbei sind grundsätzlich die Personen- von den Kapitalgesellschaften abzugrenzen. Wesentlich für die Unterscheidung ist insbesondere die Frage der persönlichen Haftung der Gesellschafter. Hierzu ist es wichtig, die unterschiedlichen Rechtsgrundlagen zu kennen und hier eine Zurechnung der Verantwortlichkeit vornehmen zu können. An dem obigen Beispiel wird zudem ersichtlich, dass sowohl vertragliche als auch deliktische Ansprüche nebeneinander bestehen können (sog. Anspruchskonkurrenz).

4. Literaturempfehlung

Führich, Ernst, Wirtschaftsprivatrecht; 13. Auflage 2017, S. 421 f. (GbR), S. 432–435 (OHG), S. 444–448 (KG), S. 464 f. (GmbH), S. 488 (AG).

Gildeggen, Rainer/Lorinser, Barbara/Willburger, Andreas u. a., Wirtschaftsprivatrecht, Kompaktwissen für Betriebswirte, 3. Auflage 2016, S. 273–276.

Lange, Knut Werner, Basiswissen Ziviles Wirtschaftsrecht – Ein Lehrbuch für Wirtschaftswissenschaftler, 7. Auflage 2015, S. 271f (GbR), S. 275f (OHG), S. 279 (KG), S. 281 (GmbH), S. 289 f. (AG)

Mehrings, Jos, Grundzüge des Wirtschaftsprivatrechts, 3. Auflage 2015, S. 109, S. 194f (GbR), S. 107, S. 193 f. (OHG), S. 108 f., S. 194 (KG), S. 107 f., S. 108 f., (GmbH), S. 107 f., S. 110 (AG).

Ullrich, Norbert Wirtschaftsrecht für Betriebswirte, 8. Auflage 2015, S. 123, S. 127 f. (OHG), S. 132 f. (KG), S. 137–140. (GmbH), S. 146 f.

Index

Tabellenverzeichnis

https://doi.org/10.1515/9783110439601-005

Abbildungsverzeichnis

https://doi.org/10.1515/9783110439601-006

Lehr- und Klausurenbücher der angewandten Ökonomik

Zuletzt in dieser Reihe erschienen:

Band 5
Timm Eichenberg/Martin Hahmann/Olga Hördt/Maren Luther/Thomas Stelzer-Rothe
Unternehmensführung. Fallstudien, Klausuren, Übungen und Lösungen
ISBN 978-3-11-043834-5, e-ISBN (PDF) 978-3-11-043833-8, e-ISBN (EPUB) 978-3-11-042931-2

Band 4
Robert Nothhelfer/Stefan Foschiani/Katja Rade/Volker Trauzettel
Klausurtraining für allgemeine Betriebswirtschaftslehre. Originalaufgaben mit Musterlösungen, 2017
ISBN 978-3-11-048181-5, e-ISBN (PDF) 978-3-11-048182-2, e-ISBN (EPUB) 978-3-11-048202-7

Band 3
Meik Friedrich/Bettina-Sophie Huck/Andreas Schlegel/Thomas Skill/Michael Vorfeld
Mathematik und Statistik für Wirtschaftswissenschaftler. Klausuren, Übungen und Lösungen, 2016
ISBN 978-3-11-041059-4, e-ISBN (PDF) 978-3-11-041400-4, e-ISBN (EPUB) 978-3-11-042371-6

Band 2
Torsten Bleich/Meik Friedrich/Werner A. Halver/Christof Römer/Michael Vorfeld
Volkswirtschaftslehre. Klausuren, Übungen und Lösungen, 2016
ISBN 978-3-11-041058-7, e-ISBN (PDF) 978-3-11-041449-3, e-ISBN (EPUB) 978-3-11-042372-3

Band 1
Robert Nothhelfer/Urban Bacher/Katja Rade/Marcus Scholz
Klausurtraining für Bilanzierung und Finanzwirtschaft. Originalaufgaben mit Musterlösungen, 2015
ISBN 978-3-11-044136-9, e-ISBN (PDF) 978-3-11-044137-6, e-ISBN (EPUB) 978-3-11-043322-7

www.degruyter.com

Über die Autoren

Dr. rer. pol. Martin Hahmann, Dipl.-Oec., geb. 1965, ist Lehrbeauftragter an der WelfenAkademie in Braunschweig.

Prof. Dr. rer. pol. Werner A. Halver, Dipl. Wirtschaftsgeograph, geb. 1965, Professur für Volkswirtschaftslehre insb. Wirtschaftspolitik und Weltwirtschaftsgeographie an der Hochschule Ruhr West, Mülheim an der Ruhr, Bottrop. Arbeits- und Forschungsgebiete: Länderanalysen Emerging Markets.

Prof. Dr. jur. Jörg-Rafael Heim, Dipl.-Finanzwirt (FH) und Volljurist, geb. 1966, Professur für Controlling, betriebswirtschaftliche Steuerlehre und Energierecht an der Hochschule Weserbergland, Hameln; wissenschaftlicher Leiter Energieforen Leipzig/Netzcontrolling; Arbeits- und Forschungsgebiete: Netz- und Vertriebscontrolling, Regelenergievermarktung, Europäisches Energierecht, Corporate Governance, (Tax-)Compliance.

Prof. Dr. jur. Jutta Lommatzsch, Volljuristin, geb. 1963, Prof. für Allg. und Besonderes Wirtschaftsrecht an der Hochschule Ruhr West. Arbeits- und Forschungsgebiete: Gesellschafts-, Energie- und Transportrecht; Of Counsel bei PETERS Rechtsanwälte Partnerschaftsgesellschaft mbB, Düsseldorf.

Prof. Dr. Manuel Teschke, Dipl.-Kfm., geb. 1980, Professor für Betriebliche Steuerlehre und Unternehmensprüfung an der FH Bielefeld, Forschungsgebiete: Besteuerung von Konzernen und Bilanzsteuerrecht, selbständiger Steuerberater in Bielefeld.

Prof. Dr. rer. pol. Michael Vorfeld, Dipl.-Hdl., geb. 1976, Professur für das Fachgebiet Allgemeine Betriebswirtschaftslehre mit den Schwerpunkten Finanzmanagement und Rechnungswesen an der Ostfalia Hochschule für angewandte Wissenschaften Salzgitter. Arbeits- und Forschungsgebiete: Grundlagen der Betriebswirtschaftslehre, Betriebliches Rechnungswesen, Betriebliche Finanzwirtschaft und Risikomanagement.